Publisher **ANDERSON CAVALCANTE**
Executiva **CÉFARA MORAES**
Coordenador editorial **NESTOR TURANO JR.**
Editora **LAURA CAMANHO**
Editora assistente **ÉRIKA TAMASHIRO**
Assistente editorial **BEATRIZ FURTADO**
Preparação **JULIAN F. GUIMARÃES**
Revisão **BONIE SANTOS e DANIELA FRANCO**
Capa e diagramação **OSMANE GARCIA FILHO**

Comercial **VANESSA ALMEIDA, TACIANE FERREIRA, TAÍRES PEREIRA e ALINE CRUZ**
Comunicação e marketing **LEONARDO CAVARZAM, ISABELLE PELOZZO, RAFAELLA RHEIN, ANA CLARA DE OLIVEIRA E MARU PEREIRA**
Eventos **MARISA MARIANNO e RAYANA ALANA**
Operações **VERA DANTAS, FLÁVIO BOMBARDI, WILLIAM ARAÚJO, RAFAEL VALENTIN e ZENI MARTINS DOS SANTOS**

Nesta edição, respeitou-se o novo Acordo Ortográfico da Língua Portuguesa.

Dados Internacionais de Catalogação na Publicação (CIP)
(Câmara Brasileira do Livro, SP, Brasil)

Nada foi em vão: Propósito, resiliência e o poder de recomeçar / Joel Jota (org.)
1ª ed. São Paulo: Buzz Editora, 2025

Vários autores
ISBN 978-65-5393-508-2

1. Empreendedores 2. Empreendedorismo 3. Empresários 4. Histórias de vida 5. Relatos de experiências 6. Sucesso nos negócios I. Jota, Joel.

25-302098.0 CDD-338.092

Índice para catálogo sistemático:
1. Empresários : Histórias de vida 338.092

Maria Alice Ferreira, Bibliotecária, CRB-8/7964

Buzz Editora Ltda.
Av. Paulista, 726, Mezanino
CEP 01310-100, São Paulo, SP
[55 11] 4171 2317
www.buzzeditora.com

JOEL JOTA [ORG.]

NADA FOI EM VÃO

PROPÓSITO, RESILIÊNCIA E O PODER DE RECOMEÇAR

PREFÁCIO

O ClaxClub é um programa de mentoria para a educação empresarial, formado por empresários de diferentes áreas que carregam consigo trajetórias de muito valor. São homens e mulheres que decidiram compartilhar suas experiências, não apenas para ampliar resultados, mas para deixar uma marca profunda na vida de quem busca crescer com consistência.

Desde o início, ficou evidente que as histórias desses empresários não poderiam se restringir aos encontros semanais. Cada trajetória guarda um poder inspirador capaz de transformar decisões, iluminar caminhos e despertar novas possibilidades. Legado não é aquilo que guardamos, mas o que deixamos dentro das pessoas. E o livro é uma das formas mais poderosas de eternizar esse legado.

A ideia deste projeto nasceu exatamente dessa consciência. Sabíamos que registrar em palavras o que foi vivido seria a melhor maneira de fazer com que esta geração e as próximas tivessem acesso a um repertório sólido, construído a partir da verdade. Um livro atravessa o tempo, carrega memórias, multiplica aprendizados e se torna herança.

O grupo que compõe o ClaxClub tem uma história bonita no empreendedorismo e também na vida pessoal. Mais do que resultados expressivos, há valores, princípios e disciplina que sustentam tudo o que foi construído. Foi por isso que decidimos escrever em coautoria: para perpetuar experiências que não podem se perder, e que, reunidas, ganham ainda mais força.

O título *Nada foi em vão* traduz o coração desta obra. Cada abdicação, cada esforço, cada madrugada sem descanso valeu a pena. Os frutos colhidos não são apenas números ou conquistas empresariais, mas a prova viva de que dedicação, disciplina e coragem sempre deixam marcas que atravessam gerações.

A escrita aconteceu em um encontro no Jota Lab. Ali, cada autor mergulhou em suas lembranças e deixou que a intencionalidade conduzisse as palavras. Alguns se emocionaram, outros sorriram, muitos choraram. Todos, sem exceção, sentiram orgulho. Foi um processo intenso, que transformou o ato de escrever em uma experiência de reconexão consigo mesmo.

O resultado é uma obra carregada de energia verdadeira. E quando há verdade, nasce propósito. Quando há propósito, surge amor. E o amor, quando transcrito, contagia. É essa força que o leitor encontrará em cada capítulo: a essência de vidas que não desistiram, de histórias que não recuaram diante das dificuldades e de empresários que escolheram transformar dor em potência.

Este livro é também um presente para as famílias, que se sentirão orgulhosas ao ver suas histórias contadas com tanta entrega. É um presente para o mundo dos negócios, que ganha ainda mais recursos de quem viveu na prática e agora compartilha sem reservas. Mas, acima de tudo, é um presente para você, leitor, que terá a chance de se conectar e se reconhecer em muitas páginas.

Ao avançar nesta leitura, você perceberá que não se trata apenas de negócios. São lições de vida, de escolhas, de perdas e de conquistas. São aprendizados que iluminam decisões, fortalecem relacionamentos e expandem visões. Essa é a riqueza de *Nada foi em vão*: ele fala ao empresário, mas também fala ao ser humano por trás do CNPJ.

Que estas páginas provoquem transformação em você, assim como provocaram em nós ao escrevê-las. Que cada palavra sirva de combustível para os seus projetos e cada história seja um lembrete de que dedicação nunca é desperdiçada. Porque, no final, quando olhamos para trás, percebemos que absolutamente nada foi em vão.

Joel Jota
[Empresário, investidor, escritor best-seller e mentor de influenciadores de negócios.]

DO SERTÃO À SALA DO CONSELHO

"Quando a educação se alia à coragem, a transformação deixa de ser sonho e vira destino. Nunca desista — seja forte, seja corajoso, seja você."

ADRIANA DUARTE DA SILVA é advogada, empresária, palestrante, conselheira empresarial e sócia no Duarte Advogados Associados, consultoria jurídica especializada em fortalecer negócios. É também mãe, esposa e uma eterna aluna da vida, que ama adquirir conhecimento.

Instagram **@EUSOUADRIANADUARTE**

Eu nasci no sertão de Pernambuco, na cidadezinha de Tuparetama, um lugar tão pequeno que muitos nem sabem apontar no mapa. Foi lá, entre o calor escaldante, a terra vermelha e os sons das galinhas no quintal, que minha história começou. Fui criada pela minha avó até os oito anos, enquanto meus pais migraram para São Paulo para tentar uma vida melhor. Na ausência deles, recebi da minha avó um amor imenso, daqueles que formam raízes e se espalham pela vida inteira.

Ela me ensinou sobre cuidado, respeito e fé. Foi ela quem plantou em mim as sementes de quem eu me tornaria. Mas, quando completei oito anos, tudo mudou. Tinha chegado a hora de reencontrar meus pais e viver com meus irmãos. Deixei para trás a calmaria simples do sertão e embarquei em um ônibus rumo ao desconhecido, e depois de quatro dias de viagem, chegamos em São Paulo.

A chegada foi um choque. Saí de um ambiente ainda humilde, mas limpo e estruturado, para morar em um barraco de tábuas numa comunidade sem saneamento básico. O chão era de terra, a água vinha de baldes, e os perigos estavam por todos os lados. Eu me lembro claramente das primeiras noites: chorei. Chorei por saudade, por medo, por não entender aquele novo mundo.

Eu era só uma criança, mas já sentia uma inquietação grande demais para caber no meu peito. Todos os dias eu olhava ao redor e pensava: "Como eu posso sair daqui? Como posso mudar isso? Como tiro meus pais deste lugar?". Era uma mistura de impotência e esperança. E foi aí que nasceu o meu propósito: transformar a minha realidade através da educação.

Estudei a vida inteira em escola pública. Caderno reciclado, uniforme usado, mas com brilho nos olhos. Eu sabia que ali, naquelas carteiras simples, estava o começo de tudo. Sonhava alto. Eu já tinha sonhado em conhecer Recife, queria viver em uma cidade grande, mas agora já sonhava em conhecer o mundo. Queria estudar direito. Morava em uma comunidade marcada pela criminalidade e acreditava, de verdade, que se me formasse em direito eu poderia ajudar pessoas como as da minha vizinhança. Não queria apenas sair de lá — queria levar outras pessoas comigo, nem que fosse só pela inspiração.

Meu pai sempre me dizia com firmeza: "É a educação que vai mudar a sua vida". E mudou. Contra todas as estatísticas, contra todas as barreiras geográficas, sociais e econômicas, eu insisti. Segui com fé, sonhando com algo maior, sem nunca perder a alegria de viver — porque, apesar de tudo, eu fui uma criança feliz. Brinquei muito, fiz grandes amigos e sorri nos intervalos entre as dificuldades.

O grande divisor de águas na minha vida aconteceu em 2006, quando entrei na faculdade de direito. Consegui uma bolsa por meio de uma associação e me vi, finalmente, dentro de um lugar que até então parecia reservado para os outros. O curso era caro, meus pais não podiam me ajudar financeiramente, mas nada disso me impediu. Estar ali era um milagre com nome e CPF. Eu era a primeira da minha família a pisar em uma universidade. Aquilo era mais do que uma conquista acadêmica — era um novo tempo.

Ali entendi que o conhecimento não é apenas poder. É libertação. A cada aula, a cada livro, a cada debate jurídico eu via meu mundo se ampliar. Era como se alguém abrisse as janelas da alma e deixasse a luz entrar. Eu sabia que dali sairia diferente. Sabia que aquele era o ponto de virada. Era a realização de um sonho, mas também o início de uma missão muito maior.

E não foi fácil. Durante a faculdade, me casei e engravidei. Tive dois filhos enquanto cursava direito. O Davi e a Giovana, que hoje têm quinze e catorze anos, foram presentes de Deus que chegaram em meio a um dos períodos mais desafiadores da minha vida. Equilibrar maternidade, estudos, casa e trabalho exigiu de mim uma força que eu nem sabia que tinha. Mas eles também foram meu combustível. Cada vez que eu pensava em desistir, lembrava dos olhinhos deles me admirando com confiança. Eu queria que eles crescessem com orgulho da mãe que tinham.

Ao longo da jornada, três pilares me sustentaram: fé, honra e amor. Em primeiro lugar, o amor de Deus. Sempre tive certeza de que Ele caminhava comigo, mesmo nos dias em que tudo parecia escuro. Depois, a honra. Sempre acreditei que honrar quem nos ajuda, quem nos ensina, quem estende a mão, é o caminho para a bênção. Honrei minha avó, meus pais, meus professores, meus mentores e todas as pessoas que cruzaram meu caminho. E, por fim, o amor — pela minha família, pelo meu trabalho, pelo próximo.

Trabalhei desde cedo. Fui cobradora de lotação, entreguei panfletos no farol, vendi roupas em loja. Em tudo, dei o meu melhor. Sempre acreditei que se o negócio do outro prosperasse, isso também transbordaria sobre mim. Nunca fiz nada de qualquer jeito. Tudo que eu fazia, fazia com dignidade. Tratava as pessoas como gostaria de ser tratada e acreditava que, se semearmos com amor, colheremos frutos de justiça.

Ao me formar, outro sonho nasceu: ter meu próprio escritório. Ainda durante o cursinho, convidei duas amigas para dividir uma sala e começamos ali, pequenas, sonhadoras, determinadas. Acreditei desde o início que conhecimento mais coragem gera resultado. E fui. Sem garantias, sem atalhos, com muita fé e um plano.

Hoje, aquele escritório modesto se transformou no Duarte Advogados Associados. Tenho minha equipe, minha estrutura, uma clientela fiel e reconhecida. Me tornei especialista em direito empresarial, e mais do que advogar, ajudo empresas a crescer com segurança e solidez. Participo de conselhos administrativos e consultivos. Falo para plateias, ensino, inspiro, oriento. A menina do sertão agora se senta à mesa de decisões que movem negócios e transformam vidas.

Nada disso seria possível sem a menina sonhadora que acreditou que podia. Que olhava o barraco de tábuas e dizia: "Isso não vai me definir". Que enxergava além da pobreza, além da dor, além da geografia. Que acreditava que Deus tinha mais. E tinha mesmo. Hoje sou o orgulho dos meus pais. Posso dar conforto a eles, posso dar acesso aos meus filhos, posso oferecer oportunidades às pessoas que amo. Vivo uma vida que jamais imaginei lá atrás, mas que, no fundo, sempre soube que era possível.

E se eu posso deixar uma mensagem para quem está vivendo um desafio parecido com o que eu vivi, é esta: acredite. Acredite mesmo quando tudo parecer contrário. Sonhe. Sonhe grande. Sonhe fora da sua realidade atual. Faça planos, mentalize, escreva, desenhe. Busque o ambiente certo, saia do lugar que te limita, cerque-se de quem te impulsiona. A educação, combinada com coragem, é uma chave. Uma chave que abre portas que pareciam trancadas. Uma chave que vira a história, muda o destino e transforma uma menina do sertão em uma mulher de negócios, em uma líder, em uma referência.

Não importa de onde você veio. O que importa é aonde você acredita que pode chegar. Tudo começa em você. No seu pensamento. Na sua fé. No seu passo. E que ninguém duvide: nada foi em vão.

LEVEZA COM RESPONSABILIDADE

"Sua vida é mais importante que sua empresa. Mas sua empresa é crucial para sua vida."

ALEKSANDER KUIVYOGI AVALCA é marido da Mariane e pai da Marina e da Sophia. Empresário, CEO, professor e mentor. Apaixonado por ajudar pessoas e empresas a crescerem. Seu grande objetivo é criar um mundo onde empreender valha a pena. Mostrar para os empresários que é possível, sim, fazer sua empresa crescer ao mesmo tempo que você vê a sua família crescer. Criar uma empresa que cresça, que lucre e que te permita tirar férias. Na qual você não precise trabalhar catorze horas por dia. #épossívelsim!

Instagram **@ALEKSANDER.AVALCA** | **@4BLUEOFICIAL** | **@YAMPAOFICIAL**
Sites **WWW.4BLUE.COM.BR** | **WWW.YAMPA.COM.BR**

Quero te convidar a percorrer comigo um caminho que, por muito tempo, pareceu uma série de eventos aleatórios e, por vezes, cruéis. Você verá como a responsabilidade que senti ao ver o desespero financeiro da minha mãe na adolescência, a dor de um sonho quebrado por um acidente de moto, a tristeza de uma demissão e a coragem de começar um negócio com menos de cinquenta reais se conectam de uma forma que eu jamais poderia prever. No final, todos os pontos se ligam. Cada desafio, cada porta fechada era, na verdade, uma peça sendo movida em um grande tabuleiro para me ensinar uma lição fundamental: empreender só vale a pena quando sua família cresce junto com você. E tudo tem uma explicação, mesmo que a gente não entenda no momento.

Na primeira vez que a realidade me atingiu com força eu era apenas um adolescente. Não foi em uma aula ou em um livro, mas no silêncio preocupado da minha casa, no rosto da minha mãe. Ela estava endividada, presa em uma espiral de dificuldades financeiras que parecia um oceano sem margem. Aquele sentimento de impotência dela se tornou um peso em meus ombros. Naquele mundo pré-internet, sem respostas fáceis no Google, senti uma urgência quase adulta de encontrar uma saída, qualquer saída. Era como se a tranquilidade da minha família dependesse de mim. E, de alguma forma, movido por uma mistura de intuição e teimosia, eu a ajudei a encontrar um caminho. Ali, sem que eu soubesse, na tentativa de resgatar minha mãe, eu estava, na verdade, descobrindo o meu propósito: eu nasci para ajudar pessoas a resolverem problemas.

O tempo passou. A urgência financeira deu lugar a outra paixão: o basquete. Meu sonho era simples, direto e consumia todos os meus pensamentos. A quadra era meu palco, a bola, a extensão do meu corpo. Eu vivia e respirava aquele objetivo. Mas a vida tem um jeito próprio de nos lembrar que o controle é uma ilusão. Aos quinze anos, o som de metal se contorcendo e o asfalto frio me deram a notícia: um acidente de moto havia estilhaçado meu sonho. A dor física passaria, mas a dor da perda de um futuro que eu considerava certo foi devastadora. Senti um vazio, uma falta de direção que me forçou a olhar para o mundo com outros olhos. Foi nessa busca por um novo rumo que a palavra "economia" surgiu como uma possibilidade.

Meu pai havia se mudado para Curitiba, e a ideia de segui-lo pareceu um bom recomeço. Prestei vestibular para economia na Universidade Federal do Paraná e passei. O curso era interessante, mas a verdadeira virada na minha formação não aconteceu em uma sala de aula. Ocorreu no dia da matrícula. Na fila, enquanto eu organizava os papéis, uma pessoa me apresentou à empresa júnior. A ideia era simples e revolucionária: uma empresa real, formada e gerida por universitários, onde o trabalho era voluntário e o pagamento era o aprendizado.

Aquilo mudou tudo. Mergulhei de cabeça. Por três anos, trabalhei de graça, ajudando pequenos empresários a organizarem seus negócios, aprendendo na prática sobre gestão, finanças e, o mais importante, sobre pessoas. Fui consultor, depois diretor financeiro e, por fim, presidente. A empresa júnior foi minha verdadeira faculdade.

Em 2009, o mundo real me deu outro golpe. Eu trabalhava em uma empresa de consultoria que enfrentou problemas e, no meio da crise, fui demitido. A sensação foi de fracasso absoluto. O chão se abriu mais uma vez. Naquele ano, eu tinha retornado para a empresa júnior para ajudar os novos membros. Foi ali, nesse retorno às origens, que o Renan, que eu havia conhecido na própria empresa júnior em 2006, me apresentou uma ideia. Ele queria criar uma agência de consultoria. Não esperei um convite: me convidei para ser sócio. Ele hesitou no início, mas quando começamos a conversar, o alinhamento de valores era tão nítido que a parceria se tornou inevitável.

Assim, nós começamos. Dois jovens, um de 24 e outro de 21 anos, sem um tostão no bolso. Nossa empresa nasceu com um investimento total de R$ 49,80, o custo para imprimir nossos primeiros cartões de visita. Quando fechamos nosso primeiro cliente, usamos o dinheiro para finalmente abrir o CNPJ.

O início foi uma batalha diária por credibilidade. Como dois jovens podiam ensinar empresários com décadas de experiência? Eu, que nunca soube falar em público, precisei aprender a me posicionar, a projetar confiança mesmo quando a dúvida me corroía por dentro. Cada pequeno sucesso era o degrau para o próximo.

Nossa jornada sempre foi marcada pela mudança. Acredito que toda empresa cresce até encontrar um teto. Para continuar crescendo, é preciso quebrar esse teto. E essas rupturas são dolorosas. A maior delas aconteceu em 2015. Nosso modelo de atendimento era presencial, o que limitava nossa escala. Para quebrar o próximo teto, precisávamos migrar para o ambiente on-line. Mudamos o nome da empresa de KaminskiAvalca para 4blue.

Investimos em um treinamento on-line caríssimo, dinheiro que mal tínhamos. De um lado havia a esperança: fazer o faturamento de um ano em apenas sete dias. Do outro, a realidade: foi o primeiro ano em que nossa receita caiu. A sensação de estagnação era assustadora e novamente fomos atrás de ajuda. Entramos em uma mentoria, e finalmente as peças começaram a se encaixar.

A partir dali o crescimento foi inevitável. A cada ano que se passou a 4blue faturava mais e lucrava mais. Criamos o yampa, uma startup de controle financeiro e fluxo de caixa. Aos poucos o dinheiro — aquele que tanto faltou para minha mãe — deixou de ser um problema. Mas a vida nos prega peças.

Eu poderia dizer que essa foi a grande virada da minha vida. Mas não foi. A mudança mais profunda, a que redefiniu quem eu sou, não aconteceu em uma planilha ou em uma reunião de estratégia. Aconteceu no silêncio de um consultório médico.

Minha segunda filha, a Sophia, nasceu prematura. Muito prematura. Com uma gestação de apenas 28 semanas e apenas 1,2 kg, sem batimento cardíaco. Ela foi reanimada, começou a respirar e viveu na UTI por 49 dias, sem poder ir para casa. Mas, mesmo com todas as incertezas e medos que tínhamos, ela sobreviveu.

Com pouco mais de um ano, ela foi diagnosticada com paralisia cerebral. Meu mundo desabou. Ser pai, ser o CEO de uma empresa em crescimento, ser o pilar da minha família e agora ser um pai atípico. Um turbilhão de medos, dúvidas e responsabilidades me atingiu em cheio. Minha filha começou uma rotina diária de fisioterapia. Minha esposa a acompanhava, mas sofria imensamente com o processo.

Naquela época, eu era um bom profissional. Entregava resultados, mas não vivia em alta performance. Era sedentário, estava acima do peso. E então, a imagem da minha pequena filha, de um ano, fazendo exercícios todos os dias, com uma força que eu não sabia de onde vinha, virou uma chave na minha mente. Se minha filha, com todas as suas limitações, enfrentava aquela batalha diária, quem era eu para não cuidar de mim? Que pai seria eu se dissesse que não podia levá-la à terapia porque "precisava trabalhar"? E mais, que tipo de empresário eu seria se meu negócio me fizesse prisioneiro?

Eu entendi que não podia ser apenas o provedor. Precisava estar presente. Essa decisão me levou a uma revolução pessoal. Comecei a aplicar os conceitos do livro *Essencialismo: A disciplinada busca por menos*, de Greg McKeown, focando no que era vital. Mergulhei em uma nova rotina de saúde e criei um sistema de blocos de tempo para garantir meu foco total em cada área da minha vida. Contudo, essas ações, embora eficazes, precisavam de uma alma, de uma filosofia que pudesse guiar não apenas a mim, mas toda a nossa empresa nessa nova fase. Precisávamos de um nome para essa forma de operar que unia alta performance com presença e propósito. Foi aí que revisitamos uma antiga inspiração, a obra *The Mamba Mentality: How I Play*, de Kobe Bryant. A ideia de ser obcecado pela sua melhor versão sempre foi poderosa para nós. Contudo, ao olhá-la através das lentes da minha nova realidade, percebi a divergência fundamental: a busca incansável de Kobe o afastava da família; para nós, a família era agora o centro de tudo. Então, pegamos a essência daquela filosofia e a transformamos em algo nosso. Criamos o Blue Mamba, com quatro princípios: primeiro, ser sua melhor versão; segundo, jogar para ganhar; terceiro, não são números, são pessoas; e quarto, leveza com responsabilidade.

O resultado dessa transformação é a minha vida hoje. Aos quarenta anos, sou ceo da 4blue, uma empresa que já ajudou mais de 55 mil clientes em dezoito países através de consultorias, treinamentos e mentorias. Nossa missão é clara: *criar um mundo onde empreender valha a pena*. Hoje, faturamos 20 milhões por ano com a meta de chegar a 200 milhões. Mas os números são a parte menos importante.

A verdadeira vitória é a leveza. Ter essa presença na vida da minha família só é possível porque a 4blue não depende de mim. Nós a transformamos em uma máquina de lucros. Esse é o conceito que usamos para uma empresa que consegue crescer e lucrar sem transformar os donos em reféns. Para isso, você precisa entender que, se "tudo" depende de você, as coisas nunca vão funcionar como uma máquina. A máquina precisa de engrenagens funcionando em perfeita harmonia. A primeira é uma estratégia clara, que te diferencie da concorrência. A segunda é uma estrutura financeira sólida, com capital, controles e análises. Com isso definido, você precisa de marketing e vendas para atrair e converter clientes. E para entregar o melhor, você precisa de pessoas competentes e de alta performance com produtividade. Quando essas seis engrenagens giram juntas, a empresa funciona, e eu ganho a liberdade de ser o pai e o marido que preciso ser.

Hoje, com toda essa experiência, bagagem e aprendizado, eu consigo ser CEO de uma empresa milionária e conselheiro de outra empresa milionária ao mesmo tempo que levo minha filha à fisioterapia e faço o almoço para minha família todos os dias. Isso é empreender valendo a pena.

Recentemente, ao retornar de três semanas de férias com minha família, tive a certeza disso. Eu não trocaria um minuto dessas memórias por uma empresa dez vezes maior, mas que dependesse de mim. Descobri que uma empresa precisa funcionar sem os donos. E para isso, todos os pilares devem estar no lugar.

A mensagem que quero deixar é esta: *sua mente precisa estar organizada para que suas ações se organizem.* Aprenda a evoluir e entenda que o processo faz parte da jornada. Não espere pela motivação, ela é inconstante. Em vez disso, confie na disciplina. E para que a disciplina não se torne um fardo, transforme a jornada em etapas curtas. Foque em uma pequena vitória por dia.

Seja sua melhor versão todos os dias, evolua todos os dias.

Olhando para trás, vejo cada dificuldade como uma peça fundamental. A dívida da minha mãe me ensinou a encontrar soluções. O acidente me forçou a descobrir uma nova vocação. A demissão me empurrou para o empreendedorismo. Os tetos que quebramos nos fortaleceram. E o diagnóstico da minha filha, a dor mais profunda que já senti, me deu o maior presente de todos: o verdadeiro significado da vida. Ele me ensinou a ser um pai melhor, um marido melhor e, consequentemente, um líder muito melhor. Tudo o que passei — mesmo as dores e os momentos difíceis — serviu para me moldar, me fortalecer e me ensinar algo. Nada, absolutamente nada, foi em vão.

SOMOS HERDEIROS DE NÓS MESMOS

"Se você não conseguisse andar, trocar sua própria roupa, ir ao banheiro sem ajuda, se virar na própria cama... O que te faria mover, trabalhar, viajar, brincar com seus filhos, estar com as pessoas que ama?"

ALEXANDRE DE ASSIS é sócio fundador da Assis Gestão, com 22 anos de mercado, 6 mil empresas atendidas e 14 bilhões de reais sob gestão. Conselheiro certificado pelo IBGC e especialista pela Ohio University-FGV/MG. Professor na Fundação Dom Cabral. Mentor no ClaxClub. Graduado pela PUC-MG, com MBA em finanças. Responsável por grandes M&As (do inglês *Mergers & Acquisitions*, ou Fusões e Aquisições em português) nacionais e internacionais. Coautor do best-seller *Pessoas precisam de pessoas: Estratégias para o novo mundo*.

Instagram **@ASSIS_GESTAO**
LinkedIn **LINKEDIN.COM/IN/ASSIS-GESTAO**
YouTube **YOUTUBE.COM/@ALE-ASSIS**
Site **HTTPS://ASSISGESTAO.COM**

Nasci em Guarulhos, São Paulo, mas minhas raízes sempre estiveram profundas no interior de Minas Gerais. Meus pais vieram da roça, da lida dura com a terra, do chão batido onde a vida era mais suor que descanso. Eles deixaram tudo para tentar uma nova história em Belo Horizonte, e de lá foram transferidos para São Paulo, onde eu e minha irmã mais velha nascemos e, treze anos depois, já morando novamente em Belo Horizonte, nasceu minha irmã caçula. Nossa origem é simples, mas nossos valores já nasceram grandes.

Aos quatro ou cinco anos, já dividia minha vida entre as ruas cinza de São Paulo, os campos verdes de Divinópolis e a cidade de Contagem, onde moravam meus avós maternos e paternos. Era casa cheia, com muitos tios e primos. Aquele tipo de infância que hoje virou saudade: bolinho de chuva, café coado, ciranda na rua, banho de rio, pé descalço, tarefas domésticas feitas em rodízio entre as crianças. A gente aprendia que tudo tinha valor, que respeito se ensinava com exemplo e que ajudar em casa era parte do processo de se tornar gente.

Foi ali, entre galinhas, roças e risadas, que minha visão de mundo começou a se formar. Desde pequeno entendi que esforço era virtude, e não castigo. Vi meus pais trabalhando sem parar, dia após dia. Meu pai, saído do campo, se tornou operário de indústria e chegaria, anos depois, a funcionário padrão da Fiat, com 22 anos de empresa sem um dia de falta, sem um minuto de atraso. Minha mãe, dona de casa, com a quarta série do ensino fundamental, me ensinava poesia. É, poesia.

Ela me dava livros, lia comigo, plantava em mim a ideia de que o conhecimento era uma forma de liberdade. Aos onze anos, eu já trabalhava. Comecei em uma indústria moveleira lavando chiqueiros e banheiros e servindo café. E foi nesse chão duro que aprendi a primeira grande lição: o tempo é a moeda mais valiosa que temos. Não se tratava apenas de receber um salário, mas de entregar valor. Quando se entrega com propósito, o retorno vem — mais forte que dinheiro.

Aos doze anos, recebi um diagnóstico errado que virou meu mundo do avesso. O médico, sem rodeios, disse a mim e ao meu pai: "Você provavelmente vai parar de andar aos quinze. E morrer aos dezessete". Foram palavras que grudaram na minha alma. Meus pais choraram. Se culparam. Naquela época, genética era um bicho-papão ainda maior, especialmente para uma família humilde. Não havia respostas. Nem acesso. Nem perspectiva. Somente aos dezessete anos fomos ter o diagnóstico correto, de Atrofia Muscular Espinhal Tipo 3 — uma doença degenerativa muscular, que ao longo do tempo vai atrofiando os músculos e gerando risco à vida.

Mas naquele momento eu tomei uma decisão silenciosa: eu não seria prisioneiro de um diagnóstico. A dor dos meus pais me doeu mais do que a minha própria. E a forma mais digna de honrar tudo o que eles fizeram por mim era viver. Viver com intensidade. Com garra. Com fé. Continuei estudando. Escola pública, ônibus lotado, escadas que pareciam montanhas. Dores no corpo inteiro, mas eu ia. Sempre fui. Trabalhei como office boy. Não como alguém que se envergonhava, mas como quem aproveitava cada ida ao banco, cartório, empresa, para observar, aprender, conectar.

Lembro até hoje de tentar subir no ônibus e não conseguir vencer o primeiro degrau. Tinha que pedir ajuda. Mesmo assim, ia. Sem parar. Sem me vitimizar. Eu via nos olhos dos outros o espanto — e usava aquilo como combustível. Comecei a perceber que, mesmo com limitações físicas, eu podia gerar valor. Eu buscava lanche para as pessoas nos setores, ajudava como podia, mostrava que estava ali para somar. E isso me abriu portas.

Entrei em um grupo empresarial e fui crescendo. De office boy a gerente. De gerente a diretor. Antes dos trinta anos, me tornei CEO de um conglomerado de logística, construção civil e agronegócio. Eu, que não devia passar dos dezessete. Mas a doença não parava. Meus movimentos ficavam mais limitados a cada ano. Nada de rampas, acessibilidade ou adaptação. Era o Brasil analógico dos anos 1990. Nada era feito com acessibilidade em mente. E tudo bem. Eu me adaptava. Cada degrau era uma conquista. Cada sala de reunião era uma prova de resistência. Cada decisão estratégica era, para mim, também uma vitória pessoal.

Durante essa caminhada, levei comigo os exemplos de casa. Meus avós, meus pais, meus tios. Todos com pouco estudo, mas com uma ética que valia mais do que qualquer diploma. Fui aprendendo que o mundo não era feito de facilidades — e tudo bem. Isso me ensinou a ser resiliente. A honrar compromissos. A entregar mais do que me pediam. A ser íntegro mesmo quando ninguém estava olhando.

Quando entrei na faculdade — a primeira escola paga da minha vida —, fui me destacando. Tirava boas notas, fazia bons trabalhos, ensinava meus colegas. Um professor me convidou para um projeto. E dali nasceu o embrião do que, anos depois, se tornaria a Assis Gestão. Eu sabia exatamente o que queria construir: uma ponte entre o empreendedor que tem garra e visão, mas que não entende o jogo da gestão, da governança, dos investidores. Começamos a desenhar esse modelo de negócio ainda em 1999. Em 2002, a Assis Gestão foi oficialmente fundada. E desde então, nunca mais paramos.

Ajudamos empresas a se profissionalizarem, a crescerem com base sólida, a entenderem seu real valor de mercado. Quando começaram os primeiros movimentos de M&A, fomos junto. Apoiamos processos de venda, estruturação e crescimento. E quando os empresários venderam, voltaram até nós para investir. Assim, formamos um ecossistema onde cada etapa da jornada empreendedora tem suporte, estratégia e direção.

Hoje, são mais de 23 anos de história. Nunca tive um processo trabalhista. Nunca fui processado por um cliente. Nunca processei ninguém. Construímos reputação com base em valor, respeito e entrega. Atuamos com mais de 6 mil empresas. Mais de 14 bilhões em ativos sob gestão. Projetos de M&A de destaque nacional e internacional. Tudo com um time extraordinário ao meu lado.

Mas nada disso me define mais do que o presente. Porque o presente é onde a vida acontece. Eu não fico preso ao que não consegui fazer. Eu celebro o que faço — todos os dias. Eu não ando. Não consigo trocar minha roupa nem ir ao banheiro sem ajuda. Não consigo me virar na cama. Mas eu viajo. Eu trabalho. Eu brinco com meus filhos. Eu dou palestras. Eu empreendo. Eu amo. Porque a vida é agora. E é nesse agora que eu decido ser feliz.

Olhando para trás, percebo que o maior legado que posso deixar não são os contratos assinados, os *cases* de sucesso ou os clientes atendidos. O verdadeiro legado é mostrar que a dor não precisa nos paralisar. Que a limitação física não define o tamanho da nossa alma. Que podemos construir muito — mesmo quando o mundo não nos oferece rampas.

Em 2018, eu já estava bem posicionado e decidi reformar minha casa, deixando-a acessível. Havia um elevador panorâmico lá. Eu tive um acidente com esse elevador e esmaguei minhas duas pernas. Ele só não me partiu no meio por uma bênção, mas eu fiquei preso com as pernas entre ele e o concreto.

Eu estava preso dentro do elevador, com as pernas esmagadas, sentindo uma dor absurda. A equipe chegou para me socorrer. Então me veio uma paz, e eu os ajudei do lado de dentro a me socorrer, mesmo com dor. A cadeirinha tinha subido e fechado a porta do elevador — ninguém conseguia entrar.

Desci para o centro cirúrgico com dor intensa, mas levei meu humor comigo. Quando me perguntaram se eu tinha alergia a algo, respondi: "Por enquanto, só a elevador". Todos riram. Fiquei internado, com ajuda dos meus familiares. Um cliente querido se ofereceu para me ajudar nos cuidados mais íntimos. Disse: "Você transformou minha empresa, minha vida, minha família". Isso me deu energia.

No dia seguinte, gravei um vídeo para meus clientes: "Hoje não posso ir até vocês, mas continuo aqui". Vendi, deitado em uma cama, duas empresas: a maior empresa de acabamentos de alto padrão de Minas e a maior indústria de cristal da América do Sul. Meu filho mais velho, Estevão, com sete anos, cuidava de mim. O mais novo, Emmanuel, ainda estava em gestação. Novamente os médicos disseram que eu passaria seis meses de cama, com risco à vida. Mas, com fé e força, em menos de um mês eu estava de pé. Trabalhando. Superando. Vivendo. Aos que enfrentam diagnósticos difíceis, limitações físicas ou falta de oportunidades, eu digo: não se compare. Não se vitimize. Não se entregue. Use o que você tem — seja pouco ou muito — e dê o seu melhor agora. O futuro não depende do passado. O futuro depende do que você faz hoje.

A vida me deu uma sentença. Eu a transformei em missão. A missão virou propósito. E o propósito virou legado. Hoje, posso dizer com toda a certeza: nada foi em vão.

PARE DE PARAR

"Pare de parar. Desafios não são barreiras, são degraus para quem escolhe continuar."

ALVARO ALMEIDA é empreendedor, estrategista em vendas e fundador da BCMED, empresa que construiu do zero até se tornar uma das maiores potências de *inside sales* do país, com quase R$ 1 bilhão em faturamento acumulado. Protagonizou *cases* de crescimento explosivo, como a escalada de um equipamento de tecnologia médica a R$ 90 milhões em *sell out* em apenas sete meses. Visionário e inquieto, equilibra sua atuação como líder empresarial com a busca por longevidade, espiritualidade e legado para sua família. "Pare de parar" é a síntese de sua trajetória marcada por resiliência, ousadia e propósito.

Instagram **@ALVARO.ALMEIDA**
LinkedIn **LINKEDIN.COM/IN/ALVAROBCMED**
Site **WWW.PAREDEPARAR.COM.BR**

Minha história não começa com riqueza, sorte ou grandes oportunidades. Ela começa em Foz do Iguaçu, numa família de classe média, onde aprendi cedo que a vida não entrega nada de bandeja. Desde criança, a realidade me ensinou a lutar, a cair e levantar, a não esperar que alguém viesse me salvar. Essa mentalidade moldou quem sou hoje.

Minha história é sobre *continuar*, sobre seguir mesmo quando a vontade de parar é quase incontrolável. Por isso, este capítulo não é um relato pessoal, é um chamado, um lembrete a você que está lendo: *pare de parar*.

Essa é a causa que defendo — não porque li em algum livro, mas porque vivi cada linha com a pele rasgada pela prática. Na infância, cresci observando o mundo com curiosidade e inquietação. Aos treze anos, criei meu primeiro empreendimento, um site que agregava promoções e ofertas na internet, que chegou a sair na revista *Veja*, mas que, por falta de motivação minha, acabou abandonadoeto. Eu não entendia muito bem o que era sucesso, mas sentia que estava tocando em algo maior do que eu mesmo.

Já aos vinte e poucos anos, depois de empreender na área da estética e falir, o mundo desabou aos meus pés. Parecia que tudo estava perdido. A vergonha, a sensação de fracasso e a incerteza sobre o futuro pesavam sobre meus ombros. Senti o que é estar cercado de problemas, sem saber por onde começar, com o medo latejando e ninguém segurando sua mão — e mesmo assim, escolhi *seguir*.

Lembro com clareza de um dia específico em que a sensação era sufocante, dívidas se acumulando, minha esposa (e sócia) extremamente desanimada, a minha autoconfiança abalada. Nesse cenário, estávamos caminhando juntos pela rua, a pé, porque havíamos vendido o carro dela para pagar contas. Dani me contou, com a voz baixa e os olhos marejados, por que estava tão triste. A pessoa que eu amo estava infeliz, e a culpa era minha. No meio daquela situação desesperadora, senti como se uma luz me atravessasse. Foi como se Deus falasse diretamente comigo, trazendo clareza e força. Ali, na calçada e no passo lento, fui iluminado e abençoado com a certeza de que não estávamos sozinhos e que aquilo não seria o nosso fim. Voltei para casa diferente — ainda com as mesmas dívidas e incertezas, mas com algo novo dentro de mim: a decisão inegociável de continuar.

Foi o dia em que entendi que, se eu quisesse viver algo grande, precisaria agir como alguém que já pertence a esse lugar, e isso significa fazer o que precisa ser feito mesmo quando nada à sua volta colabora.

Foi então que minha esposa e eu fundamos, em um quartinho no fundo da casa dos meus pais, a BCMED — que é hoje a maior empresa de venda de equipamentos e produtos para estética no Brasil, mas naquela época era apenas um começo, sem capital, sem estrutura e com poucas perspectivas externas de sucesso. Eu só tinha uma coisa: a determinação cravada no peito, *não vou parar*.

Aprendi que o medo não impede a ação — apenas exige mais decisão. Parei de procurar motivação e comecei a construir movimento. Trabalhei dias e noites, ligando para clientes, buscando parcerias, errando e aprendendo na marra, recebendo mais "nãos" do que qualquer um gostaria, mas segui. E ali, devagar e consistentemente, assumi riscos, formei uma equipe robusta, implementei processos comerciais de alto desempenho, e os resultados começaram a aparecer. Depois de anos de luta, vi uma empresa nascer, crescer e prosperar, e isso não foi resultado de genialidade, foi resultado de decisão.

Não romantizo o caminho. Eu sei o que é acordar cansado todos os dias, com uma pedra no estômago, sei o que é passar por períodos em que a pressão é tão grande que o único desejo é desaparecer por uns dias, ou semanas, sei o que é carregar a dúvida de não estar à altura, de pensar ser um impostor. Mas foi nesse caos interno que nasceu a minha convicção: o verdadeiro inimigo não é o fracasso, é a paralisia, é parar de tentar, é aceitar que não tem jeito, é ficar na mesma esperando algo mudar sem agir.

Essa paralisia é silenciosa, vem disfarçada de "vou descansar só um pouco", "quando tudo melhorar eu volto", "não é o momento", e quando você vê, já se passaram meses, anos, e você ainda está parado. Por isso escrevo este capítulo, não para contar minha história, mas para usar minha história como instrumento, para mostrar que, se você está aí no fundo do poço, se sentindo pequeno, exausto, sem acreditar mais em si mesmo... eu estive aí também, e escolhi continuar.

E por ter continuado, hoje posso liderar, inspirar, crescer. Por ter continuado, pude ver minha empresa alcançar R$ 120 milhões de faturamento em um ano, pude transformar um único produto que era pequeno em uma potência de R$ 90 milhões de *sell out* em apenas sete meses, pude construir um time, vi sonhos acontecerem. Mas o resultado maior não foi financeiro, foi pessoal: ganhei confiança, ganhei clareza, ganhei autoridade para olhar para outros e dizer com verdade no peito — *vai dar certo, se você não parar*.

Com o tempo, aprendi que superação não acontece sozinha. Ela nasce de atitudes concretas: resiliência diante das quedas, disciplina para manter-se em movimento, humildade para aprender e a capacidade de reunir pessoas certas em torno de um propósito. Descobri que meu maior valor não estava nos recursos que eu tinha, mas na minha mentalidade.

O resultado dessa jornada foi maior do que eu poderia imaginar. A BCMED cresceu, consolidou-se no mercado e impactou positivamente milhares de profissionais de saúde. Mas, mais do que números ou faturamento, conquistei algo que não tem preço: a capacidade de inspirar pessoas a acreditarem que também podem transformar suas vidas, independentemente de onde vieram ou dos traumas que carregam.

Hoje, o que mais me inspira é ver outros também virando essa chave, gente comum, como eu, enfrentando seus próprios monstros e decidindo se levantar. Por isso, a causa que defendo é clara: *pare de parar*.

Isso não é um mantra bonito, é um grito de guerra, uma escolha diária, um compromisso que faço comigo e com o mundo: *continuar*, mesmo cansado, mesmo sem aplauso, mesmo com medo. E não se trata de se matar de trabalhar, de viver em exaustão crônica — trata-se de não recuar da sua missão, trata-se de honrar o dom que Deus colocou em você, trata-se de não fugir daquilo que você foi chamado para fazer.

Fazer parte do Clax fortaleceu ainda mais essa visão, porque ali encontrei pares, pessoas que não vieram contar histórias, mas sustentar causas. Vi líderes que também já caíram, mas escolheram levantar e construir. E o Clax não é um clube de elite, é um campo de batalha, e eu me sinto honrado em fazer parte disso.

Hoje, olho para trás e entendo que cada lágrima, cada noite sem dormir, cada queda e cada medo tiveram um propósito. As adversidades me deram musculatura emocional, inteligência de negócios e clareza de missão. O menino que um dia sentiu que não tinha voz agora lidera uma empresa sólida, com quase R$ 1 bilhão de faturamento acumulado e planos de conquistar o mundo.

Minha mensagem para quem vive algo parecido é simples: você não precisa ter todas as respostas para seguir, só precisa ter coragem de continuar. Faça com o que tem, dê um passo por vez, mantenha a fé em Deus e nunca negocie seus valores. Desafios são portas disfarçadas de paredes. Quando você tem coragem para atravessá-las, descobre caminhos que nunca imaginou existir.

Hoje, meu propósito não é provar nada a ninguém, é liderar esse movimento, inspirar outros a também *pararem de parar*, mostrar que, mesmo que tudo tenha dado errado até aqui, você ainda pode virar o jogo.

E para você que está lendo isso, e talvez vivendo seu próprio caos, reforço: Levanta, respira, dá um passo, e depois outro, talvez pequeno, talvez lento, mas não para — porque se você parar, morre aí, mas se você seguir, tudo pode mudar.

Tudo o que vivi — das dores da infância às batalhas empresariais, das crises internas às grandes vitórias — me trouxe até aqui.

E é por isso que afirmo — sem hesitar, com a alma inteira: nada foi em vão.

DO CARVÃO AO DIAMANTE

"Acredito que o sucesso de alguém é do tamanho do seu coração."

ANA DIAMANTE é palestrante, mentora e CEO da Diamond House.

Instagram **@ANADIAMANTEOFC** | **@DIAMONDHOUSESP**

Sou a primeira filha da família. Sempre fui sonhadora e visionária. Aos sete anos, comecei a vender. Pegava pedrinhas da rua onde morava, lavava, montava uma banquinha e vendia como pedras mágicas. Criava histórias para encantar os adultos que passavam. Em troca, ganhava moedas que guardava numa latinha.

Organizava eventos com bonecas. Cada amiga levava algo para comer ou beber, e eu cobrava uma entrada simbólica. Com o dinheiro da latinha, pedi à minha mãe que me levasse ao centro de Belo Horizonte. Comprei minha primeira roupa. Aquele sentimento de conquista nunca mais me deixou.

Sempre fui vaidosa. Vendia Avon para comprar perfumes e maquiagens. Pedi ao meu pai que me colocasse em um curso de costura, com o qual passei a fazer consertos e camisas sociais para vender. Aos catorze anos, vendia salgados na escola e no ônibus para garantir meu lanche.

Comecei a namorar aos treze anos. Aos dezesseis, engravidei e me casei. Ele faria um acerto na empresa para construir no terreno do pai. Com os salgados, eu compraria os eletrodomésticos. No fim, o dinheiro dele só deu para areia e brita. Fomos morar com meus sogros.

Mesmo com a geladeira cheia, eu só comia nas refeições em família. Grávida, acordava de madrugada com fome e comia tomates escondida.

Construímos um barracão sobre o imóvel de uma das minhas cunhadas. Como o dinheiro mal pagava o pedreiro, eu colocava minha filha para dormir e ajudava na obra. Queria o quanto antes o meu lar.

Morávamos em frente a uma fábrica de calças jeans. O dono oferecia serviço de arremate. Eu tirava as linhas das calças por quinze centavos a peça. Fazia quatrocentas por dia. Isso dava um salário mínimo por dia. Trabalhava até três e meia da manhã, quando meus dedos já estavam inchados.

Com esse dinheiro, comprei meu primeiro carro antes dos dezoito anos. Quem dirigia era o pai da minha filha, já que eu ainda não tinha carteira.

Fiz magistério, mas no estágio vi que não mudaria o mundo daquela forma. As crianças iam à escola apenas para comer. Saí para entregar currículos. Consegui um emprego em um estande de ostras enlatadas. Também fui cozinheira, lavadeira.

Tenho apenas quatro fotos da minha filha bebê. Uma delas foi feita por um fotógrafo que passou oferecendo o serviço. Para conseguir pagar, pedi à minha cunhada que me deixasse lavar roupas por metade do valor que ela cobrava. Essa foto tem muito valor para mim.

Aos vinte, me separei. Ganhava 270 reais por mês e fui morar com minha filha em um porão sem banheiro, pagando cem reais de aluguel. Dormíamos em um colchonete furado com um lençol limpo e cheiroso. Guardo gratidão até hoje por aquele lençol.

Chegávamos em casa exaustas. Rezávamos o Pai Nosso tão rápido que ríamos. Ela só tinha quatro anos.

Fui contratada por uma joalheria. Mesmo sem ter as orelhas furadas, bati todas as metas. Me tornei a melhor vendedora da rede. Foi lá que conheci a história do diamante: o carvão sob pressão se transforma. Aquilo era sobre mim. Eu era o carvão sendo lapidado pela vida.

Uma colega me indicou para um processo seletivo. Fui aprovada em uma das maiores empresas do mundo para vender seguros de vida de porta em porta. Tinha apenas um terno de cinco reais comprado no quilo. Sem faculdade, sem contatos, mas com visão.

Eu pensava: se protegem carros, por que não protegeriam a própria vida?

Fazia 25 visitas por semana para fechar três vendas. E consegui manter esse ritmo por um ano. Fui promovida a gerente. Fiz 843 entrevistas até contratar meu primeiro profissional. Na entrevista de número 519, voltando de um almoço simples, pensei: "Um dia vou ser campeã e contar essa história na convenção".

E logo veio o pensamento: "Que papo é esse? Você nem tem um profissional...". Eu respondi: "Pois eu vou!".

Em 2005, minha equipe foi campeã pela primeira vez. Ao todo, foram sete campeonatos oficiais e nove extraoficiais. O campeão e o vice-campeão da empresa eram da minha equipe. A performance era tão acima da média que a empresa fez auditorias para checar os resultados. Tudo era legítimo.

Minha remuneração chegou a superar a do presidente da multinacional.

Meus sonhos começaram a se realizar. Comprei um carro melhor, um apartamento no melhor bairro de BH, uma casa na praia. Construí um sítio — sonho de infância — com 800 m². Fiz viagens incríveis e proporcionei à minha filha um novo patamar de vida.

Antes de entrar na Prudential, tive um sonho marcante: Deus colocava uma moeda de ouro em minhas mãos. Anos depois, ao ver cerca de trezentos jovens da minha equipe se tornarem milionários com vendas de seguros, entendi: aquela moeda representava uma missão — compartilhar. Compartilhar visão, conhecimento e oportunidades.

Comecei a doar meus melhores profissionais para expandir a operação no Brasil. Sabia que isso enfraqueceria meus próprios resultados. Era como dividir minha empresa ao meio todo ano. Mas eu sabia formar talentos. Quem ficava, vendia ainda mais, pois via que também poderia crescer.

Com o tempo, as pessoas na empresa começaram a dizer que eu tinha "mão de ouro", que tudo o que eu tocava virava ouro.

Com isso, formei dezessete agências dentro da mesma empresa. Somando os títulos que eu e meus liderados conquistamos, chegamos a 25 campeonatos. Criei filhos, netos, bisnetos e até tataranetos profissionais. Construí um legado — e tive minha trajetória celebrada com minha foto por dez vezes no topo da Times Square, o espaço publicitário mais disputado e valioso do mundo. Hoje, cerca de sessenta por cento da operação da Prudential, incluindo o vice-presidente, vários diretores e grande parte da área comercial, são meus meninos — como gosto, carinhosamente, de chamá-los.

Mesmo com tudo isso, sentia que ainda havia algo maior me esperando. Decidi me mudar para São Paulo. Comprei uma mansão com uma garagem enorme. Vi ali uma nova missão: me tornar mentora.

Como já havia feito muitos cursos no Brasil e fora, amigos começaram a pedir para usar o espaço para seus próprios treinamentos. Assim nasceu a Diamond House.

Hoje temos duas unidades e quatro espaços incríveis: o rooftop para duzentas pessoas, o auditório para até quinhentas, a área da piscina integrada e, para 2026, o Secret Diamond, um espaço exclusivo para experiências inesquecíveis.

Eu acredito que nada acontece por acaso, que Deus tudo vê, e que Ele me deu a Diamond House para que eu pudesse entrar na área educacional como mentora — de uma forma diferente da maioria. Pois essa não será minha única fonte de renda, e isso me dá um conforto enorme para cumprir minha missão nesta terra: compartilhar com o maior número possível de pessoas toda a bagagem que adquiri com garra, disciplina, força, humildade, paciência, fé e amor.

A mão aberta para dar é a mesma mão aberta para receber.

Quero continuar minha trajetória sendo luz nesta terra.

Acredito que o sucesso de alguém é do tamanho do seu coração. E tudo o que precisei superar me transformou em uma pessoa de pouco ego e alto impacto.

Costumo dizer nas minhas palestras: se a Ana Carvão conseguiu, todos são capazes de conseguir também.

Espero te encontrar um dia... e compartilhar a moeda.

TUDO COMEÇOU COM UMA DECISÃO

"Quando dou o meu melhor para a vida, a vida dá o melhor dela para mim."

ANDERSON RICHARD é diretor comercial da Ginco Urbanismo, com mais de treze anos de trajetória e criador de um método que forma corretores de alta performance. De origem simples, transformou sua história com disciplina e propósito, liderando equipes que ultrapassam 600 milhões de reais em vendas por ano. Palestrante e mentor, inspira profissionais a alcançarem liberdade financeira com estratégia e fé.

Instagram @_ANDERSONRICHARD

Minha história começa em Corumbá, Mato Grosso do Sul, onde eu nasci. Filho da dona Luci e do seu José, sou o quinto de seis filhos que cresceram em uma casa simples, onde os desafios chegavam antes mesmo do café da manhã. A nossa realidade era humilde, marcada por limitações, mas também por muito amor, dignidade e um senso de responsabilidade que minha mãe fez questão de nos ensinar com cada prato que lavava, com cada roupa passada, com cada noite maldormida para garantir que a vida seguisse.

Eu tinha por volta de cinco anos quando meu pai faleceu. Foi o primeiro grande baque da minha vida. Não tenho muitas lembranças dele, apenas fragmentos, mas sua ausência moldou parte da minha essência. Crescer sem a presença de um pai foi um buraco que precisei aprender a preencher com fé, trabalho e muita perseverança. Minha mãe, essa mulher que carrego como referência de liderança até hoje, assumiu sozinha o volante da nossa história e nos conduziu com honra, coragem e fé a dias melhores. Ela foi minha primeira inspiração.

Desde pequeno, a vida me ensinou que, se eu quisesse algo, teria que correr atrás. Comecei vendendo pimentão, tomate, poncã na feira. Era o que dava. Depois, já em Cuiabá, vendi pastel, salgadinho, CD, DVD, latinha de cerveja em estádio, produto de limpeza. Não havia luxo, mas havia movimento. E, no meio disso tudo, aprendi que vender era mais do que uma necessidade: era uma escola. A rua foi minha sala de aula. Cada não que eu recebia virava uma lição. Cada sim, uma semente de esperança.

Passei uma temporada no Guarujá, em São Paulo, e essa mudança de ambiente me mostrou um mundo diferente. Estudei em escolas mais exigentes, convivi com pessoas com outra mentalidade. Era como se alguém tivesse me mostrado, ainda que rapidamente, um vislumbre do que poderia existir além daquilo que eu conhecia. Voltei para Cuiabá com a sensação de que havia mais. E de que, de algum jeito, esse "mais" podia ser para mim também.

Mesmo assim, entre as feiras, os estádios e os caminhos tortos da juventude, vieram as distrações. Cerveja, cigarro, conversas vazias, amizades rasas. Eu vivia no automático, como muitos jovens que não se veem em lugar nenhum, tentando preencher vazios com momentos passageiros. Até que um domingo mudou tudo.

Era uma tarde qualquer. Estava com alguns amigos, bebendo, fumando, falando besteira, rindo de nada. No meio daquela confusão de vozes, algo dentro de mim silenciou. Uma pergunta surgiu como um grito na minha consciência: "Se eu continuar vivendo assim, aonde é que isso vai me levar?". Eu sabia a resposta. E ela doeu. Não ia me levar a lugar nenhum.

Naquele instante, sem barulho, sem plateia, sem holofote, tomei a decisão que mudou minha vida.

Eu decidi mudar.

E essa mudança começou por uma reconciliação. Fui atrás da Elaine Cristina, minha ex-namorada, a mulher que meu coração nunca esquecera. Eu tinha feito besteira, perdido a confiança dela. Mas estava disposto a reconquistar. Foram mais de doze meses tentando recuperar não só o amor dela, mas a minha dignidade. Cada tentativa frustrada era um lembrete do que eu estava disposto a fazer para construir uma nova história.

E deu certo.

Reconquistei o amor da minha vida. E, com ela ao meu lado, minha trajetória começou a se alinhar com o futuro que eu sempre quis — mesmo quando não conseguia enxergar. Elaine foi o primeiro grande presente da minha nova versão. Uma mulher forte, determinada, inteligente. Alguém que me inspirava a ser melhor, todos os dias. Casar com ela foi a melhor decisão da minha vida. A partir dali tudo começou a fazer sentido.

Mas só amor não basta. Eu precisava de direção. E foi nessa busca que conheci alguém que me apresentou a Jesus. Comecei a estudar a Bíblia, não como um livro religioso, mas como um manual de vida. Descobri valores, princípios, exemplos. Encontrei líderes, heróis, homens imperfeitos que foram transformados por decisões corajosas. Cada versículo era uma aula de comportamento, de caráter, de propósito.

A Bíblia me moldou. Me deu base, freio, norte. Me ensinou sobre perseverança, sobre perdão, sobre plantar com fé e colher com honra. Cristo se tornou minha maior inspiração de liderança. E foi esse novo sistema de crenças que deu sustento à minha jornada.

Com essa nova mentalidade, os frutos começaram a aparecer. A vida foi respondendo ao meu esforço. Consegui formar uma família, construir um lar digno, conquistar bens, morar bem. Mas, mais do que isso, consegui algo que dinheiro nenhum compra: um senso de propósito.

A venda de terrenos, que antes era só um ofício, virou missão. Cada cliente atendido, cada corretor treinado, cada resultado alcançado passou a ter um significado muito maior. Comecei como corretor e cheguei à diretoria comercial da Ginco, empresa referência em urbanismo no Mato Grosso. Montei times, superei metas, formei líderes. Mas a maior conquista de todas foi perceber que a minha história podia ser ponte para outras.

Fui formado pelo mercado, mas fui transformado por Deus. E essa transformação me impulsionou a criar o Método Anderson-Richard, uma metodologia que une técnica de vendas, mentalidade de alta performance e construção de propósito. O objetivo nunca foi apenas vender. O objetivo sempre foi transformar. Vidas, famílias, realidades.

Hoje, lidero uma equipe que vende mais de 600 milhões de reais por ano. E o meu sonho é alcançar 1 bilhão. Mas não se engane: não é pelo número. É pelo que esse número representa. Cada real ali é o reflexo de uma jornada. De um corretor que venceu, de uma família que conquistou, de uma história que foi ressignificada.

Aos que vivem algo parecido com o que eu vivi, deixo aqui meu conselho mais profundo: acredite em você. Acredite em Deus.

Por mais distante que pareça, é possível. Você pode sair da feira, da rua, da dúvida, da crise. Mas precisa pagar o preço. Precisa plantar. Precisa agir com honra, com verdade, com disciplina. E, acima de tudo, precisa decidir. Nada começa antes de uma decisão.

Eu sou prova de que vale a pena. O caminho pode arder, mas a vitória é extraordinária.

O processo dói, mas o resultado cura.

E hoje, olhando para trás, eu entendo: nada foi em vão.

DO ZERO AO GIGANTE

"Desistir jamais, eu sou Gigante."

ANDRÉ DE SANTANA NUNES, O GIGANTE, é empresário, sócio de Flávio Augusto, Joel Jota e Caio Carneiro na Mentoring League Society. É também pai, estrategista de vendas para empresas, escritor e autor best-seller e mentor. Iniciou sua trajetória na área comercial aos nove anos, como vendedor de roscas de leite em paradas de ônibus e, atualmente, é considerado um dos maiores treinadores de vendas do Brasil. Fundador do Instituto de Gigantes, escola de educação de vendas, e criador do maior treinamento imersivo do Brasil: DNA de Gigante, com metodologia exclusiva focada nos seus 35 anos de experiência em vendas.

Instagram **@ANDRENUNES_**
LinkedIn **LINKEDIN.COM/IN/ANDRENUNESPALESTRANTE**
YouTube **YOUTUBE.COM/@ANDRENUNESOGIGANTE**

O maior desafio que enfrentei na minha vida não foi apenas a transição de carreira, mas a necessidade de me reinventar em um mundo que parecia estar em constante mudança. Durante anos, trabalhei em uma multinacional. Era um emprego estável, mas, com o tempo, percebi que estava perdendo a paixão pelo que fazia. O desejo de criar algo significativo e ajudar outros a alcançar seus objetivos começou a crescer dentro de mim.

A ideia de trabalhar na educação, ajudando empresários e indivíduos a desenvolverem suas habilidades através de treinamentos e mentorias, surgiu de uma conversa com minha esposa. Ela me incentivou a explorar esse caminho, e a partir desse momento, minha vida começou a mudar.

Começar do zero aos quarenta anos não foi fácil. O medo do fracasso e a incerteza sobre como me vender novamente eram assustadores. Enfrentei a sensação de que, ao deixar um emprego seguro, estava arriscando tudo. O mercado estava cheio de competidores e a dúvida sobre se eu conseguiria me destacar era constante. Entretanto, mesmo diante desses desafios, uma voz dentro de mim insistia que era hora de agir. Era o momento de buscar minha verdadeira vocação e impactar a vida das pessoas de maneira positiva.

A virada na minha jornada aconteceu em um momento inesperado. O dia em que conheci minha mentora, Roberta Chique, foi um divisor de águas na minha trajetória. Com ela, aprendi que não se tratava apenas de vender um produto ou serviço, mas de oferecer um valor verdadeiro. Roberta me apresentou a metodologia que me permitiu estruturar meu conhecimento em vendas de forma educacional. Isso não só me deu clareza sobre o que eu queria fazer, mas também me ajudou a entender que a venda é um ato de servir.

Em 2020, fui reconhecido como o melhor mentor de palestrantes da América Latina pelo Instituto Urgente, da Escola Roberta Chique. Esse reconhecimento foi o resultado de muito trabalho e dedicação, mas também de uma jornada de autodescoberta e superação. Aprendi que cada "não" que recebi ao longo do caminho não era um fracasso, mas uma oportunidade de aprender e crescer. Essa mentalidade de resiliência e perseverança se tornou a base do meu sucesso.

Outro mentor que entrou na minha vida foi JoJo, cuja influência foi fundamental para minha evolução. Ele me ensinou a importância de uma mentalidade de crescimento e como transformar desafios em oportunidades. Com o apoio dele e de outros mentores, comecei a traçar um caminho claro para meu negócio. Acredito que ter mentores é essencial, pois eles nos guiam, compartilham suas experiências e nos ajudam a evitar armadilhas comuns.

A superação é um tema central na minha história. A primeira atitude que realmente mudou minha vida foi entender que a venda é um ato de servir. Se não servimos, não temos um propósito. Essa ideia se enraizou em mim e me levou a adotar uma abordagem mais centrada no cliente. Eu precisava ajudar as pessoas, e essa mudança de perspectiva foi crucial para meu crescimento. Os valores que aprendi em casa, como honestidade, integridade e a importância de cumprir com a palavra, tornaram-se pilares da minha abordagem de vendas.

Esses princípios foram fundamentais para construir relacionamentos de confiança com meus clientes. Quando você vende sem valores, é difícil ajudar seus clientes e, consequentemente, sua empresa. Compreendi que a venda não começa com um script ou um funil de vendas, mas sim com a construção de um relacionamento genuíno. As primeiras vendas que precisamos fazer são para nós mesmos, para nossa família e, em última instância, para nossos clientes. Essa ideia me levou a refletir sobre o que estou vendendo diariamente. O que ofereço a Deus, à minha família, à minha empresa e aos meus clientes? Essa reflexão me ajudou a entender que a verdadeira venda começa dentro de nós.

Hoje, posso afirmar que a experiência vivida é o que nos dá conhecimento e nos capacita a ensinar. Quando você tem experiências e vivências, é capaz de transmitir essas lições de maneira autêntica e impactante. A venda é uma forma de compartilhar o que você aprendeu e ajudar os outros a crescerem.

Depois de encontrar mentores e participar do ClaxClub, minha vida mudou drasticamente. O ClaxClub é uma das maiores comunidades de empreendedorismo do Brasil e me proporcionou um ambiente de crescimento exponencial. Aprendi que os "nãos" podem se transformar em "sins" e que a venda começa de dentro para fora. Quando você muda sua mentalidade e se vê como um vendedor, a transformação acontece.

Hoje, graças a essa mudança, posso proporcionar à minha família tudo de que ela precisa. Minha esposa se tornou minha sócia e companheira na jornada, e juntos construímos um futuro promissor. A venda é a força que move tudo ao nosso redor — não importa o departamento em que você trabalhe, todos precisam vender. A habilidade de vender não se limita apenas a produtos, mas se estende a ideias, visões e, principalmente, a nós mesmos.

Através da metodologia que desenvolvi, consegui ajudar muitas pessoas a alcançarem seus objetivos. Acredito que a venda é um ato de amor e que, ao ajudarmos os outros, também estamos nos ajudando. Hoje, sou parte de um movimento maior, o DNA Gigante, que visa transformar vidas e negócios. Esse movimento é uma comunidade que acredita na força da colaboração e no poder do conhecimento compartilhado.

Um dos maiores aprendizados que tive ao longo dessa jornada é que cada um de nós é único e traz algo especial para a mesa. Mesmo que você tenha um irmão gêmeo, sua essência, suas experiências e suas crenças são diferentes. Portanto, a venda deve ser adaptada a cada indivíduo. Ao entender isso, percebi que o jogo é mental. A maior venda que podemos fazer é a venda interna, a venda de nossas crenças e valores a nós mesmos.

Agora, ao olhar para trás, vejo que minha jornada não foi apenas sobre vendas, mas sobre autodescoberta e crescimento pessoal. Cada desafio que enfrentei me moldou e me preparou para o que sou hoje. Sou grato por cada mentor que cruzou meu caminho e por cada experiência que me ensinou lições valiosas.

Em resumo, minha jornada do zero ao gigante foi repleta de desafios, aprendizados e superações. O que me trouxe até aqui foi a determinação de servir, os valores que carrego e a coragem de me reinventar. A venda é uma habilidade que todos podemos desenvolver, mas é a mentalidade que faz a diferença. Se você está enfrentando dificuldades ou se sentindo perdido, lembre-se de que você é capaz de mudar sua realidade.

Nada foi em vão. Cada passo, cada erro e cada acerto contribuíram para minha evolução e para a construção do meu legado. Você também pode transformar sua vida e alcançar seus objetivos. O momento certo é agora. A maior venda que você pode fazer é para si mesmo. Acredite em seu potencial e faça acontecer!

A VISÃO PRECEDE O PODER

"É a forma como enxergamos as perspectivas que nos leva a escolher caminhos diferentes."

ANNA ALCINO é empresária, mentora de empresários e atua há onze anos no mercado de gestão de negócios. Fundadora da empresa Aurum Perennium e sócia do Grupo RA, presente no mercado há catorze anos, é apaixonada pelo mundo dos negócios, pela vida saudável e pela natureza. Acredita que todos podemos construir uma nova realidade.

Instagram **@ANNAALCINO**

Minha história começa na zona rural de Arcos, em Minas Gerais, onde vivi os primeiros dezesseis anos da minha vida. Cresci em uma comunidade simples, distante vinte quilômetros da cidade. Um lugar onde o tempo parecia se mover ao ritmo da terra, embalado pelo som dos pássaros, pelas águas das cachoeiras e pela tranquilidade que só o mato sabe dar. Lá, os dias começavam cedo. Aos cinco anos, já acordava por volta das cinco e meia da manhã para ir à escola. Caminhava quase um quilômetro até o ponto do ônibus, que levava quarenta minutos até a escola mais próxima. A educação era longe, mas meu desejo de aprender sempre foi maior que a distância.

Cresci com meus pais, agricultores dedicados, e minhas três irmãs. Nossa vida era simples, mas cheia de valor. Sem eletricidade nos primeiros anos, sem internet, mas com uma horta, rio, mata, silêncio e muito amor. Meu avô Luiz foi quem primeiro me ensinou sobre dinheiro, negócios e princípios de vida. Ele e meu pai me mostraram, com as mãos na terra, o que é plantar com intenção e colher com paciência. A roça me ensinou a pensar antes de agir, a respeitar o tempo das coisas, a ter leveza mesmo no esforço.

Mas eu sabia, desde cedo, que precisava sair dali para expandir o que carregava em mim. Aos dezesseis anos, quando a escola da roça já não oferecia mais séries, fui estudar na cidade. Foi quando a vida começou a tomar um novo rumo. Consegui meu primeiro emprego como menor aprendiz na Caixa Econômica, depois me tornei bancária, analista de crédito e, mais tarde, analista de negócios do Sebrae. Lá, reencontrei o empreendedorismo com outros olhos — mais estruturado, mais estratégico — e comecei a atuar como consultora. Nessa fase, já namorava o Robert, que depois se tornou meu marido e parceiro de negócios. Com ele, comecei a assumir um papel mais ativo na empresa da família. Era como se tudo que eu tinha vivido no campo agora se tornasse útil em decisões muito maiores.

Por muito tempo, tudo correu bem. Eu crescia, os negócios cresciam, a vida avançava. Mas então, o inesperado aconteceu. Um dos nossos negócios enfrentou a maior crise de sua história. Em pouco tempo, fomos atingidos por uma sequência de eventos desafiadores: sequestros, roubos de veículos da frota e prejuízos financeiros significativos. O fluxo de caixa, já pressionado por atrasos no ciclo de vendas de um mercado de commodities, ficou comprometido. A sensação era de estar em queda livre, sem chão. O medo do fracasso bateu à porta, junto com a dor emocional de todas as perdas.

Foi nesse momento que me vi verdadeiramente à prova. Tudo que eu tinha aprendido, ensinado, planejado, parecia estar em xeque. Foi uma crise de identidade. Uma sensação de impotência. Eu estava acostumada a ajudar os outros a saírem do caos — e, de repente, era eu quem estava nele.

Diante disso, Robert me chamou para dividirmos o fardo de outra forma. Eu já participava da empresa em nível estratégico, mas ali precisei voltar à linha de frente. Ele assumiu as vendas, porque sem receita nada se sustenta, e eu mergulhei na parte financeira, nos processos e na reestruturação de pessoas. Começamos um movimento intenso de contenção de custos, renegociação de dívidas, busca por alternativas mais inteligentes de alavancagem. Redesenhamos a estrutura de despesas e priorizamos o caixa.

Mas não bastava cortar custos. Era preciso resgatar a alma da empresa. E isso significava trabalhar a cultura, a comunicação, os valores e a união do time. Reuníamos a equipe semanalmente, não apenas para repassar metas, mas para inspirar, compartilhar visões e devolver sentido ao trabalho. Levamos isso também ao time de motoristas, que havia sido exposto a momentos difíceis, com mensagens de encorajamento e pertencimento.

Com esse olhar mais humano e integrado, transformamos o ambiente. Fortalecemos o senso de responsabilidade coletiva. Refinamos processos, revimos cargos, ajustamos as competências-chave e tornamos a liderança mais presente, mais facilitadora. O que antes era um grupo de profissionais se tornou um verdadeiro time.

E foi aí que a virada começou a acontecer. Com o caos minimamente sob controle, surgiu a pergunta que mudou tudo: o que esta crise está tentando nos mostrar? A resposta veio em forma de visão. Percebemos que o modelo de negócios que nos sustentava até ali estava esgotado. Era hora de evoluir. Decidimos transformar a transportadora em algo maior: um ecossistema de soluções ligadas ao setor dos derivados de calcário. Já tínhamos, dentro da nossa carteira, a confiança dos clientes. A pergunta agora era: de que mais eles precisam? E como podemos atender a essa necessidade de forma lucrativa, recorrente e escalável?

Começamos a explorar novos produtos, novas parcerias, novas formas de entrega de valor. Percebemos que nossos próprios problemas poderiam se transformar em soluções para outros negócios do mesmo ecossistema. E foi aí que deixamos de apenas consertar o carro. Decidimos construir um novo veículo, mais adaptado, mais robusto, mais inteligente. Um negócio não apenas sustentável, mas verdadeiramente preparado para crescer com solidez.

Quando tudo parecia cair, o que nos sustentou foi o amor. O amor entre mim e o Robert, que se fortaleceu em vez de ruir. Nunca nos culpamos, nunca nos afastamos. Fomos um pelo outro, e depois pelos outros. E esse amor também se espalhou pela empresa, contagiou a cultura, moldou as decisões. Reforçamos os valores, os limites, a clareza de objetivos. Fizemos da comunicação uma ferramenta de alinhamento, verdade e inspiração. Escolhemos ver e enfrentar os nossos pontos cegos. Na área financeira. Na cultura. Na gestão. Nas vendas.

Robert se colocou na estrada, ouvindo os clientes, percebendo as lacunas, trazendo insights. Eu mantive a fortaleza interna, cuidando da saúde da operação, da liderança e de mim mesma. Porque aprendemos que não existe CNPJ forte com CPF fraco.

E jamais poderia deixar de dizer que a fé em Deus foi nossa fortaleza. Sem ela jamais poderíamos caminhar e agir rumo à terra prometida sem ainda enxergá-la e confiar que Deus abriria o mar quando saídas humanas pareciam não ser possíveis.

Hoje, olhando para trás, vejo que essa crise foi um presente disfarçado. Ela nos moldou. Nos fortaleceu. Nos ensinou a crescer com consciência, com estratégia e com humildade. A empresa está mais sólida. O ambiente está mais leve. A rotina, mais organizada. A liderança, mais consciente. E eu me tornei uma mulher mais serena, mais inteira. Não digo que sou melhor, mas sou alguém que sabe resolver mais problemas, que enxerga melhor o que importa, que respeita o processo de crescimento e sabe que, para alcançar o próximo nível, será sempre preciso aprender mais, lapidar mais, evoluir mais.

Se eu pudesse deixar uma mensagem para quem está vivendo uma fase como a que eu vivi, eu diria: nenhuma tempestade dura para sempre. E o movimento certo nasce da escolha de fazer o essencial. Não se trata de trabalhar mais, mas de agir com precisão. As respostas não vêm na correria, mas na consciência. Todo problema traz uma oportunidade. Você só precisa encontrar a sua.

Não se culpe pelo que passou. O que foi feito está feito. O passado ensina, mas é no presente que se constrói o novo. O futuro é uma página em branco. E você tem a caneta. Ninguém é definido pelos erros. Somos definidos pelas decisões que tomamos depois deles.

Eu mesma só cheguei até aqui porque não desisti. Porque acreditei na visão. Porque o amor venceu o medo. Porque a parceria venceu o ego. E porque, mesmo quando parecia impossível, eu sabia que, de algum modo, tudo aquilo estava servindo a algo maior.

Nada foi em vão.

O CORTE QUE ME ENSINOU A FLORESCER

"Sementes de transformação que nascem do silêncio."

ANNA MAOLI é especialista em frequência e autoconsciência do bem-estar. Treinadora frequencial com formação em naturopatia, PNL e reprogramação emocional, além de diversas formações em medicinas orientais. Pós-graduada em medicina integrativa, palestrante e autora do livro *Livre para fluir*. Sua missão é conduzir buscadores no alinhamento de suas quatro inteligências — física, mental, emocional e espiritual —, promovendo equilíbrio e alinhamento de forma integral. Há 25 anos está na jornada de evolução pessoal, e há mais de uma década transformou sua paixão em profissão, orientando pessoas em busca de maior conexão consigo mesmas. Em sua jornada, vivenciou experiências meditativas em templos da Índia e institutos renomados na Califórnia, bebendo da fonte de grandes mestres.

Instagram **@ANNAMAOLI**
Site **WWW.MAOLI.COM**

Nasci em São Paulo, na década de 1980, filha primogênita de dois mundos opostos e igualmente intensos. Meu pai veio das montanhas geladas da Baviera. Cresceu na Alemanha sem conhecer o próprio pai, que desapareceu na época da guerra. Foi criado por minha avó e pelos tios. Aos 21 anos, sem falar português, veio de navio para o Brasil, para trabalhar com os tios que imigraram anos antes. Minha mãe, mineira, sétima de dez irmãos, nasceu em Dores do Indaiá — uma cidadezinha pacata do interior de Minas — e na década de 1970 decidiu tentar a vida na cidade grande. Em 1980, essas duas almas exiladas, vindas de extremos tão diferentes, se encontraram e me trouxeram ao mundo.

Passei a infância entre experiências na roça, em Minas Gerais, com pão de queijo e fogão a lenha, e o frio das montanhas da Alemanha, nas minhas férias escolares. Era uma criança introspectiva, mas de alma sensível. O tipo de criança que sente tudo, mesmo o que não se fala. Criativa, imaginativa, com um universo interno enorme.

Mas tudo isso começou a mudar quando eu tinha apenas três anos e minha mãe me levou ao salão de beleza. Lembro-me da cadeira giratória e do cheiro de Henna. Sentei balançando as perninhas, confiando cegamente. Afinal, toda criança aprende a confiar em quem cuida dela.

"Corta bem curtinho", minha mãe disse à cabeleireira, sem que eu percebesse.

Foi isso. Nenhuma pergunta. Nenhuma explicação. Nenhuma escolha.

Vi os fios caindo ao chão. E, junto com eles, algo de mim se foi. Não era só cabelo. Era símbolo, identidade, controle. Era o meu jeito de existir no mundo, sendo arrancado sem que eu pudesse reagir.

Olhei para o espelho e não me reconheci. Meus olhos arregalados perguntavam em silêncio: por que ninguém me ouviu? Por que ninguém quis saber o que eu queria?

Naquele dia, uma crença se cristalizou no meu coração de menina: "Minha voz não importa".

Voltei para casa com um corte "Joãozinho" e uma ferida invisível. A partir daquele momento, algo em mim se fechou.

Eu evitava fotos. Escondia o rosto. Comecei a observar demais e falar de menos. A espontaneidade cedeu lugar à vergonha. Na escola, fiquei tímida, retraída, sempre com medo de me destacar — por medo de ser ridicularizada. Eu me sentia inadequada e excessivamente preocupada com o que os outros pensariam.

Nunca fui das melhores alunas, mas nas disciplinas de humanas eu me encontrava. Gostava de criar histórias, escrever, montar peças de teatro com as amigas, inventar programas de rádio, dançar coreografias. Criava para fugir. Criava para existir de outro jeito.

Na adolescência, o peso da infância silenciada começou a aparecer no corpo. Desenvolvi compulsão alimentar. Comia para anestesiar, para aliviar, para preencher o vazio que crescia dentro de mim. Engordar era, inconscientemente, uma forma de criar camadas entre o mundo e minha alma ferida.

Aos quinze anos, vivi meu ápice de desconexão interna. Eu me sentia pesada — não só no corpo, mas na alma. Havia um peso invisível que me esmagava. Ansiedade, baixa autoestima, noites em claro, um sentimento constante de não pertencimento. Buscava conforto em excessos: comida, bebida, distrações, tentando silenciar um buraco que só crescia.

Parecia que algo dentro de mim gritava por socorro, mas ninguém escutava.

Até que, numa noite insone na casa da minha avó, encontrei um livro na estante: *O alquimista*, de Paulo Coelho.

Li compulsivamente. A história de Santiago, o pastor que ouve sua alma e segue os sinais do universo, tocou em algo muito profundo em mim. Era como se alguém, finalmente, tivesse me lembrado de que a vida tinha um propósito maior.

Ali, o despertar começou.

Poucos meses depois, participei do meu primeiro treinamento de excelência emocional com o dr. Lair Ribeiro. O ano era 1998. Foi um final de semana que transformou minha vida. Ali, entendi pela primeira vez como as emoções influenciam diretamente nossa saúde física. Compreendi que meu corpo carregava emoções não resolvidas e que eu não era refém daquilo — podia mudar.

Mas o que mais me impactou foi perceber o quanto minha espiritualidade estava adormecida. Naquele espaço, algo me reconectou com o divino. Não com religião, mas com Deus. Comigo. Com a Fonte.

Comecei a buscar. Entrei em cursos, retiros, terapias, vivências. Lia tudo o que podia. Anotava frases, insights, ensinamentos. Chorava, escrevia, renascia — tudo ao mesmo tempo.

E enquanto a maioria das pessoas da minha idade sonhava com festas, eu sonhava em descobrir o que existia além da superfície. Mergulhava em livros de Eckhart Tolle, Louise Hay, Joe Dispenza, Bruce Lipton, entre muitos outros.

Cursei comunicação social, mas a vida me levou para outro caminho. Fui trabalhar na empresa da família, na área técnica de lubrificação industrial — um universo que não tinha nada a ver com meus sonhos. Passei dez anos ali, cumprindo papéis, sendo "funcional".

Até que um dia, na Marginal Tietê, presa no trânsito paulistano, vivi meu segundo grande rompimento: um ataque de pânico. O corpo travou. O coração disparou. E uma pergunta explodiu: "O que estou fazendo com a minha vida?".

Aquele momento foi um basta. Comecei a planejar minha transição de carreira. Então me formei em naturopatia. Logo depois, embarquei para a Índia, onde vivi uma das experiências mais transformadoras da minha jornada.

Passei quarenta dias imersa num hospital ayurvédico, aprendendo sobre saúde integral, espiritualidade e o poder da medicina ancestral. Tínhamos aulas práticas, de segunda a segunda, das 6h às 22h. Lá, entendi que enquanto buscamos fora, jamais seremos inteiros.

O caminho real é para dentro.

De volta ao Brasil, já com minha clínica aberta, expandi ainda mais os atendimentos. Atendi por mais de dez anos, criando protocolos personalizados, combinando meditação, respiração, aromaterapia, florais, reprogramação mental e tudo que aprendi sobre as medicinas orientais.

Em 2016, finalizei minha pós-graduação em medicina integrativa pelo Hospital Albert Einstein. A ciência e o sagrado começaram a conversar dentro de mim.

Logo depois, fui chamada por uma nova jornada: me mudei para o Sul da Bahia. Lá, continuei atendendo, abri um espaço, criei grupos de meditação e recebi o maior presente da minha vida: minha filha.

A maternidade me levou a um novo mergulho interno. E na pandemia, o digital me chamou. Comecei a compartilhar meus conteúdos na internet e aos poucos senti o chamado de que precisava levar esse conhecimento para muito mais lugares e pessoas! A missão ganhou voz.

Hoje, vivo em um ritmo diferente. Mais conectado com a natureza, com minha filha, com minha missão.

Criei um Método de Elevação de Frequência, que ajuda pessoas a se reconectarem com a sua origem, a alinharem suas quatro inteligências — física, emocional, mental e espiritual — e a viverem com clareza, leveza e propósito.

Em meus cursos, mentorias e vivências, recebo relatos de grandes transformações. Mulheres que superam traumas antigos, empresários que reencontram sentido, mães que voltam a se sentir vivas.

Lembro de um cliente muito especial — um senhor de perfil extremamente racional, cético, analítico. Ele só aceitou marcar a primeira sessão após três ligações, nas quais fez questão de confirmar todas as minhas formações. Seu ceticismo era um escudo. No início, duvidava de tudo: das práticas, das palavras, de mim. Mas, com o tempo, algo começou a se abrir. Em uma das sessões, com os olhos marejados, ele desabafou: "Minha vida está vazia. As rodas de conversa entre amigos não fazem mais sentido... tudo se resume a quem tem mais, quem conquistou mais. Mas vou completar setenta anos e esse sentimento de vazio só aumenta". Aquelas palavras ecoaram fundo. Aos poucos, sua fé adormecida foi reacendida. Não uma fé religiosa, mas uma confiança serena na vida, no invisível, no propósito. E junto com essa fé, veio um novo ânimo para viver. Ver aquele homem, antes tão fechado, reencontrar o brilho nos olhos foi um lembrete poderoso: não há mente que resista quando a alma começa a despertar.

E é isso que me move.

Esse despertar não tem a ver com performance. Mas com presença. Com lembrar quem você é antes da dor. Com fazer as pazes com sua história.

Se eu pudesse voltar àquela cadeira de salão, aos três anos de idade, eu me olharia nos olhos e diria: "Calma, pequena. Essa dor vai te levar longe".

Aquele corte que me silenciou, na verdade, me deu voz. Aquela vergonha virou sabedoria. Aquela menina virou ponte.

Hoje, honro minha mãe. Ela não sabia, mas foi instrumento. Honro meu pai, que cruzou o oceano em nome da coragem. Honro minha filha, que todos os dias me lembra do que é essencial.

Meu legado é mostrar que não existe dor sem propósito.

Existe ouro escondido na dor — e quando você escolhe escavar, encontra a semente sagrada que Deus plantou em você. Sou prova viva de que é possível florescer mesmo depois de ter sido cortada. E quero que você saiba: você também pode.

Se você leu até aqui, talvez também esteja carregando suas próprias tesouras da infância. Talvez tenha sido calada(o), desacreditada(o), podada(o).

Mas ainda existe raiz. Ainda existe promessa. Ainda há tempo para florescer.

E quando você se permite voltar à sua origem, à frequência que Deus sonhou para você, descobre que nada — absolutamente nada — foi em vão.

O PODER DE ACREDITAR

"Sinta você mesmo sem interferência."

ARYON AUGUSTO VIDEIRA XAVIER é empresário, formulador cosmético e fundador da CTEC do Brasil, uma indústria com atuação internacional, reconhecida pela excelência, pela confiança que transmite e pela performance real de seus produtos.

Instagram **@ARYVX03**

Nasci em São Paulo, no bairro da Liberdade, em uma família grande e cheia de vida. Meus pais, Roseli Videira Pereira Xavier e Paulo Roberto Santos Xavier, tiveram cinco filhos: Potira, Daniel, eu — Aryon — e, por fim, as gêmeas Lenita e Camila.

Crescer com tantos irmãos foi uma das maiores riquezas da minha infância. Éramos barulhentos, sim. Tínhamos nossos conflitos, como qualquer família numerosa. Mas o que predominava era afeto, amor, cumplicidade e um forte senso de pertencimento.

Mudamos de casa algumas vezes ao longo dos anos. E, mesmo que eu ainda fosse pequeno, me lembro com clareza de cada fase. Mas o que mais me marca daquela época é a força da minha imaginação. Eu acreditava que tudo que eu sonhasse eu poderia realizar. Era uma fé pura, quase mágica.

Lembro-me de um dia em que sonhei com um animal e, no dia seguinte, disse à minha mãe: "Vamos jogar". Jogamos. E ganhamos.

Aquilo não era apenas sorte, era fé, convicção. A partir dali, ganhei outras vezes. E uma delas foi decisiva: eu queria muito um skate, mas meus pais não podiam comprar. Mesmo assim, acreditei com todas as forças que conseguiria. Joguei, ganhei e comprei meu próprio skate.

Essa foi a primeira vez que entendi, de verdade, o poder de acreditar. Eu sonhava, acreditava e realizava. Isso virou um padrão. Uma marca na minha vida.

Eu já vivia na indústria de cosméticos aos seis anos, bagunçando.

Sempre fui muito ligado aos meus pais. Por isso, quando a empresa do meu pai faliu e tivemos que nos mudar temporariamente para Taubaté — enquanto ele ficava em São Paulo —, senti como se uma parte de mim tivesse ficado para trás. Nossa família era unida, e a ausência dele deixava um vazio que, mesmo criança, eu sentia profundamente.

Depois de alguns anos meu pai voltou fabricar seus cosméticos no fundo da casa, com a família, e eu comecei a trabalhar com ele aos catorze anos. Aprendi muito com ele — não só sobre trabalho, mas sobre postura, responsabilidade e compromisso. A empresa se tornou mais do que um sustento: era nosso elo, nosso espaço de convivência, nosso projeto compartilhado.

Por isso, quando, aos 41 anos, ele decidiu se afastar por diferenças de visão e objetivos e resolveu aposentar, foi como perder uma parte de mim. Isso mexeu com minha estrutura, meu emocional. Eu me senti perdido. Meu pai sempre esteve ao meu lado — como sócio, como mentor, como referência. E, de repente, não estava mais.

Esse rompimento abalou minha estabilidade. Eu me vi tomando decisões precipitadas, errando em algumas escolhas, me desestruturando por dentro. Minha relação com minha esposa — com quem estou desde 2001 — permaneceu firme. Inclusive, foi ela quem me ajudou a retomar o foco. Minha gratidão eterna à pessoa que mais amo na vida. Mas, internamente, eu estava em pedaços.

Talvez ser o filho do meio tenha me forjado assim: mais independente, mais determinado, mais inquieto. Desde cedo, aprendi a me virar. E, nesse momento difícil, foi justamente essa criança interior — que acreditava, agia e resolvia — que acordou dentro de mim.

E acordou com força.

Mesmo em meio à dor, eu sabia: meu sonho ainda estava vivo. Desde criança, imaginava uma indústria enorme, com máquinas funcionando a todo vapor, inox brilhando, caixas saindo em esteiras e indo para o mundo. Esse sonho nunca me abandonou. Estava lá, nítido, esperando por mim.

Meu pai e meu irmão, depois da falência anterior, optaram por um caminho mais cauteloso. Mas eu não conseguia aceitar o mínimo. Queria crescer. Queria exportar. Queria mostrar ao mundo o que sabíamos fazer com excelência.

Foi nesse ponto que minha esposa se tornou minha maior parceira. Com experiência internacional adquirida em uma multinacional, ela falava inglês, tinha contatos, conhecia os processos. Com o apoio dela, começamos a nos mover. Viajamos, estudamos mercados, entendemos o que era preciso para levar um cosmético brasileiro para fora do país.

Mais do que agir, passamos a acreditar. Juntos.

Superar, para nós, significou estudar, tentar, errar e recomeçar. Nós nos aprofundamos em exportação, em legislações, em padrões internacionais. Fizemos cursos, conversamos com especialistas, buscamos o máximo de conhecimento. E mesmo assim, erramos. Um dos primeiros paletes enviados teve avarias. Foi um baque — mas também uma lição. Reforçamos as embalagens, ajustamos processos e fomos profissionalizando cada etapa.

Mais do que vender produtos, decidimos que iríamos vender *confiança*. Sempre acreditamos que um negócio só se sustenta se houver verdade e transparência. Preferimos perder uma venda a perder a confiança de um cliente.

Esse valor — a confiança — se tornou o pilar de tudo. Em meio à dor da ruptura com meu pai, à insegurança do novo e à pressão do crescimento, foi essa base sólida que nos manteve em pé.

Hoje, colhemos os frutos da persistência. Construímos uma nova indústria, com investimento, esforço e visão.

Saímos de uma produção de 80 mil peças por mês para uma capacidade de 1,5 milhão. Criamos uma estrutura com padrão farmacêutico. Profissionalizamos a operação, formamos uma equipe capacitada e implementamos processos de alta performance.

Tornamo-nos referência em qualidade e confiabilidade. Mais do que uma empresa, nos tornamos exemplo de superação, visão e coragem.

Exportamos para mais de doze países. E seguimos expandindo.

Ao olhar para trás, vejo que aqueles sonhos de criança não eram apenas devaneios — eram vislumbres do que estava por vir. Meu futuro sempre esteve lá. Só precisava que eu tivesse coragem de alcançá-lo.

Se eu pudesse deixar uma mensagem para quem está passando por um momento difícil, seria esta: Respire. Silencie. Escute a si mesmo.

É no silêncio que você encontra seu caminho. Não na opinião dos outros. Não no barulho do mundo. Mas dentro de você.

Se uma imagem do seu futuro te arrepia, é porque ele te pertence. Não deixe ninguém frear o que já nasceu dentro de você.

O caminho já existe. Basta você se alinhar com ele.

Respeite todos ao seu redor. Mas, acima de tudo, acredite em si. Porque você pode ser quem quiser. E pode chegar aonde quiser.

Cada dor, cada tropeço, cada conquista — tudo teve propósito. Tudo me trouxe até aqui. Tudo serviu. Tudo construiu.

Hoje, o nome Aryon Xavier representa muito mais do que um empresário. Representa um sonho que venceu o medo, uma trajetória que superou limites e um legado que está apenas começando.

A SORTE QUE EU ME DEI

**"Se o mundo não te der um lugar, construa o seu.
Nada foi dado, tudo foi criado.
Com dor, com estudo, com coragem e fé,
eu criei a minha liberdade."**

BEATRIZ FINOCHIO é empresária e advogada tributarista, especialista em resolução de passivos tributários de alta complexidade e em planejamento estratégico empresarial e tributário. Sócia fundadora da BF Company — empresa especializada em gestão tributária e empresarial — e da BF Business Academy. Possui especialização em fusões e aquisições pelo Insper, além de duas pós-graduações: planejamento tributário e empresarial, e ciências políticas.

Instagram **@BEATRIZFINOCHIO**
LinkedIn **LINKEDIN.COM/IN/BEATRIZFINOCHIO**

Nasci em uma família estruturada. Filha de uma psicóloga concursada e de um historiador, arquiteto e professor. Cresci em Santos, cercada de tudo que muitos consideram essencial: estabilidade financeira, acesso à educação, família presente, afeto. Não me faltava nada, mas, curiosamente, isso também não me bastava.

Desde pequena, eu carregava uma inquietação difícil de explicar. Era como se tudo aquilo que me cercava fosse bom, mas não suficiente. Enquanto outras crianças se contentavam com brinquedos simples, minhas listas de Natal eram intermináveis. Minha mãe dizia que era impossível realizá-las. E era mesmo. Eu queria tudo — e queria agora. Não por capricho, mas porque dentro de mim havia uma fome de vida que nunca cabia no presente. Eu queria mais. Sempre quis.

Essa ambição, por vezes, me feriu. Carreguei por muito tempo uma sensação de insatisfação, que em alguns momentos virou tristeza, em outros, solidão. Nunca uma depressão profunda, mas uma espécie de melancolia que acompanha quem sente que não está onde deveria estar. Eu não queria uma vida segura. Queria uma vida com propósito.

Aos dezoito anos, como muitas jovens inconformadas, me apaixonei por alguém que não tinha nada a ver com o mundo em que fui criada. Ele não era um bom partido, nem perto disso. Representava tudo o que meus pais mais temiam — e talvez por isso me atraísse. Era o oposto do que fui ensinada a buscar. E, mesmo assim, mergulhei naquela relação com intensidade e rebeldia.

Dois anos depois, me vi diante do maior divisor de águas da minha vida: grávida. Jovem, confusa, assustada. E pior, grávida de alguém que nunca me deu estrutura emocional, nunca me apoiou, nunca segurou minha mão de verdade. Pensei em interromper a gravidez. Meu pai, com o coração de pai, disse que entenderia.

Mas minha mãe, firme como sempre, me perguntou: "Você vai fugir da responsabilidade de novo?". Aquela frase me atravessou.

Minha irmã, por outro lado, foi o meu colo. Disse que ficaríamos bem, que faríamos tudo juntas. Ela não duvidou. Foi a primeira a me ver capaz, mesmo quando nem eu me via assim.

E então, eu decidi. Decidi que assumiria. Que não fugiria. Que criaria aquele filho — e que não seria a ovelha negra da família. Seria a mulher que venceu.

A maternidade chegou sem pedir licença. Enquanto outras jovens da minha idade estavam curtindo festas, viagens e descobertas, eu amamentava. E fazia isso no banco do carro, nos intervalos da faculdade de direito. Minha irmã ou meu padrasto levavam meu filho até mim, e eu dava de mamar antes de voltar para a aula. Enquanto meus colegas iam para o bar, eu voltava para casa com um bebê nos braços e olheiras no rosto. Eu era jovem, mãe, cansada — e absolutamente determinada.

Desde cedo, entendi que o mundo não iria me dar uma nova chance. Eu tinha cavado minha própria cova com aquela escolha. Pelo menos era assim que eu me sentia. As pessoas não olhavam nos meus olhos — olhavam para a minha barriga.

Eu era julgada, diminuída, subestimada. Já faziam questão de definir meu futuro por mim. E foi aí que eu decidi estudar para concursos. Seguir os passos da minha mãe.

Procurar estabilidade. Era o caminho mais lógico. Fiz a OAB e mergulhei nos livros. Estudei como quem luta pela vida — porque era exatamente isso que estava fazendo. Tentei estágio em um grande escritório e ouvi a pergunta: "Você tem filhos?". Ao lado do meu nome, a moça anotou: "Tem filho". Eu nunca mais fui chamada.

Ali, eu entendi que, para mulheres como eu, o mercado tradicional tinha pouco ou nenhum espaço. E entendi também que a estabilidade que eu procurava era uma ilusão. Estudar para concurso virou um ritual solitário.

Eu sabia que era capaz de passar. Eu tinha disciplina, inteligência, esforço. Mas aquilo não me fazia vibrar.

Foi então que me reconectei com aquela Bia inconformada da infância. A que fazia listas de Natal impossíveis. A que sonhava com liberdade. E percebi que estabilidade não é liberdade. E que rotina sem sonho é prisão.

Abandonei o caminho do concurso e decidi empreender. Escolhi a iniciativa privada. Ousadia? Inconsequência? Talvez um pouco dos dois.

Mas, acima de tudo, foi uma escolha coerente com quem eu sou. E mais uma vez, voltei aos livros — mas agora, com outra mentalidade. Eu não queria apenas estudar. Eu queria dominar. Queria entender profundamente o sistema, o país, o direito. E, principalmente, queria entender como poderia ajudar outras pessoas a também se libertarem.

Foi assim que nasceu a BF Company. Do zero. Sem investidor, sem herança, sem atalhos. Fundei uma empresa com um modelo de negócio que não existia: não era um escritório de advocacia tradicional, nem uma consultoria comum. Era — e é — uma empresa de gestão tributária com mentalidade de startup. Uma estrutura que pensa como o empresário, respira resultado e entrega transformação real.

E por que gestão tributária? Porque entendi que, ao reduzir tributos de forma legal, eu estava gerando caixa para empresas. E mais caixa significa mais emprego. Mais estrutura. Mais prosperidade. Não apenas para o meu cliente, mas para todos os seus funcionários, famílias e comunidades.

Eu tenho uma ideologia clara: quanto menos o empresário gasta com um Estado inchado e ineficiente, mais ele pode investir no que realmente importa — seu negócio e as pessoas que dele dependem. Acredito na iniciativa privada como motor do desenvolvimento econômico e social. E foi com essa convicção que eu cresci. Cresci ajudando empresas a prosperarem. Cresci vendo meus clientes sorrindo diante de resultados. Cresci vendo minha equipe crescendo junto comigo.

Hoje, sei o impacto que gero. Sei quantas famílias são alimentadas, quantas vidas são transformadas, quantos sonhos voltam a ser possíveis. E tudo isso porque, um dia, escolhi não me vitimizar. Escolhi assumir as consequências das minhas escolhas. Escolhi estudar. Escolhi persistir.

Mas tem algo que poucas pessoas enxergam: eu só consegui prosperar quando encontrei alguém que me respeitava como mulher, mãe e profissional. Depois de tudo, conheci o amor de verdade. Um parceiro sereno, estável, que comprou o meu projeto de vida e de família. E é por isso que, com toda a convicção, eu afirmo: a decisão mais importante que uma mulher pode tomar para sua carreira é com quem ela escolhe dividir a vida. O amor certo não prende. Ele liberta. Não pesa. Ele impulsiona.

Meu filho foi meu combustível. Meu maior motivo. Minha inspiração diária. E cada passo dado desde então foi por ele e por mim. E por todas as outras mulheres que, como eu, foram julgadas, desacreditadas, e decidiram, ainda assim, construir o próprio espaço no mundo.

Hoje, a mulher que foi desacreditada é referência. A mãe que amamentava no carro é empresária. A jovem improvável se tornou uma líder. Eu criei a minha sorte. Eu construí a minha liberdade.

E olhando para trás, com o coração cheio e a consciência limpa, posso dizer com toda a certeza: nada foi em vão.

SEM ATALHOS

"Não delegue a ninguém viver uma jornada que é sua."

CAMILA KILL DA SILVA é médica e empresária na área da medicina, palestrante, mentora de médicos, sócia do ClaxClub, fundadora da rede de clínicas Vasculart e CEO do ecossistema Grupo LMV, que contempla clínicas de cirurgia plástica e estética, arquitetura e treinamentos.

Instagram **@DRACAMILAKILL**
LinkedIn **LINKEDIN.COM/IN/DRA-CAMILA-KILL**

Nasci em Ariquemes, Rondônia. Meu pai, médico capixaba, e minha mãe, que mais tarde também se formaria em medicina, haviam se mudado para lá pelo Projeto Rondon, carregando o sonho de crescer profissionalmente e construir uma vida melhor. Cresci cercada de verde, sol forte e calor humano. Nossa família era pequena: eu, meu pai, minha mãe e meu irmão mais novo. Longe de tios, primos e avós, criamos um núcleo muito unido, mas também distante fisicamente do restante da família, que víamos apenas uma vez por ano. Essas viagens anuais para Vitória eram quase um ritual — três meses de reencontros, abraços demorados e histórias que nos abasteciam de afeto até o dezembro seguinte.

Meu pai foi, para mim, um exemplo de trabalho incansável, garra e retidão. Médico das antigas, acostumado a plantões longos e cansativos, acreditava que o sustento e o futuro da família dependiam de muito suor e horas de dedicação. Essa entrega, no entanto, custava a sua presença. Ele compensava com presentes, um gesto de amor que carregava também a marca de sua própria infância humilde. Minha mãe, por sua vez, foi força e coragem. Mudou-se para Rondônia com apenas o ensino médio e, já com filhos crescidos, decidiu fazer faculdade.

Não crescemos em escassez extrema, mas também não vivemos em luxo. Houve altos e baixos, como em qualquer família que batalha para se estabelecer. Com o tempo, nosso padrão de vida melhorou, e nos últimos anos em Ariquemes vivíamos em uma casa grande, com piscina, construída exatamente como meu pai sonhava desde a infância.

Essa casa era símbolo de conquista. Meu pai faleceu em setembro de 2021, e por isso hoje falo dele no passado. Os valores que herdei de meus pais — honestidade, honra, força e resiliência — são alicerces que me acompanham até hoje.

Meu primeiro grande desafio veio cedo. Em 2005, aos quinze anos, deixei minha cidade natal para estudar em Vitória, no Espírito Santo, onde faria cursinho e, depois, a faculdade de medicina. Foi doloroso deixar para trás o núcleo mais importante da minha vida. Eu sabia que era para o meu bem, mas a saudade pesava. Por outro lado, essa mudança me fez amadurecer rapidamente. Percebi que o mundo não esperaria por mim e que minha vida dependeria das minhas próprias escolhas. Entendi que resultados vinham de esforço, disciplina e foco.

O segundo momento de ruptura aconteceu em 2008, quando meus pais se separaram. Foi um processo litigioso, carregado de conflitos e dores emocionais. Minha mãe se mudou para Vitória, meu pai permaneceu em Rondônia, e meu irmão acabou voltando para lá após tentar viver na capital. Nossa família se dividiu. Naquele período, minha imaturidade — e a deles também — dificultou o entendimento de que cada um havia dado o melhor que podia naquele momento. Foram anos até que eu conseguisse olhar para trás sem ressentimentos.

A terceira grande dor veio com a morte do meu pai, em 2021. Ele partiu antes que pudéssemos ter uma relação mais próxima. Não carrego culpa, mas reconheço que poderia ter sido diferente se eu tivesse amadurecido antes.

O quarto desafio foi positivo, mas igualmente intenso: abrir, em 2021, meu primeiro CNPJ, junto com meu marido, cirurgião plástico. Nossa clínica, em Pelotas, foi a porta de entrada para um mundo novo. Deixamos de ser apenas médicos para nos tornarmos empresários. Descobrimos que o sucesso de um negócio depende de pessoas — muitas vezes sem a mesma formação ou experiência —, e isso nos trouxe humanidade, humildade e uma transformação profunda.

Cinco anos depois, essa decisão germinou em algo muito maior: a criação da Vasculարte, uma rede de clínicas especializadas no tratamento de varizes, com potencial gigantesco de crescimento. Hoje, além de expandir o atendimento, também formamos médicos e equipes para perpetuar nossa cultura e excelência.

A grande virada aconteceu em outubro de 2024, quando recebi o business plan da rede. Ali, em números e projeções, vi que tudo o que eu havia sistematizado e organizado era não apenas valioso para pacientes e médicos, mas também replicável e escalável. Foi o ponto de não retorno. Decidi largar definitivamente a prática médica para me dedicar integralmente ao mundo empresarial. Percebi que o que construímos tinha peso no mercado, que poderia abrir portas para conexões estratégicas e nos levar a mesas maiores.

Entendi que era hora de crescer não só financeiramente, mas como pessoa.

Essa virada só foi possível porque desenvolvi novos hábitos e valores. Aprendi que o sucesso tem padrão. Quem chega lá domina suas emoções, decide com clareza e age com rapidez. Entendi que liderança se faz pelo exemplo e que feedback é um presente — tanto dar quanto receber. Passei a valorizar conexões, entendendo que é preciso entregar antes de esperar retorno, e que para isso é fundamental acreditar no próprio valor. O networking deixou de ser apenas um recurso e se tornou parte estratégica da evolução dos meus negócios.

A fé também foi determinante. Reforcei minha conexão com Deus e percebi que os valores que meus pais me transmitiram eram, na verdade, princípios eternos que já estavam na Palavra. Hoje, entendo que preciso de equilíbrio espiritual, emocional e estratégico para atingir meus objetivos.

Os resultados dessa trajetória não se traduzem apenas em faturamento. Meus números atuais são menores do que em alguns anos passados, mas são sólidos, consistentes e sustentáveis. Mais do que querer crescer, agora sei por que e para quem quero crescer. Aprendi a celebrar vitórias com meu time, a enfrentar derrotas com resiliência e a construir estratégias com foco e união.

Meu propósito hoje é claro: escalar negócios, impactar a saúde no Brasil e transformar a vida de médicos, equipes e pacientes. Quero que minhas empresas sejam motores de transformação social, gerando empregos bem remunerados e fortalecendo comunidades.

Se pudesse deixar um conselho para quem vive desafios como os meus, seria: viva o processo. A jornada importa mais do que o destino. Caminhe com intensidade, responsabilidade e foco. Aprenda com os erros. Busque apoio em boas conexões, espiritualidade e família. Não se perca no caminho e preserve a sua essência. Não há atalhos, não há fórmulas mágicas. Há a sua jornada — e só você pode vivê-la.

Hoje, olhando para trás, entendo que cada passo, cada dor e cada conquista foram parte necessária dessa construção. Nada foi fácil. Nada foi rápido. Mas tudo foi valioso. E, acima de tudo, nada foi em vão.

AONDE A CORAGEM ME LEVOU

"Coragem não é a ausência de medo, é a escolha de agir apesar dele."

CAROL FORTES é casada, mãe de três filhos, imigrante na Flórida e uma das maiores corretoras da Flórida Central. Ajuda famílias a encontrarem a casa dos sonhos em Orlando e orienta brasileiros a dolarizarem o seu patrimônio com as melhores oportunidades nos Estados Unidos.

Instagram **@CAROLFORTES**

Minha história não começa num nascimento. Ela começa no fim — ou melhor, no que parecia ser o fim. No dia 24 de dezembro de 2010, véspera de Natal, minha mãe partiu após uma batalha dura contra um câncer no pâncreas. Ela era minha melhor amiga, meu porto seguro, a mulher que me ensinou tudo que eu sabia sobre amor, maternidade e força. Foi nesse momento, entre lágrimas e um silêncio ensurdecedor, que tive meu primeiro grande choque com a realidade da vida: ela é finita. E, se é finita, então eu precisava viver. Intensamente. Sem tempo a perder.

Na época, eu tinha 27 anos e dois filhos pequenos — um menino de três anos e uma menina de um. Era casada, estava construindo minha família e tentando manter o equilíbrio entre o luto e a vida que insistia em me chamar para a frente. Mesmo abalada, algo dentro de mim despertou: uma sede avassaladora de viver. Eu não queria mais apenas existir. Queria aproveitar tudo, me jogar nas experiências, fazer valer cada segundo. Porque, a partir dali, compreendi que o amanhã é um talvez. E isso muda tudo.

Com esse novo olhar, eu e meu marido tomamos uma decisão ousada. Compramos uma casa. Não qualquer casa, mas a casa dos sonhos: espaçosa, com piscina, em um dos bairros mais nobres do Rio de Janeiro. Ali, acreditávamos, criaríamos as memórias mais lindas em família. E foi o que fizemos. Os dias eram recheados de alegria, os risos das crianças ecoavam pelos cômodos, e as tardes de sol na piscina pareciam confirmar que estávamos no caminho certo. Meus filhos estudavam em uma das melhores escolas da cidade, praticavam esportes e viviam rodeados de amigos. Tínhamos uma vida confortável, um carro bom na garagem, amigos por perto e a sensação de que, enfim, tudo fazia sentido novamente.

Mas mesmo com tudo isso, havia uma inquietação dentro de mim. Um desejo que não se calava. Uma vontade quase inexplicável de buscar algo maior. Não maior no sentido de status, mas de experiência, de propósito, de profundidade. Eu queria viver uma nova cultura, proporcionar algo diferente para meus filhos, sair da minha zona de conforto. A dor havia me despertado, e a sede de viver continuava crescendo.

Foi então que surgiu a ideia de passar um ano fora do Brasil. Só um ano. Uma experiência temporária, pensávamos. Se desse certo, ótimo.

Senão, voltaríamos. Mas o que eu não sabia era que essa escolha mudaria minha vida para sempre.

Começamos a pesquisar qual seria o melhor visto para fazer essa mudança. Em apenas um mês, com o coração acelerado e a coragem na mala, tomamos a decisão. No dia 26 de dezembro de 2015, exatamente um dia após o Natal, embarcamos rumo à Flórida. A data foi simbólica. No dia anterior, eu havia reunido sessenta pessoas da família para uma ceia inesquecível — uma despedida disfarçada de comemoração. E no dia seguinte, partimos: eu, meu marido, dois filhos e oito malas. Não sabíamos exatamente o que nos esperava, mas sabíamos que era preciso tentar.

A verdade é que é preciso muita coragem para largar tudo o que se construiu. Deixar para trás a casa dos sonhos, os amigos, a rotina, a rede de apoio — tudo em nome de um sonho que ainda era só uma ideia. Mas fizemos isso por eles. Pelos nossos filhos. Por nós também. Pela vida que chamava.

Quando chegamos nos Estados Unidos, começou o verdadeiro recomeço. Aprender sobre uma nova cultura não é apenas entender outro idioma. É rever conceitos, aprender a respeitar novas formas de pensar, abrir mão do controle. É estar disposto a viver como aprendiz novamente, mesmo depois de já ter vivido tanta coisa.

Durante esse período, vivi muitos desafios. E também muitas bênçãos. Uma delas foi o nascimento da minha terceira criança — minha filha americana. Tê-la longe da família e dos amigos foi um divisor de águas. A ausência da rede de apoio que eu sempre tive me forçou a crescer de uma forma que eu jamais imaginara. Aprendi a pedir ajuda. A mostrar minhas vulnerabilidades. E a entender que tudo bem não dar conta de tudo sozinha.

Mesmo diante das dificuldades, uma coisa era certa: voltar não era uma opção. Morar nos Estados Unidos oferecia uma qualidade de vida que eu não podia ignorar. E, mais do que isso, oportunidades reais para meus filhos. Eu precisava fazer dar certo. E foi nesse contexto que demos entrada no nosso Green Card — o visto de residência permanente. Foi graças à trajetória e ao legado profissional do meu marido que conseguimos essa conquista. Um processo difícil, cansativo, mas que nos abriu portas para um futuro em paz.

Enquanto tudo isso acontecia, minha vida foi se moldando de formas que eu jamais havia planejado. Em meio às mudanças de casa — sim, mudamos algumas vezes para garantir que nossos filhos estivessem sempre nas melhores escolas — comecei a perceber algo novo surgindo dentro de mim. Um interesse inesperado. Uma paixão adormecida que eu não sabia que existia: o mercado imobiliário.

Foi procurando uma casa para a minha família que descobri o quanto amava esse universo. Mais do que vender casas, percebi que havia uma missão maior ali: ajudar outros brasileiros que também queriam mudar de vida. Brasileiros como eu, que chegaram com dúvidas, receios, e a mala cheia de esperança. Através da minha própria história, eu podia orientá-los. Mostrar os melhores bairros, as melhores escolas, como abrir uma conta, ligar a luz, escolher a casa ideal. Tudo aquilo que eu aprendi na dor, eu podia agora oferecer com amor.

E assim nasceu minha nova profissão. Tirei minha licença de corretora de imóveis e comecei a trabalhar. E, mais do que isso, nasceu meu novo propósito. Eu não era apenas uma vendedora de casas. Eu era o abraço no desconhecido. A ponte entre o sonho e a realidade. O apoio que havia faltado para mim agora eu era para os outros.

Hoje, posso dizer com orgulho que sou uma das corretoras mais reconhecidas da Flórida Central. Atendo famílias, investidores, sonhadores. E mais do que negócios, construo relações. Ofereço acolhimento, orientação e, principalmente, coragem.

Já são dez anos desde que tomamos a decisão de ir. Meu filho mais velho concluiu o ensino médio nos Estados Unidos e agora está indo para a faculdade. Minha filha do meio está prestes a trilhar o mesmo caminho. E a pequena, nascida aqui, ainda tem muito pela frente — mas sei que ela está cercada de oportunidades. Isso é o que mais importa.

Olhando para trás, entendo que tudo fez sentido. A dor, a dúvida, o frio na barriga. Nada foi à toa. Nada foi em vão.

O que eu mais desejo é que minha história inspire outras pessoas a se moverem. Que compreendam que coragem não é ausência de medo

— é exatamente o contrário. É agir apesar do medo. É saber que o medo estará lá, mas que a vida é curta demais para não tentar. É entender que, mesmo sem garantias, vale a pena escolher viver.

Se você sente um chamado por algo maior, escute. Se a vida te pede um salto, avalie... mas não se paralise. Porque, às vezes, o que parece uma perda é o início da sua verdadeira jornada.

Hoje, meu maior orgulho não são os imóveis vendidos, os prêmios recebidos ou os títulos conquistados. Meu maior orgulho é olhar para minha história e reconhecer a mulher que me tornei. Mais forte. Mais inteira. Mais viva.

Porque no fim, cada escolha, cada passo, cada lágrima e cada sorriso me trouxeram até aqui.

E eu afirmo, sem dúvida alguma: nada foi em vão.

LIBERDADE NÃO É ACASO, É DECISÃO

"Quem tem um porquê suporta quase qualquer como."

CAROL SANTOS é empresária, mentora de empresários e idealizadora do movimento Liberdade Empresarial.

Instagram **@CAROLSANTOS.MENTORA**
YouTube **YOUTUBE.COM/@CAROLSANTOSMENTORA**

Nasci em Curitiba, a terceira de cinco irmãos, no meio de uma família grande, barulhenta e cheia de vida. Crescemos rodeados por primos, tios, avós — e, com isso, por histórias, risadas, partilhas e limitações, especialmente financeiras. Nunca passamos necessidade, mas as coisas eram limitadas e escassas. Era comum ter roupas herdadas, brinquedos divididos e espaço compartilhado.

Meu pai era funcionário da companhia de saneamento do Paraná. Um homem visionário, inquieto, que um dia decidiu que não aceitaria mais engavetar seus sonhos e limitar aquilo em que acreditava. Mesmo prestes a se aposentar, com estabilidade no serviço público, ele pediu demissão para dar vida a um projeto em que ninguém mais acreditava — nem mesmo a instituição onde ele trabalhava. E foi assim que, em 1993, a nossa família se mudou para Arapongas, no interior do Paraná. Ele buscava qualidade de vida para nós e o espaço necessário para que aquele sonho pudesse ganhar vida.

Foi ali que nasceu a nossa empresa. Eu tinha apenas catorze anos. Ainda conciliava escola, provas, sonhos confusos... mas já estava no batente. Banco, cobrança, produção, RH, administrativo — eu fazia o que precisasse ser feito. Aprendemos tudo na prática. Sem mentor, sem planejamento, sem estrutura, e absolutamente sem dinheiro. Na base da tentativa e do erro. E do erro de novo. E de novo.

Na época, meu pai pegou dinheiro emprestado da minha tia para começar. Logo nas primeiras vendas, levamos calote. Tivemos que pagar impostos e fornecedores de vendas que só recebemos anos depois. O caixa entrou em colapso já no início. Durante anos, minha mãe — professora da rede pública — sustentou não só a casa, mas a operação da empresa. Era comum ver meu pai frustrado, minha mãe sobrecarregada e os dois discutindo por causa de boletos, salários e contas vencidas. Lembro até hoje da frase que ele dizia, como se fosse normal: "Esse mês, vamos sortear quais contas conseguimos pagar". Aquilo era doloroso.

Eu não entendia tudo na época. Mas sentia. Sentia vergonha por estar devendo na escola de inglês e nas aulas de música, além de não conseguir participar de coisas simples que minhas amigas faziam, como cuidados pessoais e roupas novas. Aquilo foi me calando. Fui me tornando uma jovem insegura, retraída, carregando uma sensação silenciosa de inadequação. Como se eu devesse algo ao mundo. Como se eu não fosse suficiente.

Mesmo assim, segui. Fiz faculdade de serviço social — não por vocação, mas simplesmente porque vi afinidade com as matérias (sinceramente, nunca usei para nada, mas foi uma época boa). Depois vieram especializações, MBA, cursos de gestão, tudo na tentativa de fazer a empresa evoluir, crescer, sair daquele ciclo de escassez. Mas nada parecia suficiente para trazer os resultados que sonhávamos.

A verdade é que a gente sempre esteve no limite. A empresa sobrevivia, mas sem lucro. Eu acumulava funções, liderava pessoas, tentava tocar marketing, processos, expansão... mas tudo parecia ser empurrado com a força do braço. E era exatamente isso: força do braço. Eu tentava compensar com esforço o que me faltava de direção e competências pessoais.

Até que chegou 2017. E enxerguei que a vida estava em colapso.

Casada, com dois filhos, excelente casa montada, empresa estruturada... mas um lar destruído. Vazio de amor, sem conexão, carregado de mágoas e amargura. Eu era uma mulher tóxica, impaciente, dura. Vivia com raiva — de mim, do mundo, dos outros. Tentava fazer a empresa crescer no grito, na rigidez, na exaustão. Sabia muito. Mas não aplicava quase nada. Meu emocional estava em ruínas. Eu era um fardo para mim mesma e para quem me cercava.

Foi nesse cenário que decidi buscar uma resposta além daquilo que já conhecia. Eu me inscrevi num mestrado em neuromarketing, acreditando que entender a mente do consumidor resolveria nossos problemas de vendas. Mas, na primeira aula, levei uma devolutiva que mudou a minha vida. O reitor da universidade olhou para mim e disse: "Você precisa fazer um curso de inteligência emocional. E me desculpe, mas o seu marido é um santo".

Eu não entendi. Mas obedeci.

Era fevereiro, me inscrevi no tal curso, que se realizou em agosto. Entrei num pavilhão lotado em Curitiba. Cerca de 5 mil pessoas sorrindo, cantando, vibrando logo pela manhã. Aquilo me irritou profundamente. Eu olhava e pensava: "Que tipo de gente fica feliz a essa hora?".

O orgulho não me deixava demonstrar. Mas por dentro, eu estava em frangalhos e com medo da crítica da minha família, que, a meu convite, foi participar junto.

Foram três dias intensos. E, ali, caiu a ficha de que eu precisava. Eu não era a mãe, a esposa, a empresária, a líder, a mulher que eu pensava que era e que deveria ser. Tudo que eu achava ser força era, na verdade, prisão. Minha vaidade disfarçava minha dor. Minha autossuficiência escondia minha fragilidade. Meu orgulho tentava camuflar meus erros.

Naquele fim de semana, tomei uma das decisões mais importantes da minha vida. Fiz um investimento alto — muito acima da minha condição financeira. Não tinha dinheiro, não tinha limite no cartão, não tinha como. Mas tinha fé. Chorei, implorei, negociei. E fui. Fiz cursos. Vários. Viajei para Curitiba (a cerca de quatrocentos quilômetros) todas as semanas durante quatro meses. Mergulhei como se minha vida dependesse daquilo — e, de certa forma, dependia.

Deus usou aquele processo para me refazer. Para me mostrar que força não está em aguentar tudo, mas em saber entregar. Que sucesso é mais que resultado, é propósito. Que empresa nenhuma vale mais que uma alma curada.

No fim daquele ano, me vi uma nova pessoa. E foi então que recebi a missão de liderar um novo sonho: a internacionalização da nossa empresa. Fomos morar em Nova York, com a missão de expandir o negócio para os Estados Unidos. Mais do que oportunidades de mercado, encontrei propósito. Comecei a treinar voluntariamente imigrantes brasileiros. Fazia palestras, grupos de coaching, encontros semanais. Vi vidas restauradas, casamentos reatados, empresas e sonhos ressuscitados. Estimo que mais de trezentos imigrantes brasileiros passaram pelos nossos treinamentos. Tudo gratuito. Tudo movido por gratidão.

Um ano depois voltei ao Brasil, porque a empresa havia duplicado de tamanho — de sessenta para 120 funcionários — e precisavam de mim. Mas algo já tinha mudado. Eu tinha descoberto meu chamado.

Continuei servindo. Treinando. Palestrando. Liderando as diretorias de marketing e pessoas e sócia da empresa, eu sentia que já não cabia mais naquele lugar. E percebi que, assim como meu pai havia precisado um dia, eu também precisava tomar uma decisão difícil. Não por estar insatisfeita. Mas por saber que o tempo de plantar ali havia passado.

Preparei minha saída (que eu chamo de liberdade empresarial) com excelência. Estruturei pessoas, processos, cultura, governança. Não larguei. Entreguei. E, depois de mais de 25 anos, deixei a rotina da empresa da minha família para empreender o meu próprio legado. Costumo dizer que foi um parto, vivi o processo da gestação e o doloroso momento de saída, mas com imenso sentimento de alegria e gratidão. A vida me forjou para esse momento, foi tudo no perfeito tempo de Deus.

Hoje, minha vida é completamente diferente. Sou livre. Livre da dependência emocional, da prisão da limitação financeira, da sobrecarga da rotina. Tenho tempo, tenho paz, tenho lucidez. Tenho uma família restaurada, filhos que sabem que são amados, um marido amado que caminha ao meu lado, um lar com presença e verdade. Uma empresa que é líder absoluta no segmento, atendendo mais de trinta por cento da população brasileira, cobertura de atendimento em todos os estados brasileiros, que funciona e prospera mesmo sem minha presença física. Atualmente faço parte do conselho e permaneço na sociedade, mas sem atividade na rotina.

Mais do que isso: tenho uma missão, um propósito claro.

Como mentora de empresários, vejo todos os dias homens e mulheres vivendo o mesmo ciclo que eu vivi. Presos em negócios que não funcionam sem eles. Esmagados por dívidas, indecisões e expectativas frustradas. Carregando o peso de parecerem fortes enquanto implodem por dentro. E a minha mensagem é clara: você não nasceu para sobreviver. Você nasceu para reinar.

Sua empresa não é sua prisão. É seu instrumento de transformação. Ela deve gerar lucro, sim. Mas também deve gerar impacto. Ela precisa servir a sua vida — e não o contrário.

Seja o tipo de líder que inspira. Que ensina. Que constrói algo maior do que o próprio nome. A sua empresa deve te dar tempo, saúde e propósito. Se ela está te roubando isso, há algo profundamente errado. E não adianta fingir que está tudo bem só porque está faturando.

Seja inconformado com o raso. Rejeite a mediocridade. Rejeite o "é assim mesmo". Invista em quem você nasceu para ser. Dê passos de fé.

Confie em Deus. Busque ajuda. Encare suas sombras. Cure suas feridas. Rompa com padrões que não combinam com sua identidade. Porque liberdade não é um acaso. É uma decisão.

E, se hoje eu posso dizer tudo isso com a autoridade de quem vive, é porque um dia eu fui quebrada. E reconstruída. Peça por peça. Lágrima por lágrima. Escolha por escolha. E por isso, com toda a convicção, eu afirmo: nada foi em vão.

LIBERDADE, SEGURANÇA E LEGADO

"Visão vale mais que condição."

CINTHIA SAVIO é empresária e fundadora da The Brokers, empresa especializada em assessoria de investimentos imobiliários nos Estados Unidos. Seu trabalho é ajudar famílias a conquistarem liberdade, segurança e legado por meio de investimentos em imóveis em Miami e Orlando.

Instagram **@CINTHIASAVIO** | **@_THEBROKERS**

Algumas pessoas acham que a vida muda de uma hora para outra. Que existe um momento de virada. Que basta uma ideia ou um golpe de sorte.

Aprendi diferente. A vida muda quando a gente decide mudar. E, para chegar aonde queremos, é preciso foco, dedicação, uma dose de ousadia que muitos chamam de insanidade... e, claro, fé.

Foi assim que cheguei aonde estou. E é por isso que hoje ajudo pessoas a fazerem o mesmo. Hoje, transformo vidas ajudando famílias a alcançarem liberdade, segurança e legado por meio de investimentos imobiliários nos Estados Unidos. Mas antes de transformar a vida de outras pessoas, precisei transformar a minha.

Venho de origem simples. Meus pais não tinham muito dinheiro, mas eram empreendedores, criativos e obstinados. Com eles aprendi que, para resolver problemas, é preciso ser criativo. Que a vida é para ser vivida agora. Que companheirismo vence qualquer dificuldade. E que, no fim, não importa o que digam: ninguém paga as suas contas. Aos doze anos, eu já trabalhava com meus pais, aprendi cedo o valor do trabalho.

Apesar de ter exemplos tão valiosos em casa, cresci cercada por um ambiente onde pessoas nasciam com destino traçado: meninas seriam donas de casa e meninos trabalhariam em fábricas. Não havia nada de errado com essas escolhas, o que incomodava era não ter escolha. Isso me fez ter aversão a rótulos e qualquer forma de classificação. Sempre acreditei que Deus nos criou maravilhosamente complexos demais para cabermos em caixinhas e que temos poder de escolha.

Talvez por isso eu fosse vista como "a doida" da escola e da família. Eu falava coisas como: "Um dia vou para a Disney", "Quando crescer, vou ser médica", "Vou morar sozinha". Amigos e irmãos riam. Mas eu sabia que não era loucura. Era visão.

Desde cedo, algo em mim acreditava que poderia conquistar qualquer coisa. Essa crença ficou mais forte quando vi meu tio ser aprovado na prova da Polícia Militar. Todos diziam que ele não ia conseguir, mas ele estudou e passou. Lembro-me dele se casando com a farda branca: aos meus sete anos, aquilo parecia épico. Ali entendi: não importa o que digam, se você acreditar e agir, pode chegar lá.

Sempre busquei três coisas: liberdade, segurança e legado. Liberdade, para mim, é mental e geográfica — poder mudar de lugar, de ideia, de perspectiva sempre que aprender algo novo. Segurança é não viver no limite financeiro. Mais velha, recém-casada, depois de mobiliar a casa com muito esforço, fui assaltada e levaram tudo. A partir dali segurança também passou a significar proteção física — inclusive, isso aconteceu outras três vezes. E legado é o que vou deixar para quem fica. Financeiro, sim. Mas, sobretudo, cultural e de valores. Quais portas vou abrir? Quais oportunidades vou criar para meus filhos?

Essa clareza não surgiu de um dia para o outro. Foi uma construção. E uma das lições mais valiosas que aprendi cedo foi o poder do ambiente. Aos dezesseis anos, estudava de manhã na escola pública onde sempre estudei e, à tarde, pedalava quatro quilômetros até a escola técnica — onde só entrava quem passava no "vestibulinho". Lá encontrei adolescentes de várias cidades e, pela primeira vez, vi pessoas que sonhavam como eu. Entendi que o ambiente molda nossas mentes, ele pode nos limitar ou despertar o melhor em nós. Foi por isso que, anos depois, investi em imóveis em Miami e Orlando. Não só para ter patrimônio. Para estar em lugares que projetam nossa visão, onde se respira prosperidade. Entre aquela menina sonhadora e a empresária de hoje, houve momentos de quebra de crenças limitantes, autossuperação e transformação.

Na faculdade, vivi duas gestações seguidas. Apesar das dificuldades, nunca desisti, eu sabia que ia dar certo.

Mas certeza não tem valor sem ação. É preciso foco, coragem e fazer o que precisa ser feito. O companheirismo que aprendi com meus pais se tornou fundamental. Conheci o Denis aos dezenove e, dois anos depois, nos casamos. Ele sempre foi meu maior apoiador, o primeiro a acreditar nas minhas "loucuras", e o sonho de um é o sonho de ambos.

Conciliar o curso de direito com a maternidade foi desafiador. Estudei madrugada adentro até descobrir minha segunda gravidez, o que me desesperou. Mas respirei e tomei uma decisão ousada: abandonar tudo e focar no Exame da Ordem (OAB). Se era difícil estudar com um bebê, imagine com dois?

Ouvi de muitos que eu não passaria. "Ninguém passa de primeira." E sempre tem "aquele primo" que já fez a prova sete vezes. Embora ouvir isso não seja agradável, entendi que pessoas compartilham opiniões baseadas em suas experiências ou limitações. Elas não querem te prejudicar, apenas não conseguem enxergar o que você enxerga. Cabe a você acreditar e seguir.

Era a primeira vez que alunos do último ano poderiam prestar a prova. E eu tinha muito a estudar. Cortei distrações. Estudava mais de oito horas por dia. Não tinha redes sociais, não via TV — minha vida era estudar e cuidar da minha filha. Eu tinha que passar na OAB antes que meu segundo filho nascesse.

Enquanto isso, o Denis trabalhava incansavelmente em uma multinacional. Ele era recém-formado em engenharia pela USP, foi o primeiro de sua família a fazer faculdade, assim como eu. Sempre o vi como exemplo.

Enquanto eu estudava para a OAB, nossa casa estava uma bagunça, e pessoas sempre vinham dar conselhos que não condiziam com nossas escolhas. Uma das minhas frases favoritas é de Nietzsche: "E aqueles que dançavam foram julgados insanos por aqueles que não conseguiam ouvir a música".

Gosto de simplificar dizendo que eles não ouviam a música que nós ouvíamos. Não guardo mágoas. Não há lugar no meu coração e na minha mente. Entendo que todos tentam ajudar, mas somente nós podemos decidir nossas vidas.

Eu sabia aonde queria chegar e que momentos difíceis faziam parte da caminhada. Aos 24 anos, me formei em direito com dois bebês e inscrita na OAB.

Acreditar não significa viver sem inseguranças. Por anos, eu sonhava que não tinha conseguido me formar. O processo foi tão desgastante que meu inconsciente demorou a entender que a vitória era real.

Recém-formada, fomos morar em uma cidade maior, onde tive duas oportunidades: na primeira, um salário honesto; na segunda, zero garantias, receberia conforme conseguisse clientes. Optei pelo zero. Gosto de pensar que era visão.

Deus abençoa os corajosos, e meu primeiro cliente foi um investidor da construção civil. Eu não estava preparada, mas sabia que era uma grande oportunidade, então estava disposta a fazer de tudo para dar conta. Para cada hora trabalhada, estudava cinco.

Pouco tempo depois, eu já trabalhava exclusivamente atendendo estrangeiros que investiam no Brasil na área da construção civil e tive oportunidade de aprender sobre financeiro, planejamento de obras, contabilidade, marketing e muitas outras áreas.

Àquela altura, eu já tinha realizado muitos sonhos: morava bem, proporcionei experiências para meus pais e sogros. Amávamos a Disney, onde passávamos momentos especiais com nossos filhos, encontrando o Homem-Aranha de verdade ou vendo a Elsa fazer nevar.

Achava que já tinha chegado ao patamar máximo de carreira, mas os planos de Deus são sempre maiores.

Um dia um investidor me procurou com um empreendimento imobiliário abandonado e endividado. Buscava minha ajuda para encontrar uma empresa para assumi-lo. Procuramos empresas, mas ninguém queria aquele empreendimento abandonado havia três anos.

Então Denis e eu tivemos uma ideia. Chamei meu cliente e disse: “Achei uma empresa”. Ele perguntou qual. Respondi: “A minha”.

E assim nasceu nossa construtora e incorporadora. Decidimos encerrar nossos ciclos profissionais e empreender.

Reestruturamos o projeto, negociamos dívidas e formamos uma nova equipe. Enfrentamos tantos desafios que poderia escrever um livro só sobre isso. Aprendemos muito.

Precisávamos vender mais de cem imóveis, mas tínhamos dois problemas: 1) Ninguém queria comprar; e 2) ninguém queria vender.

Montamos, então, a nossa própria e improvável equipe de vendas: minha mãe, meu irmão, um amigo corretor em crise e o Denis, que tinha a difícil tarefa de criar uma cultura de venda de algo que ele nunca tinha vendido. Vendemos tudo, e meu irmão e minha mãe trabalham com a gente até hoje.

Com a entrega se aproximando, enfrentamos chuvas, falta de materiais e mão de obra. No último dia, véspera de Natal, Denis e eu estávamos ajudando na limpeza pós-obra e nos detalhes finais. De madrugada, estávamos dentro da piscina limpando rejunte do revestimento. Comemos pão com mortadela com nossos funcionários e aprendemos uma lição de que lembramos até hoje: fazer o que precisa ser feito.

Entregamos, criamos reputação e seguimos crescendo.

Da equipe de vendas nasceu uma outra empresa, a The Brokers, nossa imobiliária. Mas Deus reservava mais para nós.

Um dia nos vimos empresários e com um patrimônio que jamais imaginávamos. Então uma nova urgência nasceu: como proteger o que conquistamos? A resposta: dolarizando.

Essa clareza nasceu ainda na época da advocacia. Vi investidores europeus perderem dinheiro no Brasil pela desvalorização do real. Tinham lucro em reais, mas na hora de repatriar o dinheiro, em euros, o valor era menor do que tinham enviado. Víamos a desvalorização do real no nosso dia a dia, e não aceitávamos que a instabilidade do Brasil prejudicasse o que construímos. Nunca aceitei destinos impostos.

Amávamos Orlando, lugar que escolhemos para investir em um imóvel. Mas, ao tentar, encontramos dúvidas e corretores muito interessados em suas comissões.

Não queríamos apenas comprar um imóvel; o imóvel era o meio de dolarizar o nosso patrimônio, gerar renda em dólar e ter um lugar para passar momentos inesquecíveis.

Portanto, mais importante do que responder quantos quartos queríamos era saber quantos quartos seriam o melhor para gerar renda. A mesma lógica valia para a valorização, para o custo-benefício e para tudo que envolvia um bom investimento.

Os corretores não estavam na mesma página, e não era culpa deles. Eles eram vendedores; nós, empresários. Eles queriam vender; nós, investir.

Investir em outro país traz também impactos tributários e jurídicos, e não tínhamos quem nos orientasse. Claro que existem ótimos profissionais, mas na época não encontramos quem atendesse às nossas expectativas. Então, inseguros, não investimos.

Mas, como empresários, não aceitamos frustrações e ficamos obstinados em entender o mercado de Orlando e Miami. Algum tempo depois, com base em todo o conhecimento que adquirimos e nas conexões que fizemos, nasceu nossa empresa americana, a The Brokers Invest. E com ela cresceu um novo propósito: ajudar famílias a investirem em imóveis nos Estados Unidos com segurança e construindo um legado. Ajudamos em tudo: desde o envio do dinheiro à escolha do imóvel. Da decoração à administração. Da abertura de conta à aprovação do crédito. Tudo o que queríamos quando buscamos investir. Somos um parceiro no sonho dos nossos clientes, e muitos se tornam amigos.

Nesse novo propósito, consigo ajudar pessoas a transformarem suas vidas com base nos mesmos fundamentos que guiaram a minha jornada. Ao investir em Miami ou Orlando, vejo claramente o poder do ambiente na vida dos meus clientes, que crescem financeiramente e mentalmente. E alcançam:

- Liberdade geográfica, pois não estão mais reféns de um único lugar, e liberdade mental e de escolhas. Paladar não retrocede, a mente também não.
- Segurança patrimonial e física, estando financeiramente protegidos e podendo estar em um lugar onde podem andar na rua em paz, sem carros blindados — isso é libertador.
- Legado deixado para as próximas gerações. Não só financeiro, mas cultural, de mentalidade. Crianças aprendem sem limitações que o mundo é acessível, podem sonhar e realizar.

Como um chamado, ajudo famílias a reescreverem sua história — começando pelos imóveis em Orlando e Miami, mas indo além: criando um novo estilo de viver e investir.

Se eu pudesse deixar uma única mensagem, seria: não se limite pelo ambiente em que você está, faça suas próprias escolhas. E um dia você vai olhar para trás e entender: nada, absolutamente nada foi em vão.

CORAGEM EM MOVIMENTO

"A execução cura o medo."

DANIEL GRAMIGNA, conhecido como O Pai do Networking, é empresário, palestrante e fundador do Grupo N e do GranClub — grupo que integra a MLS (Mentoring League Society) ao lado de nomes como Flávio Augusto, Joel Jota e Caio Carneiro, de quem hoje é sócio. Transformou conexões estratégicas em uma ferramenta prática de crescimento e faturamento. Atua ajudando empreendedores a criarem conexões que se transformam em contratos, por meio do networking intencional. É autor do livro *Networking é o princípio do dinheiro* e, hoje, é referência nacional em networking de alto nível e construção de autoridade através dos relacionamentos certos.

Instagram **@OPAIDONETWORKING**

Sempre fui aquele que topava o que os outros hesitavam em fazer. Não porque eu não tivesse medo — eu tinha. Mas o medo nunca foi maior que a minha vontade de agir.

Cresci como o menino extrovertido da rua. Gostava de conversar, brincar, rir alto e fazer os outros rirem. Era no futebol que eu me sentia no meu lugar. Primeiro, no gol. Depois, correndo pela linha, buscando ser o destaque. No clube que frequentava todos os dias, aprendi que jogo é para quem se posiciona. Quem espera demais, assiste do banco.

Mas minha infância também tinha um contraste gritante. Morávamos de favor na casa da minha avó. Meus pais viviam apertados, enquanto ela tinha estabilidade. Eu via meus amigos com tênis novos, viajando nas férias, e eu... pedindo presente emprestado. Não era inveja. Era a consciência de que existiam portas, mas nem todas estavam abertas para mim.

Talvez tenha sido por isso que, ainda bebê, quando enfrentei uma pneumonia grave e quase morri, meu corpo aprendeu cedo a lutar. Aquela luta silenciosa no hospital foi minha primeira vitória. Cresci com a sensação de que eu não tinha vindo ao mundo para ser figurante.

O tempo passou e eu entrei na faculdade de educação física. Mas a verdade é que meu coração não estava ali. Enquanto trabalhava na secretaria de uma academia, uma ideia começou a me incomodar: "E se eu pudesse mais?". Foi quando uma conversa virou oportunidade. Mandei meu currículo para uma vaga num banco. Não sabia se ia dar certo. Só sabia que precisava tentar.

Dei um salto. Larguei o curso, deixei para trás a zona de conforto e mergulhei em um novo mundo. No banco, aprendi rápido e cresci em pouco tempo. Três anos depois, percebi que a minha história não terminaria ali. Pedi demissão e abri minha primeira empresa com um sócio, uma salinha apertada e um computador. Fazíamos tudo: vender, atender, entregar. E, mesmo sem estrutura, a chama da construção ardia mais forte que qualquer limitação.

Foi nesse caminho que criei três verdades que me guiam até hoje.

A primeira: transparência sempre. Falar do que gosto e do que não gosto. Não fazer teatro para agradar.

A segunda: a ação vence o medo. Esperar pelo momento certo é perder tempo. Você começa com o que tem, onde está, e melhora no processo.

A terceira: servir abre portas. Quanto mais eu ajudava, mais conexões surgiam, mais oportunidades apareciam.

Eu poderia ter ficado no banco, ganhando um salário confortável, mas talvez hoje fosse só mais um número. Ao escolher agir, criei um caminho que não existia. Construí empresas, conheci pessoas que me desafiaram a pensar maior e aprendi que os resultados que busco dependem das atitudes que tomo.

Hoje sou fundador do GranClub, um clube que conecta empresários e empreendedores a negócios e experiências que transformam. Sou sócio de Joel Jota, Caio Carneiro e Flávio Augusto. Já movimentei mais de 50 milhões de reais em negócios. Não porque dei sorte, mas porque cada passo foi intencional.

E se eu tivesse esperado mais? Se tivesse deixado o medo me travar? Nada disso teria acontecido.

Meu recado é simples: *não desperdice oportunidades*. A vida não é um ensaio. Não espere a chance perfeita. Não espere estar pronto. Vá com medo mesmo. Porque coragem não é pré-requisito. É consequência da ação.

E, se você ainda tiver dúvidas sobre começar, guarde isso: *dinheiro não traz coragem, mas coragem traz dinheiro*.

Coragem para gravar seu primeiro vídeo. Coragem para ir a um evento sem conhecer ninguém. Coragem para pedir ajuda e admitir que não sabe tudo.

Eu sei que a jornada nem sempre é fácil. Mas cada obstáculo, cada decisão difícil, cada risco calculado, estava me moldando para chegar até aqui. E, olhando para trás, vejo que cada passo — até os mais dolorosos — tinha um propósito.

E é por isso que, hoje, posso dizer com toda a certeza: nada foi em vão.

ESCOLHI SER FORTE

“Os frutos mantiveram meus resultados.”

DÉBORA CALHEIRANA SANTOS é diretora do Grupo Medical San e empresária de relevância no mercado da saúde estética.

Instagram **@DEDECALHEIRANA**

Nasci em Vinhedo, no interior de São Paulo, mas foi em Estrela, uma pequena cidade no Rio Grande do Sul, que a minha história ganhou raízes mais profundas. Aos cinco anos, eu já carregava na bagagem a essência de uma família cristã, firme em seus princípios e valores. Sou filha do Wagner e da Patrícia, irmã da Jéssica e do Estevam. A filha do meio. Cresci dentro da igreja, envolvida com ações sociais desde cedo. Campanhas do agasalho, trabalhos voluntários, aulas de dança em ONGs. Minha infância foi marcada por aprendizados sobre serviço, fé e comunidade.

Nunca tivemos sobra, mas sempre tivemos o suficiente. Lembro-me de orações atendidas, milagres acontecendo no cotidiano, pessoas surgindo como resposta para necessidades básicas que pareciam insolúveis. A mesa nunca faltava, mas nem sempre era farta. Ainda assim, meus pais — apóstolos com uma visão além da realidade visível — nos ensinaram a sonhar grande. Sonhos maiores do que a casa em que morávamos. Maiores do que o bairro em que vivíamos. Maiores até do que o medo.

Eles me ensinaram a olhar para o mundo como uma oportunidade. Plantaram em mim o desejo de viajar, de impactar, de não me conformar com o básico. E mesmo quando tudo dizia que não, havia uma força silenciosa dizendo que sim.

Mas, como toda história real, a minha também foi atravessada por dor.

Fui uma criança que presenciou de perto o que é ter uma mãe lutando contra a depressão. Em várias ocasiões, isso tomou conta da nossa família. Eu me via sem chão, sem palavras e sem entender o que estava acontecendo. Cresci com cicatrizes invisíveis, tentando decifrar o que era aquele silêncio pesado, aquela ausência emocional dentro de uma casa que, ao mesmo tempo, era tão cheia da presença de Deus.

A dor emocional da minha mãe me afetou profundamente. Gerou em mim medos que não tinham nome na época. E esses medos, um dia, ganharam nome: pânico. Desenvolvi fobia de avião. Algo que para muitos é comum para mim se tornou um pesadelo. E eu, que tinha sido criada para conquistar o mundo, passei a evitar voos, viagens, eventos, reuniões importantes. Inventava desculpas para o meu esposo, para mim mesma. Fingia que estava tudo bem, quando, na verdade, dentro de mim, tudo estava ruindo.

Por muito tempo, minha carreira ficou em segundo plano. Eu me escondia nos bastidores, mesmo desejando estar no palco. Amava o que fazia, mas não conseguia encarar o que aquilo exigia de mim. As crises de pânico me paralisavam. A ansiedade tomava conta. E eu me sentia envergonhada por ser, ao mesmo tempo, tão crente e tão frágil.

As marcas da infância, a dor de ver quem eu amava sofrendo, tudo isso foi crescendo silenciosamente. Até o dia em que algo dentro de mim precisou mudar.

Foi quando meu filho Abel tinha apenas quatro meses. Perdemos um compadre querido para o câncer. No velório, vi minha comadre, uma mulher de quarenta anos, com três filhos, tendo que recomeçar do zero. Foi ali, em meio ao luto, que uma chave virou em mim. Entendi que, se algo me acontecesse, eu não queria deixar minha vida em pausa. Não queria ser apenas esposa ou mãe — queria deixar um legado. Queria estar pronta. Para mim, para os meus filhos, para a missão que Deus me confiou.

Naquele momento, decidi buscar ajuda real. Saí do ciclo de desculpas e entrei num ciclo de reconstrução. Decidi tratar minhas raízes, enfrentar o medo, encarar a fobia e transformar a dor em força. E mais que isso: assumi um novo papel na minha trajetória profissional. Aceitei o convite para trabalhar com o meu esposo, Mauro Santos Filho. Só que não como coadjuvante. Entrei para somar, para liderar, para construir.

Foi um passo ousado. Deixei para trás a segurança de trabalhar com meus pais, em um ambiente familiar e conhecido, e fui para um setor que sempre admirei: a estética. Sempre amei o autocuidado, a beleza, o bem-estar. E agora teria a oportunidade de viver isso profissionalmente, ao lado de quem amo. Não como dependente do meu marido, mas como parceira. Sócia. Conselheira. Decisora.

Juntos, saímos de um espaço pequeno, com doze colaboradores, para construir o que hoje é o Grupo Medical San, uma empresa referência em tecnologias para saúde estética, com mais de 280 funcionários e atuação em cenário nacional e internacional.

Porém, mais do que o crescimento empresarial, a virada verdadeira foi interna. Foi a coragem de me permitir vulnerável. De dizer: "Eu não dou conta sozinha". A Bíblia me ensinou isso. "O poder de Deus se aperfeiçoa na fraqueza." E foi nesse lugar que eu encontrei força.

Comecei um processo intenso de autoconhecimento. Busquei psiquiatras, psicólogos, mentores. Eu me alimentei de bons livros, de boas pregações, de testemunhos de fé. Troquei os pensamentos que me prendiam por verdades que me libertavam. Deixei de romantizar a zona de conforto — que, na verdade, nunca foi confortável — e entrei numa zona de ousadia.

Aos poucos, fui percebendo que o medo não ia mais determinar minha agenda. Não era mais ele que dizia o que eu podia ou não fazer. Aprendi a dizer "sim" para os desafios, mesmo com o coração acelerado. Aprendi a orar no meio da turbulência — e não apenas quando tudo estava calmo. Aprendi a confiar. E, principalmente, aprendi que tudo que começa em mim precisa passar através de mim para alcançar outros.

Hoje, vivo uma vida com propósito. Viajo com minha família — aquele sonho plantado na infância agora é real. Impactamos famílias ao redor do mundo, como com nosso projeto no Paquistão, que liberta pessoas da escravidão. Ou o "Pão Nosso de Cada Dia", na Nigéria, que alimenta mais de seiscentas crianças diariamente. Aquilo que um dia foi apenas sobrevivência agora é semente para muitos.

Em casa, colhemos frutos de um casamento forte, construído na parceria e na cumplicidade. Trabalhar juntos, dividir os mesmos sonhos e responsabilidades, nos uniu de forma poderosa. Não competimos. Complementamos. Não dividimos papéis — somamos missões.

Mas o que mais me move, ainda hoje, são as pessoas. São as mulheres que vivem o que eu vivi. Que têm medo de se colocar no mundo. Que acreditam que vulnerabilidade é fraqueza. Que pensam que seu papel termina na maternidade ou no casamento. Para elas, minha mensagem é clara: aceite a sua vulnerabilidade. Reconheça que você é fraca, sim. Que tem medo, sim. Mas que não precisa viver escrava disso. Busque ajuda. Comece com um passo. Não precisa correr. Está cansada? Descanse. Mas não desista.

Coloque sua esperança em Deus. Não se agarre ao caos. Agarre-se à promessa. Lembre-se de que tudo passa. E de que as dores que você atravessa hoje podem ser a ponte para curar outras pessoas amanhã. Seu medo pode virar força. Sua história pode ser a resposta de alguém.

O mundo precisa da sua manifestação. Precisa ver você inteira. E para isso, você precisa começar. Eu comecei. E ainda continuo recomeçando, todos os dias.

Porque eu sei — com toda a certeza — que nada foi em vão.

NÃO TEMA A QUEBRA: ELA É PASSAGEM, NÃO FIM

"Foi a quebra que me deu asas."

DÉBORA KALIL DE CAMPOS TOLEDO é empreendedora há dezesseis anos, cofundadora da Mira Educação, host do podcast MiraNelas e sócia da Mentoring League Society.

Instagram **@DEKALIL**

Nasci em Belo Horizonte, numa família de classe média, filha de pais separados. Desde pequena, fui cercada de amor. Meus avós eram minha base, e minha mãe, sempre presente, era minha referência de força e de fé em mim. Cresci entre o meu bairro, o bairro da minha avó e a escola, colecionando amigos em todos os cantos. Sempre fui carismática, sociável e, de certa forma, uma menina popular. Bonita por fora, mas com uma autoestima que ainda não tinha aprendido a se sustentar por dentro.

A casa da minha avó materna era o meu refúgio favorito. Ela era uma mulher intensa, amorosa, cuidadosa, cheia de rituais e sabedorias simples. Me tratava com chás, ervas e benzimentos. Era onde eu me sentia protegida. Cresci saudável, cercada de afeto; até que a vida me chamou para crescer mais cedo do que eu esperava.

Quando eu tinha dezesseis anos, minha mãe engravidou novamente. A gestação foi delicada e o nascimento do meu irmão aconteceu em meio a muitas tensões e mudanças dentro de casa. Como ainda era menor de idade, assumi responsabilidades que não eram comuns para uma adolescente. Cuidar dele, ajudar em casa, administrar as emoções; tudo isso me exigiu crescer antes da hora. Mas, apesar dos desafios, ele se tornou o grande amor da minha vida e uma das maiores bênçãos que já recebi.

Aquele foi um marco importante na minha história. Até então, eu tinha vivido uma adolescência protegida, cercada de cuidado. Mas, de repente, precisei amadurecer rápido. Passei a conciliar os estudos com novas responsabilidades em casa e tive que aprender a lidar com emoções e situações que não faziam parte da rotina de uma jovem de dezesseis anos. Foi um período desafiador, mas também formador. Logo depois, entrei para o curso de relações internacionais, com o sonho de ser diplomata. A minha vontade de ser independente e construir uma vida melhor começou a ganhar força ali, silenciosamente, mas com firmeza.

Desde cedo, eu sabia o que queria da vida: liberdade, independência e abundância. Sempre gostei do que era bem feito, do que tinha valor, do que exigia capricho; e desejava um futuro à altura disso. Quando entrei na faculdade comecei a construir, aos poucos, o meu próprio caminho. Fazia estágio longe de casa em um jornal, também fazia estágio na faculdade para ter desconto na mensalidade e dava mentoria em algumas matérias, estudava, cuidava do meu irmão e tentava, no meio de tudo isso, manter a cabeça erguida. Eu não tinha todas as respostas, mas já carregava uma certeza: eu daria um jeito. Sempre dei.

Durante muitos anos, estive em um relacionamento que atravessou minha juventude. Foi uma história importante, que fez parte da minha construção até ali. Mas, com o tempo, nossos caminhos tomaram rumos diferentes. Depois de um casamento breve, a separação veio como mais um chamado da vida para que eu seguisse meu próprio caminho, me quebrando, mas me tornando forte de novo. E, pela primeira vez, eu disse sim para recomeçar do zero — sozinha, em uma nova cidade, com tudo por construir.

Em 2009, ainda em Belo Horizonte, fundei uma empresa ao lado do meu padrasto — um empreendedor com várias frentes de negócio. Pouco tempo depois, ele seguiu para se dedicar a outras empresas que também havia criado, e eu assumi a liderança da operação. Foi nesse momento que convidei a Dani, minha melhor amiga, para caminhar comigo. Juntas, mergulhamos nesse sonho com coragem, trabalho duro e visão. Por alguns anos, crescemos de forma consistente, até que, em 2015, o país enfrentou uma crise econômica profunda. Nossa empresa, como tantas outras, não estava preparada para lidar com o impacto. Nós quebramos. Foi então que buscamos uma saída estratégica: unimos forças com duas empresas, que antes eram nossas concorrentes, numa tentativa de continuar no jogo. E, com isso, surgiu a oportunidade, e a necessidade, de revisitar nosso modelo de negócio e expandir os horizontes para além das montanhas de Minas Gerais.

Mas por dentro... eu chorava todos os dias. No caminho para o trabalho, na volta para casa. Isso ainda em Belo Horizonte, nos anos em que tentávamos reorganizar a empresa após a crise. Eu me sentia me afogando. Nada mais fazia sentido. O que eu havia construído parecia desabar. Eu me sentia sozinha, injustiçada, esgotada. E ainda assim... continuava.

Meu entusiasmo e a energia de São Paulo me moveram. Ao chegar, encontrei uma cidade que respirava velocidade; era tudo diferente de Belo Horizonte. Aqui, a cultura era focada em produtividade o tempo todo. Não havia feriado, fim de semana ou pausa. Todo mundo parecia estar sempre correndo. Os dias pareciam ter menos horas e os trajetos de carro eram infinitos. Além disso, precisei recomeçar praticamente do zero. Ninguém me conhecia, ninguém conhecia a nossa empresa. Tudo que eu havia conquistado até então não bastava, era preciso provar de novo, construir de novo, conquistar um espaço do zero. E, ainda assim, eu seguia. Encontrava acolhimento em algumas pessoas, criava redes, me alimentava do desafio. Cansada, mas viva. Estava onde precisava estar.

Foi um processo intenso de construir autoridade em um mercado tão exigente como São Paulo, isso não acontece da noite para o dia. Eu tive que mostrar, na prática, quem eu era e o que minha empresa podia entregar. Nada foi dado. Tudo foi conquistado com consistência, coragem e disposição para fazer o que precisava ser feito. Abri mão de muita coisa nesse caminho. Foram anos sem finais de semana livres, com pouco tempo para a família e para mim mesma. Mas eu tinha uma visão. E ela me movia. Foi com essa força que construí, junto com a minha equipe, a maior empresa de consultoria em crédito imobiliário do país, um marco que alcançamos em 2023.

Mas, quando a gente chega no topo, às vezes percebe que o topo não é o destino, é só um platô. Eu já não era mais a mesma. A empresa, apesar de bem-sucedida, já não me desafiava como antes. Minhas ideias não encontravam espaço para florescer, e comecei a sentir que aquela estrutura me limitava. Além do mais, eu vivia em um contexto diferente, em uma cidade com outra dinâmica, outros custos, outros desafios. Era como se eu estivesse crescendo por dentro, mas não tivesse para onde expandir por fora. E foi aí que a inquietação virou direção.

Foi nesse período que a vida nos lembrou, de forma silenciosa e profunda, do que realmente importa. Algo dentro de nós mudou. Eu e a Dani sentimos que já não estávamos mais no lugar certo. A Global, nossa empresa até então, já não nos representava como antes. A questão não era mais contratos, metas ou resultados. Era propósito, verdade, viver com leveza e significado.

E foi assim que nasceu a Mira Educação. Mira, de milagre. De olhar firme para o futuro. De direção. Ela não surgiu apenas como um novo projeto, mas como uma resposta da alma. Veio para nos resgatar e para abrir caminho para outras mulheres. Mulheres empreendedoras como nós, que desejam prosperar com consistência, mas sem carregar o peso do mundo nas costas. Que querem enriquecer, sim, mas com estrutura, leveza, liberdade e potência. A Mira nasceu do reencontro com o que realmente importa.

Hoje eu sou outra. Sou mais inteira porque quebrei muitas vezes. Carrego as marcas de quem se reconstruiu com as próprias mãos, mas também com muito apoio da minha mãe, do meu irmão, da Dani, do meu companheiro, hoje de vida, o Lúcio, e de Deus. Ter entrado no ClaxClub mudou completamente o meu ambiente, expandiu minha visão, fortaleceu minha identidade empreendedora e me conectou com pessoas que pensam grande e agem com propósito. Em fevereiro de 2025, nos tornamos sócias de Caio Carneiro, Flávio Augusto e Joel Jota na Mentoring League Society, um marco que confirmou, mais uma vez, que estamos no caminho certo.

Mas o caminho certo não é sempre o mais fácil. Ainda atravessamos desertos. Ainda temos dias duros. Ainda sentimos medo e exaustão. Mas também encontramos felicidade nessa travessia. Porque empreender, para nós, é isso: uma forma de existir no mundo, de servir, de construir, de ser feliz, mesmo quando dói.

Hoje, quando olho para minha história, vejo que cada quebra teve um porquê. Cada desvio, um sentido. Cada dor, uma semente. Não foi fácil. E não é fácil. Mas valeu e continua valendo por cada passo. Porque agora eu sei: *nada foi em vão.*

ALÉM DAS FRONTEIRAS

"A verdadeira liberdade começa quando você para de depender de um único país."

DENIS PINHEIRO é empresário do setor imobiliário no Brasil e nos Estados Unidos. Fundador da The Brokers, consultoria especializada em investimentos imobiliários para brasileiros nos Estados Unidos, conecta famílias e empresários a oportunidades seguras e rentáveis no mercado americano. Com visão estratégica e foco em legado, inspira investidores a expandirem fronteiras e patrimônio.

Instagram **@DENISPINHEIROUSA | @_THEBROKERS | @IMERSAO.NEXTLEVEL**
YouTube **YOUTUBE.COM/@CAFETHEBROKERS**

Minha história começa em uma casa simples, com pais que me ensinaram valores que carrego até hoje: a importância do trabalho, o poder do aprendizado e a responsabilidade de gerar valor por onde eu passar.

Minha mãe, mesmo em um ambiente sem muitas oportunidades, sempre acreditou que o estudo poderia mudar destinos. Enquanto muita gente ao nosso redor via a educação como algo distante, ela nos ensinava que aprender era o único caminho para crescer. Isso ficou gravado em mim. Meu pai, com sua presença firme e silenciosa, reforçava essa base com o exemplo diário de trabalho duro e compromisso com a família.

Seguindo esse caminho, busquei o conhecimento onde fosse possível. Fiz cursos profissionalizantes, técnico, depois faculdade de engenharia, e ingressei na indústria. Com dedicação e disciplina, conquistei meu espaço. Foram quinze anos atuando como executivo, liderando equipes e projetos relevantes. No último ano da faculdade conheci a Cinthia, a mulher da minha vida, que com seu brilho e intensidade mudou minha vida. Juntos, crescemos, amadurecemos e começamos a construir nosso patrimônio no Brasil.

Mas havia algo em nós que não se contentava em apenas seguir o caminho previsível. Aos poucos fomos sentindo que era hora de construir algo com a nossa identidade, nossos valores, nossa visão. Romper com o que era seguro e estável não foi simples. Afinal, já havíamos conquistado o que muitos consideram o ideal: estabilidade, carreira sólida, reconhecimento. Mas queríamos mais do que sucesso. Queríamos sentido.

Foi assim que seguimos nossa jornada empreendedora. Com muito esforço, criamos juntos nossa construtora e incorporadora. Durante anos, desenvolvemos projetos, construímos, vendemos, entregamos sonhos. E foi nesse período que começamos a viajar para os Estados Unidos, com nossos filhos ainda pequenos. A Cinthia sonhava em ir à Disney desde sua infância simples, e agora, com a Soso e o Rafinha, tinha chegado a hora de realizar esse sonho. Algo verdadeiramente mágico mesmo no início, que era só turismo. Vale muito a pena. E essas viagens abriram nossos olhos para algo muito maior.

Começamos a enxergar o mundo de outra forma.

Percebemos como o real perdia valor com o tempo. Como os imóveis no Brasil, apesar de bem localizados, não acompanhavam a valorização do dólar. E, principalmente, percebemos o quanto nossas oportunidades estavam limitadas por uma lógica que nos prendia a uma única economia, a uma única cultura. Começamos a sonhar em investir fora. Em dolarizar nosso patrimônio. Em acessar um novo mundo — mais seguro, mais global, mais produtivo.

Mas, quando decidimos dar esse passo, ficamos receosos. Era um universo diferente. Leis distintas. Cultura de negócios nova. Outra contabilidade. E valores altos envolvidos. Não queríamos errar. Sentíamos que precisávamos de mais conhecimento. De mais clareza. De mais confiança para tomar uma decisão desse tamanho.

E foi esse medo que nos paralisou por um tempo.

Mesmo tendo experiência no setor imobiliário no Brasil, percebemos que no mercado americano éramos apenas mais um casal estrangeiro tentando entender o jogo. Os profissionais que encontramos naquele momento estavam mais preocupados em vender um imóvel do que em ajudar alguém a construir uma estratégia. E nós não queríamos comprar uma casa. Queríamos fazer um investimento com propósito. Criar um legado. Proteger o futuro da nossa família.

Foi então que, em vez de desistir, escolhemos estudar.

Passamos um ano mergulhados no mercado americano. Estudamos a legislação, entendemos o sistema tributário, analisamos os modelos de rentabilidade, conversamos com especialistas, nos conectamos com executivos, CEOs, incorporadores, presidentes de plataformas e líderes do setor imobiliário na Flórida. Aprendemos com quem realmente entende e transforma o mercado por décadas.

Essa imersão foi um divisor de águas.

Ao final desse processo, percebemos que havíamos alcançado um novo patamar de conhecimento e conexões. Estávamos prontos não apenas para investir com segurança, mas para ajudar outros brasileiros a fazerem o mesmo. Criamos juntos a The Brokers com esse propósito: oferecer uma consultoria completa e estratégica para brasileiros que desejam investir nos Estados Unidos — com clareza, segurança e visão de longo prazo.

Foi a virada de chave.

Começamos a receber empresários, médicos, investidores e famílias inteiras que buscavam exatamente o que nós buscávamos no início: alguém que entendesse não só de imóveis, mas de mentalidade, cultura, estrutura e visão. Pessoas que não queriam apenas comprar um apartamento, mas acessar um novo modo de viver, de pensar, de proteger e multiplicar seu patrimônio. Pessoas que buscavam liberdade, segurança e legado.

Hoje, essas pessoas nos procuram não só para fazer o primeiro investimento nos EUA, mas também quando já vivem esse novo mundo — porque entendem que, por vivermos essa realidade no dia a dia, conseguimos orientar com profundidade, autenticidade e estratégia. E quanto mais vivíamos esse novo mundo, mais percebíamos o impacto que ele tem não só no patrimônio, mas na mentalidade.

Investir em outro país não é apenas uma escolha financeira. É uma porta para um universo de conexões, ideias, culturas e formas de pensar completamente diferentes daquilo que aprendemos. Você começa a sentar à mesa com pessoas de outras nacionalidades, ouvir histórias de vida que te desafiam, compartilhar perspectivas que nunca teriam surgido dentro das mesmas fronteiras. Você aprende a enxergar oportunidades onde antes via limitações. Você começa a pensar globalmente.

E essa expansão muda tudo.

Muda a forma como você vê seus negócios. Muda suas decisões. Muda seus hábitos. Você começa a consumir conteúdos diferentes, frequentar eventos que antes pareciam distantes, se cercar de pessoas que te impulsionam a um outro nível. Você deixa de ser apenas mais um investidor para se tornar alguém que pertence ao mundo. E, mais do que isso, alguém que influencia o mundo ao seu redor com novas ideias, novos modelos e uma nova visão de futuro.

Essa transformação pessoal se reflete também na próxima geração.

Nossos filhos crescem imersos em um ambiente mais aberto, mais dinâmico, mais conectado com o mundo. Eles aprendem, desde cedo, que a vida pode ser fluida, que as oportunidades não têm nacionalidade e que o valor que você gera é mais importante do que o lugar onde você nasceu. Eles estão crescendo com referências que nós só fomos descobrir depois de adultos. E isso, para nós, é um dos maiores legados que poderíamos deixar.

Quando investimos fora do nosso país, não estamos apenas comprando imóveis. Estamos comprando acesso. Acesso a pessoas, mercados, ideias, experiências. Acesso a um futuro diferente. E, acima de tudo, acesso a uma nova versão de nós mesmos.

Essa jornada nos ensinou muita coisa. Aprendemos que nada é mais poderoso do que o conhecimento somado à visão. Que não existe desafio grande demais quando você se propõe a aprender. E que sair da zona de conforto é o único caminho para encontrar a verdadeira liberdade.

Hoje, não temos apenas uma base. Não dependemos de um único país. Somos mais livres. E essa liberdade passou para nossos filhos. Eles crescem com outra mentalidade. Para eles, o mundo é maior. Mais acessível. Mais possível.

E é isso que nos move: ajudar outras pessoas a enxergarem o que enxergamos. Mostrar que a vida não precisa se limitar às fronteiras geográficas, econômicas ou mentais. Que é possível construir algo novo, mesmo depois de já ter conquistado tanto. Que não é preciso escolher entre Brasil e Estados Unidos. Você pode pertencer aos dois. Você pode pertencer ao mundo. Na verdade, o mundo pode pertencer a você!

Crescer no seu país é digno, é bonito, é necessário. Mas vencer barreiras e prosperar em outro país — sem abrir mão da sua identidade — é libertador. Isso te torna maior. Te dá voz, visão e relevância em contextos em que antes você apenas assistia.

E mais do que tudo, isso deixa um legado. Para os seus filhos, seus amigos, seus clientes, seus funcionários. Porque, quando expande sua mente, você naturalmente expande o mundo de quem caminha com você.

Hoje, olhando para tudo o que vivemos, entendemos que os desafios foram parte do processo. As incertezas, os medos, os erros e as escolhas difíceis... Cada etapa nos moldou. Cada decisão nos ensinou. Cada passo nos preparou para ajudar outros a também darem os seus. E é por isso que, com convicção e gratidão, podemos afirmar: nada foi em vão.

IMPROVÁVEL: A JORNADA PARA CONSTRUIR O MAIOR ECOSSISTEMA DE CIBERSEGURANÇA DO BRASIL

"Aprendi a pescar — e descobri que o mar é infinito para quem ousa lançar a rede."

DROANDER MARTINS é fundador e CEO de um dos principais ecossistemas de tecnologia e cibersegurança do Brasil. É o criador do conceito Empresas Invioláveis®, tese pioneira que conecta cibersegurança diretamente ao *valuation* e ao crescimento empresarial. Com mais de duas décadas de experiência, liderou dezenas de fusões e aquisições e centenas de auditorias e processos de *due diligence*, protegendo bilhões em valor de mercado. É reconhecido como uma das vozes mais influentes do país quando o assunto é cibersegurança aplicada a negócios, transformando um tema técnico em estratégia de equity. Hoje, atua como investidor, mentor e conselheiro de empresários e executivos que desejam construir empresas invioláveis e de alto valor.

Instagram **@DROANDER**
LinkedIn **LINKEDIN.COM/IN/DROANDER-MARTINS-12053925**
Site **WWW.IPV7GROUP.COM.BR**

Nasci e cresci em uma família muito pobre, em uma comunidade na periferia do Rio Grande do Sul. Nossa casa ficava à beira de um valo sem saneamento básico. Não tínhamos televisão, muito menos acesso à tecnologia. Meu pai era aposentado com um salário mínimo e minha mãe fazia doces e salgados para vender. Desde cedo aprendi que, se quisesse mudar minha vida, teria que trabalhar. E trabalhei. Vendia pastéis, doces, salgados... fiz de tudo para ajudar em casa.

Naquele cenário, meu sonho era simples: ser empacotador de supermercado. Esse era o máximo que eu conseguia enxergar. Mais tarde, passei a sonhar em ser professor de física. Sempre fui o aluno dedicado da turma, o "nerd" que nunca tirava nota vermelha, mesmo estudando em escola pública. Foi assim que ganhei uma bolsa para fazer um curso de datilografia e, depois, um de informática. Foi nesse momento que conheci a tecnologia — e esse encontro mudou tudo.

Em 2000, entrei para um projeto social chamado Projeto Pescar. A filosofia era simples e poderosa: se você quer matar a fome de alguém, não dê o peixe, ensine a pescar. E foi ali que aprendi elétrica, eletrônica, informática e telecomunicações. Essa porta me levou ao meu primeiro emprego e foi o ponto de partida da minha carreira.

Com o tempo, cresci profissionalmente. Cheguei a ser um dos principais executivos da empresa onde comecei, com uma carteira de clientes que representava quase metade do faturamento do grupo. Foi então que recebi uma proposta para assumir um grande desafio numa das maiores multinacionais de tecnologia do mundo. Essa experiência abriu meus olhos para o tamanho do mercado que existia lá fora e para o desafio que eu teria se quisesse chegar lá.

E o maior desafio da minha vida profissional foi no ano de 2014: empreender com a ambição de me tornar uma das maiores referências no mercado de tecnologia, mesmo estando no Rio Grande do Sul. Eu sabia que os grandes negócios aconteciam em São Paulo e que entrar no mercado de tecnologia — e ainda no mercado de fusões e aquisições — seria extremamente difícil.

Em 2016, comecei a escrever o livro *Intangível*, sobre valuation, fusões, aquisições, inovação e negócios no setor de tecnologia. Minha missão era alertar empreendedores para a consolidação que eu já via se aproximando. Queria mostrar que não bastava vender mais: era preciso investir no valor intangível da empresa. Gestão, governança, compliance e equity real, percebido pelo mercado financeiro. Foram dois anos de estudo intenso, sem atalhos, sem inteligência artificial para ajudar. Eu trouxe para o Brasil conceitos e movimentos que via acontecendo no exterior. A consolidação veio, e meu livro tornou-se referência para empresários e fundos de investimento, abrindo portas para palestras, conferências e um reconhecimento crescente no setor.

A grande virada veio quando compreendi o poder do equity e do crescimento inorgânico. Percebi que não precisava criar tudo do zero. Poderia comprar empresas, consolidar operações, investir em startups — e acelerar o caminho até os objetivos do grupo.

Entre 2017 e 2025, compramos sete operações de tecnologia e vendemos três, já estruturadas e valorizadas por nós. Hoje somos um grupo formado por cinco empresas de tecnologia com foco em cibersegurança. Alguns movimentos de M&A (sigla de Mergers and Acquisitions, ou Fusões e Aquisições em português) nos colocaram como o principal ecossistema de cibersegurança do Brasil.

Sempre fui obcecado por segurança digital. Para mim, o valor de uma empresa se sustenta em três pilares: crescimento, rentabilidade e risco. E não importa o quanto uma empresa cresça ou seja lucrativa — se o risco for alto, o valor desmorona. Essa visão nos levou a criar serviços e soluções para manter nossos clientes no auge, blindando-os contra ameaças.

Essa mesma mentalidade me inspirou a escrever meu segundo livro, *Inviolável*. Nele, aprofundo a tese de que segurança deixou de ser apenas um tema técnico para se tornar um pilar estratégico que impacta valuation, governança e até a sobrevivência das empresas. Mais que um livro sobre cibersegurança, é um manual para líderes que querem proteger e multiplicar o valor do que construíram em um mundo onde o risco digital é o maior ponto cego do equity.

Chegar até aqui exigiu mais que estratégia e tecnologia. Exigiu visão antecipada. Desde 2014, estudo tendências globais, como inteligência artificial, cibersegurança, data centers e equity. Percebi cedo que viveríamos uma seleção natural, onde apenas empresas invioláveis sobreviveriam. Empresas que investissem pesado em segurança, inovação e gestão. E para construir essa inviolabilidade, não investi apenas em tecnologia, investi em pessoas. Entender os sonhos, as metas e até as vaidades de cada colaborador e alinhar isso aos objetivos da empresa foi um dos nossos maiores segredos.

Antes de qualquer coisa, coloquei Deus à frente de tudo. Vim de um lugar improvável, e acredito que só cheguei até aqui pelas bênçãos que recebi na vida, na carreira e nos negócios. Sempre pedi sabedoria e discernimento para tomar decisões e que Ele colocasse as pessoas certas no meu caminho.

O resultado? Apenas o começo. Hoje, lidero o maior ecossistema de cibersegurança do país, com mais de mil colaboradores e um planejamento ousado para faturar 1,5 bilhão até 2030, possivelmente com um IPO no caminho. Nosso objetivo é ser referência absoluta em cibersegurança, manter a liderança em auditoria, due diligence técnica, operacional, cibernética, bug bounty e educação, além de continuar ajudando empresários e fundos a atingirem seus objetivos.

Operamos a maior plataforma de bug bounty do Brasil e entendemos que cibersegurança não é apenas uma questão técnica, é um pilar estratégico para proteger o valor e a continuidade de qualquer negócio. Empresas que negligenciam essa proteção colocam em risco seu equity, sua reputação e até a própria sobrevivência. Para investidores e empresários, investir em segurança não é custo, é blindagem contra perdas irreversíveis e um diferencial competitivo diante de um mercado cada vez mais exposto a ameaças digitais.

Mas o impacto que mais me orgulha é o social. Vim de um projeto para menores carentes e agora crio um dos maiores projetos sociais tecnológicos do Brasil. Vamos formar mais de mil jovens em 24 meses, tirando-os da vulnerabilidade e capacitando-os para trabalhar em TI, cibersegurança e desenvolvimento de software. Queremos que esses jovens não apenas protejam empresas brasileiras, mas também ajudem o Brasil a se tornar uma potência mundial em cibersegurança.

E a minha mensagem final para quem está no começo da jornada é simples: nunca subestime o poder de começar pequeno, mas pensando grande. Não importa de onde você vem, e sim para onde está disposto a ir. O caminho será difícil, mas se prepare, esteja sempre um passo à frente e proteja o que construiu. Coloque Deus à frente, tenha coragem para apostar no que parece impossível e, quando vencer, devolva. Invista em outras pessoas. Ajude outros a chegarem aonde você chegou.

Hoje posso afirmar com toda a certeza que nada foi em vão.

A MISSÃO QUE EU NÃO ESCOLHI, MAS ACEITEI

"Tenha fé em Deus, trabalhe duro e não se preocupe."

ERICK ALVES é professor e empresário no ramo de educação. Fundador do Direção Concursos e do EmÁudio Concursos. Marido da Érica e pai do Thomas e do Gabriel.

Instagram **@PROFERICKALVES**

Não foi exatamente uma escolha. Foi mais como um chamado, daqueles que a gente não entende na hora, mas obedece com o coração apertado, acreditando que algum sentido haverá de vir depois.

Minha história não começa com um plano bem traçado, mas com uma decisão de fazer o que precisava ser feito, mesmo sem entender direito por quê. E isso mudou tudo.

Nasci em Lavras, uma cidade no interior de Minas Gerais, em 1982. Filho mais velho de três irmãos, numa família de classe média baixa. Meus pais se separaram quando eu tinha entre sete e oito anos. Desde então, foi minha mãe quem me criou, uma mulher firme, batalhadora, professora concursada do Estado. Entre cinco irmãos, ela foi a única a fazer faculdade. Contra a vontade do pai, venceu pelo estudo. E ensinou o mesmo caminho a mim.

Desde pequeno, assumi responsabilidades que talvez não fossem minhas. Ajudava a cuidar dos meus irmãos, obedecia sem questionar, fazia o melhor que podia. Sempre fui bom aluno. Tinha prazer em aprender. E mesmo sem brilhar no futebol, meu esporte favorito, havia em mim uma chama competitiva, uma sede de fazer bem feito. Lembro-me do concurso "rei da pipoca" na festa junina da escola. Eu devia ter uns seis anos. Treinei em casa, repeti minha fala mil vezes. No grande dia, executei o plano com perfeição. Ganhei. Era só uma brincadeira, mas eu levei a sério. E essa talvez seja uma constante na minha vida.

Minha mãe insistia que eu deveria prestar concurso militar. "Você vai ganhar para estudar", ela dizia. Aos dezesseis anos, aceitei a sugestão e fiz a prova para a Escola Preparatória de Cadetes do Exército (EsPCEx). Passei. No ano seguinte, mudei para Campinas. E ali começou a missão que eu não escolhi... mas aceitei.

A vida militar era um mundo completamente novo — e brutal. Pressão constante, ordens, cobranças, desconforto. Não tinha celular. Para falar com minha mãe, era preciso enfrentar horas de fila no orelhão. As tarefas exigiam habilidades que eu não dominava. Tive vontade de desistir muitas vezes. Mas segui.

Depois da EsPCEx, vieram quatro anos na Academia Militar das Agulhas Negras (Aman). As dificuldades continuaram, mas fui aprendendo a lidar com elas. Tornei-me atleta de atletismo, competindo nos 800 e nos 1500 metros rasos, algo que jamais havia imaginado. Ganhei medalhas. Cresci. E me formei em primeiro lugar no curso de Intendência da Aman, o que me deu respeito e projeção na carreira militar.

Fui designado para servir em Blumenau/SC, no 23º Batalhão de Infantaria. Lá, me inscrevi no processo seletivo para o curso de instrutor de educação física do Exército, o sonho de quase todo atleta da Aman. E foi aí que recebi meu primeiro grande choque de realidade.

Naquela época, eu não fazia grandes planos para o futuro. Acreditava que bastava estudar com disciplina, treinar com dedicação e tudo daria certo, como sempre tinha dado. Vinha de uma adolescência em que o esforço era sempre recompensado. Eu acreditava profundamente nisso. Então, entrei no processo seletivo com foco total. Fiz tudo certo. Eu me preparei com seriedade, me entreguei aos treinos; até a natação, que era meu ponto fraco, eu consegui superar.

Mas, no dia da prova, justamente na parte que eu dominava com facilidade, o salto em altura, algo inexplicável aconteceu. Travei. Não consegui saltar. Três erros. Estava fora.

Foi como levar uma rasteira da vida. Eu, que tinha feito absolutamente tudo certo, falhei. Aquilo me desmontou. Talvez tenha sido meu primeiro contato real com a vida adulta: a constatação de que, às vezes, mesmo com todo o esforço, o resultado não vem. A ficha caiu com violência. E junto com ela, caiu também meu encantamento pela carreira militar. O brilho se apagou. Nada mais fazia sentido naquele caminho.

Então, restou o que eu sempre soube fazer: estudar. Ter disciplina. Perseverar. Foi aí que nasceu a ideia de prestar concurso público, de buscar um novo rumo, uma nova missão. Estudava de madrugada, nos poucos momentos livres, porque durante o dia trabalhava. No meio da rotina exaustiva, encontrei forças na disciplina que me acompanhava desde menino. E deu certo. Fui aprovado em sexto lugar no concurso para Auditor Federal do Tribunal de Contas da União (TCU).

A carreira no TCU me abriu novos horizontes. Comecei a dar aulas em um curso preparatório, me destaquei e fui convidado a integrar a diretoria da empresa. Fui... sem muitas pretensões. Mas como sempre, levei comigo minha cartilha pessoal: disciplina, dedicação e resiliência.

A empresa cresceu muito, rapidamente. E nesse crescimento vieram as promessas... muitas promessas. Vieram também ilusões, negociações de M&A (sigla em inglês para Mergers and Acquisitions, que significa Fusões e Aquisições em português), conflitos entre sócios, acordos que não se cumpriram. E, enquanto tudo isso acontecia no campo profissional, no pessoal, eu enfrentava meu pior momento.

Estava em São Paulo, sozinho. Havia acabado de sair de um relacionamento importante. Morava em um bom apartamento, ganhava bem, mas carregava um vazio sufocante. A mulher que eu amava, e que eu sabia, com todas as certezas do meu coração, que seria a mãe dos meus filhos, estava com outro. Fiquei doente. Sofri de verdade... O cenário era tudo, menos feliz. Dores profundas que nem o sucesso profissional era capaz de amenizar.

Foi nesse turbilhão que surgiu a oportunidade de deixar a empresa. E eu fui. Dessa vez, com a consciência de que precisava recomeçar, mais uma vez. Com menos ilusões, mas com mais clareza.

E o tempo e Deus têm seus próprios caminhos. Aos poucos, as coisas foram se ajustando. Saí da empresa, voltei para Brasília. Ela se separou. Ficamos junto. E hoje somos uma família.

Eu me casei com a mulher que sempre amei. Tivemos dois filhos: Thomas e Gabriel. Quando olho para eles, vejo que todas as dores, as esperas, os fracassos... tudo isso convergiu para este momento. Para esta família. Para este amor. E aí, sim, tudo faz sentido.

Depois disso, fundei duas empresas com muito significado para mim. A primeira foi a Direção Concursos, ao lado de outros sócios. Começamos do zero, com coragem e um ideal. A outra, a EmÁudio Concursos, criei junto da Érica. Um projeto que uniu nossa paixão pela educação com a tecnologia e o desejo de ajudar mais gente a estudar em qualquer lugar.

Hoje, olho para minha história e vejo um fio que sempre esteve presente: a *disciplina*. Desde menino, eu fazia o que precisava ser feito. Cumpria minha parte. Depois, a *resiliência*. Porque nem tudo saiu como eu queria. Houve derrotas, tropeços, dias escuros. Mas eu continuei. E por fim, aprendi a *fé*.

Se tem algo que eu posso dizer é que *a minha história está longe de acabar*. As duas empresas que fundei têm desafios enormes. Todos os dias enfrento decisões difíceis, medos, incertezas. Continuo lutando, errando, aprendendo. Não há final feliz embalado e pronto, a vida é um caminho em aberto. Mas a mensagem que quero deixar não é sobre onde eu cheguei. É para quem está *no meio do caminho*, passando por algo parecido com o que eu vivi.

Talvez você esteja aí agora, tentando fazer tudo certo, dando o seu máximo, se esforçando de verdade... e mesmo assim nada acontece. Os "nãos" se acumulam. As portas não se abrem. E você começa a se perguntar: será que vale a pena continuar?

Eu entendo. Eu vivi isso.

Eu me esforçava como poucos, fazia tudo conforme a cartilha: esforço, disciplina, resiliência. E mesmo assim, falhava. Mesmo assim, dava errado. E doía demais. Mas hoje, olhando para trás, eu começo a entender um pouco mais.

Se eu não tivesse simplesmente travado na prova de salto, lá atrás, talvez nunca tivesse deixado a carreira militar. E se eu não tivesse deixado o Exército, não teria estudado para concurso. E se não tivesse passado no concurso, não teria conhecido a mulher da minha vida. E hoje, não teria minha família, meus filhos, minha missão.

Ainda passo por dificuldades que não fazem o menor sentido. Ainda ouço muitos "nãos". Ainda enfrento lutas que parecem maiores do que eu. Mas agora eu aprendi algo: a vida não é controlar os resultados. É ser fiel à missão que está diante de você, mesmo quando ela parece absurda.

Faça sua parte. Dê o seu melhor. Confie. Mesmo quando tudo parece dar errado, há um fio invisível conduzindo a história. E Ele sabe o que faz.

Porque, no fim das contas, a missão que eu não escolhi... foi a que me fez quem eu sou. E por isso, tenho plena certeza: *nada foi em vão*.

PROTAGONISTA DA MINHA HISTÓRIA

“Foi o conhecimento que colocou minha história em movimento.”

ERICK VIEIRA é um empreendedor bem-sucedido que transformou conhecimento em liberdade. Apaixonado por vendas, liderança e comunicação, acredita que preparar-se é a forma mais inteligente de vencer. Essa visão de legado familiar o levou a empreender com ainda mais seriedade. Não bastava ter um negócio. Ele queria construir algo que fizesse sentido — para ele, para eles, para a sociedade. Com filhos em fase de crescimento, sabe que está sendo observado o tempo todo. Não pelo que fala, mas por quem é, pelo que faz. Por isso, priorizar o conhecimento, as escolhas conscientes e o preparo constante não é mais uma opção: é parte da missão de formar homens de valor, como ele e sua esposa acreditam.

Instagram **@ERICKVIEIRA10**

Nasci em um lar de origem humilde, em Guarulhos. Uma família simples, mas com base sólida. Não tínhamos luxo, mas tínhamos o que realmente importa: valores fortes, ambiente leve e diálogo constante. Em casa, falar sempre foi um hábito — e ouvir também. Esse foi o meu primeiro contato com algo que mais tarde eu entenderia como comunicação: um valor que transforma.

A rua era extensão da nossa casa. Brincadeiras, esporte, competição entre irmãos e amigos... tudo isso foi me moldando. A convivência afiada, o senso de disputa saudável e o desafio de querer ser sempre melhor nasceram ali, entre risadas e provocações.

Meu primeiro trabalho formal foi num call center, em pleno centro de São Paulo. Um salto enorme para alguém que até então só conhecia a rotina do bairro. Ali eu encarei meus primeiros medos: o transporte lotado, o ritmo da cidade grande, a pressão de falar com desconhecidos pelo telefone. E mais do que isso — enfrentei a minha própria timidez. Eu tremia no começo. Mas, mesmo tremendo, fui. E fui entendendo que prática e preparo mudam tudo.

Comecei a observar, ouvir e aprender com quem estava à frente. Eu me interessei por vendas, por atendimento, por comportamento. Descobri que vender era mais ouvir do que falar. Comecei a me destacar, a atingir metas, e em poucos meses me tornei referência. Já recebia novos vendedores para treinar e orientar.

E aí eu percebi: conhecimento transforma.

Aquilo que eu aprendia com os mais experientes, o que lia em livros ou ouvia em treinamentos... tudo isso virava ferramenta prática. Comecei a estudar mais, a buscar palestras, a anotar ideias, a testar abordagens. O conhecimento me dava confiança. E a confiança me fazia crescer.

Foi assim que, pouco tempo depois, recebi meu primeiro convite para ser supervisor. Mais uma vez, o medo tentou falar mais alto. Mas dessa vez, eu já sabia como reagir: estudando, me preparando, enfrentando.

Assumi a supervisão. E com isso, assumi também o compromisso de ser mais que um líder de resultados. Queria ser um líder de transformação.

Passei a estudar liderança com mais profundidade. A entender de gente. A observar o que motiva, o que trava, o que potencializa uma equipe. Comecei a formar novos líderes. A construir resultados sustentáveis.

Foi nesse momento que veio a virada mais profunda da minha vida profissional: me tornei responsável pelos treinamentos da empresa. Todos os novos colaboradores passavam por mim. Eu não era só um vendedor ou um gestor. Eu era um formador. Um multiplicador.

E aí, o conhecimento deixou de ser uma vantagem. Passou a ser minha base.

Fui buscar formação acadêmica. Concluí a faculdade. Fiz MBA em gestão de pessoas pela FGV. Estudei comportamento, liderança, comunicação. Fui me moldando com o que eu vivia, aprendia e aplicava.

Mas a maior transformação da minha vida não aconteceu numa sala de reunião. Aconteceu quando descobri que seria pai.

Ali, tudo mudou de lugar. Eu entendi que a partir dali minhas atitudes não refletiriam só nos meus liderados, mas na vida de um filho. Um pequeno ser humano que me observaria todos os dias. Que se espelharia em mim.

Isso me deu outro nível de responsabilidade.

Passei a pensar diferente, a priorizar diferente. E aí nasceu a vontade — e a coragem — de empreender.

Comecei meu negócio sem saber tudo. Sabia vender. Sabia lidar com pessoas. Mas não sabia nada sobre CNPJ, regime tributário, planejamento financeiro. E mesmo assim, fui.

Fui porque a fome de construir algo meu era maior do que o medo de errar. Fui porque agora eu não estava sozinho. Havia uma família que eu estava construindo.

No começo, tudo era desafiador. Mas eu fui aprendendo. Estudando. Me apoiando em boas referências.

Li uma pesquisa do Sebrae que dizia que a maioria das empresas quebrava antes dos cinco anos. Na época, meu filho tinha um ano. Eu pensei: "Quando ele tiver seis, minha empresa precisa estar viva. Precisa estar forte. Precisa estar ensinando algo para ele".

Isso virou combustível.

Fui a eventos. Conheci pessoas maiores que eu. Me aproximei de empreendedores reais, que tinham resultado, história, visão. Um desses eventos foi o Powerhouse. Lá, vi que existia um mundo de possibilidades, que o jogo era mais estratégico do que eu imaginava.

De lá para cá, nunca mais parei de aprender.

Hoje, vivo meu melhor momento. Tenho consciência. Estrutura. Família. Negócios. Mas acima de tudo, tenho propósito.

Meus filhos cresceram. Estão com dez e doze anos. E agora, mais do que nunca, eu entendo que meu papel é influenciar. Não só com palavras, mas com exemplo.

Quero que eles entendam o valor do conhecimento. Da leitura. Do preparo.

Não adianta esperar as coisas melhorarem. É preciso estar pronto para melhorar tudo que você toca.

Para quem está começando, eu digo: você não precisa eliminar suas inseguranças. Só precisa decidir que vai crescer mais do que elas.

O conhecimento não me impediu de errar. Ele me preparou para continuar, mesmo depois de errar. Ele me fortaleceu, me direcionou e me fez respeitado. E é por isso que hoje olho para trás com orgulho.

Porque em cada desafio, em cada virada, em cada escolha... Nada foi em vão.

MEU CARGO ERA VITALÍCIO, MAS MINHA VIDA NÃO ERA

"No abismo não mora a escuridão, mas todas as oportunidades que ninguém jamais teve coragem de alcançar."

ERIK NAVARRO é advogado e empresário. Foi juiz federal por dezenove anos e hoje lidera um ecossistema jurídico completo.

Instagram **@ERIKNAVARROW**

A adolescência, para muitos, é um laboratório de descobertas. Para mim, foi um campo de batalha. Lembro-me dos corredores estreitos da escola, do cheiro de giz misturado ao suor ansioso antes das provas, e, sobretudo, do peso dos olhares que não apenas observavam — julgavam. Eu tinha tiques nervosos que me traíam, explosões de ansiedade que transformavam qualquer tentativa de passar despercebido em espetáculo forçado. Era alvo de bullying — não aquele episódico, mas o persistente, o que mina a confiança e deixa cicatrizes invisíveis.

Houve um tempo em que minha mente, já exausta, chegou a flertar com a esquizofrenia. Não de modo figurado. Era a sensação concreta de que a realidade pode se desfazer a qualquer momento. E, no entanto, foi nesse cenário que um detalhe aparentemente banal mudou tudo.

Era uma aula de inglês. A professora dividiu a turma em grupos para um trabalho. Como de costume, eu "sobrei". Ela me colocou, talvez por acaso, com o grupo dos alunos mais brilhantes da sala. Eu esperava a condescendência de sempre, mas não foi isso que recebi. Entre risadas tímidas e referências musicais, descobrimos afinidades. Eles perceberam que eu tinha ideias criativas. Minha sugestão se tornou a espinha dorsal do melhor trabalho apresentado. Pela primeira vez, senti que podia pertencer — e mais, que podia contribuir com algo único. Ali nasceu a noção, ainda frágil, de que talvez eu pudesse estar entre os melhores.

Essa semente germinou. Passei praticamente em primeiro lugar em todos os concursos que prestei. Tornei-me juiz, função que exerci por dezenove anos nas jurisdições mais complexas do país. Carregava a toga com responsabilidade, com a inquietude de quem sabe que há mais para fazer. Enquanto julgava, fundei uma empresa de educação. Ela cresceu, atravessou fronteiras e se tornou o maior curso preparatório para concursos federais do Brasil.

No entanto, conquistas externas não nos blindam contra crises internas. Vivi dois casamentos e dois términos, cada um deles deixando cicatrizes próprias. E só depois dessas rupturas encontrei a mulher da minha vida, trazendo um tipo que não se aprende em livros. Entre decisões judiciais e decisões pessoais, crescia outra ambição: criar um ecossistema capaz de transformar a vida de advogados.

Mas havia uma sombra constante: o maior desafio não estava nas sentenças complexas ou em erguer empresas. Era acreditar que a adolescência difícil não me definia. Essa batalha silenciosa atravessou todos os outros combates.

A virada veio no dia em que assinei minha exoneração do cargo de juiz federal. Vitalício, estável, respeitado — sinônimo de vitória. Para mim, sinônimo de prisão. O serviço público me dava autoridade formal, mas me tirava a de criar. Dentro da magistratura, as decisões não eram apenas jurídicas; eram também moldadas pelo jogo de poder e pela política interna, ao menos as decisões administrativas, que muito influenciam a vida dos juízes. Eu queria mais que interpretar. Queria moldar realidades, formar advogados empreendedores, explorar mercados inexplorados. Permanecer significava sufocar essa visão; sair significava abandonar quase duas décadas de carreira para saltar no desconhecido. Eu pulei.

Ao cair — ou melhor, ao voar —, confirmei minha bússola: liberdade. Liberdade para escolher com quem trabalhar, com quais projetos, para dizer não ao que não faz sentido. Para preservá-la, adotei duas armas: apetite por risco e resiliência. O risco me mantém em movimento; a resiliência me impede de desistir quando o vento é contrário. Aprendi que o sofrimento é opcional. Passei a viver um risco de cada vez, entendendo que certos frutos só amadurecem no tempo certo.

A partir dessa escolha, redesenhei minha vida em três pilares que se alimentam mutuamente: um escritório de advocacia, uma escola para advogados e uma empresa de investimento em ativos judiciais. No escritório, aplico e aperfeiçoo o que ensino. Na escola, formo advogados capazes de gerar causas e resultados reais. No braço financeiro, mergulho na compra de créditos judiciais — algo altamente rentável e profundamente transformador.

Vi o impacto disso. Uma senhora que esperava havia anos por um benefício previdenciário pôde pagar uma cirurgia de câncer porque antecipamos o valor. Advogados que estavam prestes a fechar seus escritórios respiraram aliviados quando compramos parte de seus honorários. E alunos meus, que antes não teriam acesso a grandes causas, hoje atuam nelas porque abrimos nossas máquinas de prospecção para eles. Criamos um ecossistema que gera valor para todos: para quem precisa, para quem trabalha e para quem investe.

Se tivesse ficado na magistratura, talvez hoje estivesse confortável — e entediado. A criação me oferece uma moeda mais rara: o valor que ninguém ainda extraiu. Quem cria fica com a parte nobre. Quem apenas segue fica com o que sobra.

No serviço público, as maiores recompensas vão para quem ocupa cargos políticos. No mercado, vão para quem constrói. Para quem está diante de uma escolha semelhante, meu conselho é simples: não tenha medo. É mais perigoso permanecer estrutura que suga a sua essência do que buscar um caminho próprio. Assuma riscos conscientes. Poucos fazem isso, e justamente por isso, os que fazem acessam oportunidades únicas. Lembre-se: não ver um caminho é a chance de criar o seu. Quem cria não disputa espaço — cria o próprio.

Hoje, olhando para trás, sei que cada dor, cada renúncia e cada salto foi necessário. Não apenas para chegar até aqui, mas para me tornar quem sou.

Aquele adolescente inseguro aprendeu que liberdade não se pede — se conquista.

E que o valor de um sonho não está em quem o aprova, mas em quem o realiza.

Nada foi em vão.

O POSSÍVEL SÓ DEPENDE DE VOCÊ!

"A oportunidade geralmente vem disfarçada de infortúnio ou derrota temporária."

FÁBIO FERRAZ é tributarista, CEO da TT & Co., marido da Melissa e pai da Mariah e do Matteo.

Instagram **@FABIO_FERRAZ**

Nasci no dia 30 de janeiro de 1979, em um bairro simples da Zona Norte de São Paulo, chamado Vila Gustavo. Era uma casa modesta, em uma rua onde as pessoas se conheciam pelo nome e os sonhos, muitas vezes, eram limitados pela realidade. Minha mãe, Fátima, tinha apenas dezesseis anos quando me trouxe ao mundo. Ela foi uma menina que teve que virar mulher cedo demais. Meu pai biológico não ficou. Três meses de gravidez, uma agressão e uma separação. E então, veio o medo: medo de que ele me levasse para a Espanha, medo de que me arrancassem dos braços daquela jovem mãe.

Nos meus primeiros anos de vida, não tive contato com ele. Cresci sob a proteção dos meus avós, Matilde e Djalma. Meu avô era quem fazia as vezes de pai — com seu jeito duro, mas presente. Minha avó... ah, minha avó. O grande amor da minha vida. Aquela que me educou, me alimentou, me ensinou o valor das pequenas coisas. Cresci sendo dela e com ela. Fui moldado nas lições simples, mas poderosas, da dona Matilde.

E minha mãe... apesar de tão jovem, apesar de ter que sair para trabalhar, apesar de todo o peso que carregava sozinha, nunca deixou de me dar amor. Nunca me faltou afeto. Nunca me faltou presença emocional. Foi guerreira, presente, firme. Ela me sustentou com trabalho e com carinho.

Meu pai biológico era um vazio. Um buraco no peito que não se preenchia com nada. Eu o procurava. Tentava. Ia até a casa da minha avó paterna. Ele fugia. E eu me perguntava: por que não? Por que ele não me queria? Uma vez, aos cinco anos, marcaram um encontro em um parque de diversões do bairro. Fiquei lá esperando. O parque fechou. Ele não apareceu. A imagem de mim chorando, sentado em um banco de madeira com as luzes se apagando ao fundo, ainda vive comigo.

Aos nove anos, minha vida começou a mudar. Minha mãe se casou com o César — o homem que escolheu me amar. Um dia, ele entrou no meu quarto na casa da minha avó e me disse: "Quero que você seja meu filho. Não só no coração, mas no nome". Ele me adotou. E, ali, eu entendi o que era ter um pai. Ganhei mais que um nome: ganhei pertencimento.

Mesmo criança, eu queria mais da vida. Algo me dizia que o mundo era maior do que aquela rua da Vila Gustavo. Comecei cedo. Aos onze anos, já vendia geladinho na feira de quarta-feira. Era tímido, mas fui. Um isopor, uma plaquinha e coragem. Depois, criei uma lojinha de pipas na garagem da minha avó — dois tijolos e uma tábua improvisavam o balcão. Vendia linha, rabiola, cerol. Eu me encantava com a ideia de transformar algo em valor.

Aos catorze anos, sofri um acidente de moto. Fui parar na UTI do Hospital São Camilo, com traumatismo craniano. Dez dias em coma. Quarenta dias de recuperação. Nenhuma sequela. Só uma certeza: a vida podia escapar num segundo.

Na adolescência, vendi legumes na feira. Acordava às 3h30 da manhã, montava barraca, pesava cenoura, limpava caixa. Duas semanas de trabalho e, no fim, recebi cinco reais e uma caixa de verduras. Chorei de raiva. Ali, entendi que o mundo não era justo, mas que eu podia fazer algo em relação a isso.

Aos quinze anos, fui ao Shopping Center Norte, sem experiência e sem noção, perguntar se alguma loja estava contratando. Consegui um cartão da World Tennis e fui até o centro de São Paulo fazer entrevista. Fiz prova, dinâmica de grupo e acabei contratado como pacoteiro no shopping Iguatemi. Salário: 190 reais. Trabalhei seis meses e pedi uma chance como vendedor. Ganhei. Foi meu primeiro gosto de superação por mérito.

Aos dezessete anos, já sabia que trabalhar não era o suficiente. Precisava de algo maior. Conheci a Melissa em 2000. Trabalhávamos juntos. Ela tinha carro zero; eu, nem dinheiro para o ônibus. Mas ela acreditou em mim quando eu ainda era só um rascunho. Foram sete anos de namoro, hoje quase três décadas de união. Ela não só construiu comigo. Ela foi e é o grande alicerce da minha vida. Sem a Melissa, absolutamente nada disso teria sido possível.

Juntos, abrimos uma loja de roupas em um shopping popular na Vila Mariana, em 2005. Investimento? Três mil reais no cartão dela. Sem gestão, sem controle, sem conhecimento. Só vontade. Faturamos muito — 8 mil reais em um único Dia das Mães — e gastamos mais do que podíamos. Resultado: quebramos. Nome no Serasa, dívidas por todos os lados, autoestima no chão. Na época eu trabalhava na editora Saraiva, mas o sonho do empreendedorismo havia virado um pesadelo.

Em meio ao caos, uma conversa com meu pai virou a chave. Estávamos na cozinha da casa da minha avó. Ele olhou nos meus olhos e disse: "Fábio, acho que você não tem mais futuro. Já era". Aquilo doeu. Mas me acordou. Saí daquela mesa decidido a provar — não para ele, mas para mim — que ainda havia caminho. Fiz vestibular. Voltei para a faculdade de direito. Me formei. Passei na OAB de primeira. Fui demitido da Saraiva e contratado como advogado na editora Globo. O ambiente era frio, mas eu resisti.

Logo depois, decidi empreender novamente. Falei para a Melissa: "Não sei se isso vai dar certo, mas quero montar um escritório de advocacia". E ela, como sempre, me disse: "Vai". Abrimos um pequeno escritório no Cambuci. Atendíamos pessoa física. Era difícil. Muito difícil. Mas eu via algo além.

Em 2014, mudamos o foco: empresas. Em 2016, escolhemos a área tributária. Foi nesse ano, em um voo para Porto Alegre, que ouvi de um grande tributarista: "Você só vai ganhar dinheiro depois de dez anos na advocacia. E só vai ser respeitado quando tiver cabelo branco". Discordei na hora. Aquilo me ofendeu. Mas não pela arrogância dele — pela certeza que ele tinha de uma mentira que muitos juram ser verdade. Eu não ia pagar esse pedágio. Eu ia empreender na advocacia. E empreender forte.

Comecei com o Pablo, então meu estagiário. Ele ligava para empresas. Eu ia para a rua fazer reunião. Um ano sem vender nada. Mas aprendemos. Persistimos. Erramos. E melhoramos. Em 2018, abrimos a nossa segunda empresa: a Tributtax, uma consultoria tributária com foco no setor de alimentos. Um nicho. Um foco. Feiras, eventos, posicionamento estratégico. Deu certo. Em 2020, a pandemia não nos abalou — atendíamos um setor que crescia. Em 2023, meu sócio saiu. Trouxe o Pablo e o Igor — e ao lado deles e do Leonardo, formei o time de sócios que lidera hoje o nosso ecossistema.

Ali nasceu a TT & Co. Hoje, somos um ecossistema tributário: escritório de advocacia, consultoria (Tributtax), contabilidade estratégica (Renttax), braço educacional (TT Academy) e, em breve, tecnologia. Nossa missão é clara: entregar eficiência tributária, formar empreendedores jurídicos e servir o cliente com foco em resultados.

Mas nada disso se compara ao que realmente importa. Minha família. Minha filha, Mariah, de onze anos, é minha parceira. Meu filho, Matteo, de oito, é um pequeno autista não verbal. E é por eles, por toda a minha família, que eu faço tudo isso. Meu grande desejo é que o Matteo tenha autonomia no futuro — mesmo sem garantias. Que a Mariah construa seu próprio legado com as ferramentas que hoje posso oferecer. Que a Melissa, a mulher que apostou em mim, siga colhendo frutos de tudo que semeamos juntos. E que minha mãe, a primeira a me amar de verdade, veja em mim o reflexo de tudo que ela sacrificou.

Hoje, vivo uma vida que nunca imaginei possível. Conforto, estabilidade, autonomia. Mas nada disso me define. O que me define é olhar para trás e saber que eu vim do nada. Que ouvi que não tinha mais futuro. Que ouvi que só teria sucesso com cabelo branco. Que eu quebrei. Que fui rejeitado. Que chorei em um parque esperando um pai que nunca veio. Mas que não deixei nenhuma dessas coisas me parar.

Se você está me lendo agora, talvez você seja o Fábio de 2004. Perdido. Sem saber se há caminho. Há. Sempre há. Você só precisa acreditar. Parar de usar suas dores como muleta. Entender que a oportunidade vem disfarçada de infortúnio, como disse Napoleon Hill. E que, muitas vezes, a resposta está no problema. Apaixone-se pelo problema que você resolve. Sirva. Inspire. Construa.

Hoje eu não sou só advogado. Sou empreendedor. Sou vendedor. Sou estrategista. Sou pai. E sou um homem que acredita que o possível só depende de você.

Porque, no fim das contas, olhando para tudo o que vivi — a ausência, a escassez, a falência, a reconstrução, o amor, a luta, o aprendizado, o crescimento, os filhos, os sócios, o legado —, vejo que nada foi em vão.

NADA MENOS QUE O MUNDO

"Aprendi que, no jogo dos grandes, a coragem vem antes da confiança."

FABIO MUNHOZ é empresário, mentor e fundador da Epic Digital. Lidera um ecossistema de empresas com atuação em oito países, com sedes no Brasil e nos Estados Unidos.

Instagram **@FABIOMUNHOZ**
LinkedIn **LINKEDIN.COM/IN/FABIOMUNHOZ**

Cresci em um terreno que abrigava mais do que paredes. Havia improviso, alguns apertos e uma vida sem luxo, mas também momentos de estabilidade. Entre os seis e os nove anos, minha mãe se esforçou bastante para que eu estudasse em uma escola particular — um sacrifício que, olhando hoje, sei o quanto custava para ela. Nesse período, morávamos no terreno dos meus avós, o que ajudava a economizar no aluguel. Tudo mudou quando eu tinha nove anos e meu pai nos deixou. Foi embora, constituiu outra família e quase não deu mais notícia. A partir dali, as contas ficaram pesadas de verdade e a rotina da casa mudou por completo. Ficou um vazio que não aparecia só nas fotografias, mas nas conversas de domingo, nos silêncios de fim de tarde, no jeito como eu olhava para o portão imaginando que um dia ele voltaria. Não voltou.

Minha mãe não cedeu. Saiu do emprego e virou doméstica para segurar a onda. A dignidade do trabalho mora na palma da mão de quem varre, cozinha, organiza e, ao mesmo tempo, protege um futuro que ainda não ganhou nome. Foi com ela que aprendi que caráter e determinação são riquezas que nem a escassez consegue roubar. Eu via aquilo tudo e ficava quieto. Fui um menino nerd, mais reservado, que preferia o mundo dos video games e das campanhas de RPG a festas ou grandes grupos. Gostava de passar horas explorando universos virtuais, criando histórias e desafios, muito mais do que estar no centro das atenções.

Na escola pública, o ambiente era pouco inspirador e não oferecia grandes estímulos. Era uma escola fraca academicamente e, com o mínimo de esforço, eu conseguia tirar boas notas. Até gostava de estudar, mas sentia que o que aprendia ali estava muito aquém do que eu poderia explorar. A vida, para mim, já chamava mais alto do que as equações do quadro. Eu sabia que meu caminho não cabia inteiro no caderno.

Quando eu tinha quinze anos, minha mãe, com muito esforço, comprou meu primeiro computador. Ela sabia que eu usaria para estudar e aprender algo que pudesse me levar além. Logo depois, tive uma pequena epifania de plástico e papel. Um colega me emprestou, por um fim de semana, apostilas de um curso de informática: CorelDRAW, Photoshop, Dreamweaver, Flash. O dinheiro para pagar aquele curso nós não tínhamos, e o fato de ele ter me emprestado naquele momento foi uma ajuda enorme e muito oportuna. Abri aquelas páginas como quem encontra uma saída secreta. Devorei cada linha. Já devolvi tudo na segunda-feira. E, na mesma manhã, já estava batendo de porta em porta atrás de trabalho. Uma agência de marketing e comunicação me abriu a primeira fresta. Entrei.

O novo mundo me recebeu com prazos apertados e computadores que faziam barulho de turbina. Eu adorava. Era como descobrir um idioma que eu já falava sem saber. A faculdade veio logo depois. Escolhi o Mackenzie, um nome grande demais para o meu bolso. Meu salário era praticamente metade da mensalidade. Para bancar, dois meses de trabalho pagavam um mês de aula. Eu chegava à noite com um lanche embrulhado de casa e, nas quintas, me permitia um luxo de um real: o hambúrguer do McDonald's. Engordei, claro. A pressa não combina com saladas. Mais do que o peso, o que cresceu em mim foi a urgência. Nesse período, tive um amigo — infelizmente perdi o contato — que me ajudou muito, passando alguns freelas de uma agência famosa onde ele trabalhava, a DMZ. Aqueles trabalhos extras aliviaram o peso das contas, mas, infelizmente, não foram o suficiente para equilibrar tudo.

No fim do primeiro ano, duas coisas ficaram claras. Eu devia mais do que poderia pagar e a faculdade, embora importante, não me entregava a velocidade que eu precisava para mudar de vida. Muitas vezes acabava no lugar do professor, explicando computação gráfica para a turma. Eu já trabalhava desde os quinze e queria o mundo para ontem. Larguei. Não foi um gesto de desistência. Foi um pacto com a realidade. Assumi que aprenderia sozinho, do meu jeito, no ritmo que o mercado exigia de mim.

Pouco tempo depois, vivi um momento que poderia ter encerrado minha história ali. Sofri um acidente de moto indo para o trabalho em Alphaville, e, ao cair entre dois caminhões na Marginal Tietê, um favor divino — ou uma sorte imensa — me salvou. Eu e um amigo que estava na garupa saímos ilesos. A história poderia ter terminado naquele instante, e isso me fez enxergar que, por mais que a vida fosse dura, cada dia vivo era uma nova chance de escrever algo maior.

Esse acidente aconteceu a caminho de um emprego que, embora tenha me dado experiência, me marcou negativamente. Era uma empresa de eventos esportivos com um ambiente tóxico: gritos, humilhações e uma cultura que transformava talentos em sombras. Fiquei tempo suficiente para aprender o que eu nunca faria com a minha equipe. Saí endividado e com um gosto amargo de quem trocou saúde por boleto pago. Eu havia compensado a frustração da faculdade com um surto de consumo. Televisão, video game, moto, carro. Desejos represados que viraram parcelas. Endividado, engoli muitos sapos. Quando você tem contas vencendo, diz sim para o que deveria recusar.

Foi nesse cenário que, em um dia mais tranquilo no trabalho, acabei navegando no Orkut. Entre perfis e comunidades, deparei com a foto de uma garota que chamou minha atenção de imediato. Mandei uma mensagem, começamos a conversar e nos apaixonamos rapidamente. No primeiro dia em que nos vimos, eu já a tinha pedido em namoro e, exatamente treze meses depois, estávamos casados.

Logo após o casamento, decidi empreender pela primeira vez. Eu me juntei a um amigo de infância — eu designer, ele programador. Competências complementares, sonhos diferentes, timing errado. A sociedade durou menos de oito meses e abalou a amizade. Essa foi a primeira queda formal do meu CNPJ. Eu ainda não tinha maturidade para liderar um negócio. Os erros me ensinaram a checar o relógio interno das pessoas, a entender que nem sempre entusiasmo rima com direção.

O corpo cobrou a fatura cedo. Aos 25, um burnout. Minha mente parecia uma rua congestionada. Prometi a mim mesmo que nunca mais trabalharia em agência daquele jeito. Mudei de segmento, mantendo a mesma essência de criação e estratégia. Foi nesse intervalo que a vida me deu um golpe e um chamado. Minha avó, analfabeta e pura, aquela que segurou minha infância no colo enquanto minha mãe trabalhava, adoeceu. Sem plano de saúde, com nove filhos e pouco apoio, ela partiu sem o cuidado que merecia. Doeu como um corte que não cicatriza. Naquele dia, fiz uma promessa silenciosa: minha mãe não passaria por isso.

Comecei a me preparar para ir além das fronteiras que tinham me inventado. Sempre fui autodidata. Aprendi inglês sozinho, lendo, jogando video game, ouvindo música. Em português, já tinha dificuldade para falar em público; em inglês, travava ainda mais. Participei de uma entrevista numa consultoria suíça. Eu entendia tudo, mas não conseguia dizer o que pensava. Falhei. Por sorte — e talvez por enxergar mais em mim do que eu mesmo via naquela época —, o gestor brasileiro que me entrevistou me deu uma oportunidade que mudou o rumo da minha carreira. Anos depois, foi ele quem me chamou de volta para aquela mesma empresa, já como meu primeiro cliente na nova fase como empreendedor.

Trabalhar com aquela equipe me abriu um horizonte. Eu já não era apenas o designer que codificava. Eu era o cara que desenhava a solução, gerenciava o projeto, conversava com o cliente e conduzia o time. Comecei a sentir que podia jogar um jogo maior. Eu chamava aquilo de Champions League dos negócios. O Brasil, com toda a sua riqueza de talento, ainda me parecia uma Série B no quesito maturidade e escala. Eu queria provar para mim mesmo que conseguia competir em outro campeonato.

Saí da consultoria e fui para um banco grande em São Paulo. Salário excelente, estrutura, o porto seguro que seduz. Um ano depois, aquela mesma pessoa que acreditou em mim na primeira oportunidade me ligou. Disse que sentiam falta do meu trabalho, que quem me substituiu não deu conta, que havia mais demanda. Eu estava pronto para abrir minha empresa. Propus um acordo: eu voltaria, mas como fornecedor. Eles toparam. Nascia ali minha agência, com um cliente recorrente, previsibilidade mínima e muito trabalho para entregar. Para construir portfólio, fiz muito projeto de graça. Eu não tinha vergonha disso. Era investimento.

Em paralelo, comecei a mirar o mercado internacional. Um cliente brasileiro fez um spin-off nos Estados Unidos e me convidou para apoiar a operação. Eu já não me contentava com o lugar de coadjuvante. Queria pensar go-to-market, estratégia, produto. Erramos juntos, acertamos juntos, crescemos juntos. Trabalhar em dólar com custo em real gerou fôlego. Quando o câmbio começou a subir, minha margem melhorou. Em 2018, o dólar pulava de três para quatro, depois para cinco. Veio a pandemia e o digital explodiu. Eu estava no lugar certo, preparado e com apetite. O mercado virou, e eu virei junto.

Essa virada mexeu na minha mesa de jantar. Trouxe estabilidade para a minha família. Deu tranquilidade para minha esposa, suporte para minha mãe, presença para meu sogro João e minha cunhada. Minha relação com o João começou difícil, marcada por certa distância e diferenças naturais. Mas, com o tempo, essa barreira virou ponte. Ele se tornou um grande amigo, um conselheiro leal e, na ausência do meu pai, ocupou um lugar no meu coração como figura paterna, além de ter sido um apoio enorme e constante na minha jornada de crescimento.

Em 2020, no meio das incertezas da pandemia, olhei para o que estávamos construindo e percebi que havia uma oportunidade perfeita para unir forças. Convidei minha esposa para entrar de vez no negócio — ela que, desde o primeiro dia, acreditou no meu potencial, esteve nos bastidores de cada conquista e ajudou a construir a base sobre a qual crescemos —, não por falta de caminhos para ela, mas porque sabia que suas habilidades de comunicação e organização, aliadas aos valores que compartilhamos, seriam fundamentais para o próximo salto da empresa. Construímos, então, uma empresa familiar, feita de confiança, respeito e propósito — sem grito, sem humilhação, com a cultura que eu havia prometido para mim mesmo naquele emprego em Alphaville. Não repetiria o erro dos outros.

Vieram as credenciais que o mercado reconhece. Fomos reconhecidos entre os três por cento do topo das melhores empresas de mídia paga do programa do Google. Passei a contribuir no conselho da América Latina do HubSpot, uma plataforma que admiro pela cultura e pelo impacto no ecossistema de negócios. Amadureci parcerias nos Estados Unidos e depois expandi para outros territórios na Europa, América Latina e Austrália. Conquistamos certificações e selos de excelência, graças ao time fantástico que construímos. Aprendi a calibrar entrega com margem, ambição com ritmo, expansão com método. A Epic Digital, meu ponto de partida e meu navio de longo curso, virou um ecossistema com atuação em oito países. A fronteira, que um dia foi o muro do terreno dos meus avós, já não me cercava.

Um dia, percebi que havia vencido no placar, mas estava perdendo de mim mesmo. Entrar em ambientes de alta performance me mostrou lacunas que eu fingia não ver. No ClaxClub, entendi que o verdadeiro sucesso não cabia só no extrato bancário. A mente pedia silêncio, o corpo pedia respeito, o espírito pedia espaço. Olhei ao redor e vi gente grande que não abria mão de saúde, disciplina e serenidade. Saí da lógica do herói exausto e entrei na rotina do atleta que joga a temporada inteira. Aprendi com amigos que o ambiente muda tudo. Você não cresce sozinho. Você cresce onde é desafiado a ser melhor.

Hoje eu coleciono liberdade geográfica e um senso de responsabilidade que viaja comigo. Posso trabalhar de onde eu quiser. Posso ser nômade quando convém e estar perto de quem amo quando preciso. Mais do que liberdade, ganhei critério. Escolho os projetos em que minha presença acelera resultados. Prefiro construir parcerias que honrem a palavra empenhada, que respeitem gente, que tratem talento como ativo e não como combustível descartável. Se prometo, cumpro. Se erro, corrijo. Se não sei, aprendo.

A minha filosofia é simples e nasceu do chão da sala da minha avó. Primeiro, tenha resiliência para suportar o processo. Você vai trabalhar mais do que muita gente e abrir mão de prazeres que gritam no curto prazo. Não confunda sacrifício com sofrimento sem sentido. Sacrifício é semente. Segundo, não subestime o poder do "não quero". Foi essa frase que me salvou de repetições cruéis. Não quero humilhação no trabalho. Não quero uma família vivendo à beira do colapso financeiro. Não quero ver minha mãe desassistida no hospital. Esse não pavimentou meus sins. Terceiro, não se limite pelo CEP. Internacionalizar me tirou do escuro. Aprender idiomas reprogramou minha cabeça. O inglês que não veio na infância veio no esforço adulto. Se você não teve a chance antes, terá agora, se decidir pagar o preço. Quarto, proteja seus ambientes. Entre onde há valores e exemplos que você respeita. Você vira a média das pessoas com quem convive. Escolha com zelo.

Parece um roteiro de empreendedorismo. Não é. É a biografia do menino tímido que aprendeu a falar. É a trilha do autodidata que se descobriu líder. É a jornada de quem saiu da dívida para a relevância sem esquecer de onde veio. Cada cliente novo, cada equipe que cresce, cada reconhecimento que chega carregam o peso e a leveza dos meus começos. Eu nunca mais vou afastar a criança que um dia esperou o pai no portão. Eu a levo comigo. Ela me lembra que pertencemos ao que construímos com as próprias mãos.

Quando olho para trás, vejo as noites viradas, o lanche barato de quinta-feira, a pilha de parcelas feitas na pressa. Vejo o primeiro sim que recebi sem merecer, a entrevista em inglês em que eu mal falei, a humildade daquele gestor brasileiro que me deu uma chance. Lembro-me da minha esposa — minha grande parceira de vida há quase duas décadas — me trazendo de volta ao essencial quando eu quase escolhi viver só para trabalhar. É com ela que compartilho cada conquista, cada desafio e cada sonho, porque nada disso faria sentido sem ela ao meu lado. Vejo minha mãe com as mãos cansadas e os olhos firmes. Escuto a voz da minha avó no quintal. Eu gostaria que ela tivesse visto aonde chegamos. Talvez tenha visto. Penso também no João, meu sogro, cuja relação começou difícil e virou amizade verdadeira; na ausência do meu pai, ele ocupou um lugar no meu coração e foi apoio constante na minha jornada.

Se alguém me pergunta qual é o segredo, eu respondo sem suspense. Coragem antes da confiança. Ação antes da perfeição. Preparação contínua. Palavra que não faz curva. Na maioria dos dias, isso é tudo. O resto é constância. É você assumir que não vai ser fácil e, ainda assim, vai ser possível. É entender que resultados grandes chegam quando se pensa grande e se age maior. É decidir que não existe plano B disfarçado de desculpa. Se for para jogar, jogue a Champions League. Se for para liderar, seja exemplo. Se for para escalar, cuide do time. Se for para vencer, vença consigo, não contra o mundo.

Mergulhei cedo no trabalho porque o mundo me pediu pressa. Transformei pressa em propósito porque a urgência sem sentido só gasta a gente. Perdi e ganhei amigos no caminho. Aprendi a respirar no meio da tormenta. Larguei o rótulo de vira-lata e decidi que o meu lugar não seria definido por fronteiras. Hoje eu acordo sabendo que aquilo que faço ressoa em oito países e em muitas casas. Sigo em expansão, mas agora com outro compasso. Já não quero provar nada para ninguém. Quero servir, construir, multiplicar.

Eu conheço o gosto do pouco e o peso do muito. Já estive no fim da fila e já me sentei à mesa principal. Nenhum dos dois me define. O que me define é o fio que teci entre um ponto e outro. O caminho que começou no terreno da minha avó, passou por um laboratório improvisado de softwares e desembocou em salas de reunião nos Estados Unidos. Quando me perguntam qual foi o maior acerto, digo que foi não aceitar como destino aquilo que era apenas circunstância. Eu não podia mudar o que aconteceu comigo aos nove anos. Eu podia decidir o que faria aos 25.

Se eu pudesse falar com o garoto que eu fui, diria para ele confiar no processo e se preparar enquanto ninguém está vendo. Diria para abraçar as oportunidades que parecem pequenas, porque nelas moram as musculaturas que a vida grande exige. Diria para ouvir os bons e não competir com os seus. Diria para não se envergonhar de aprender com quem sabe mais. Diria para comer menos hambúrguer e dormir mais horas, mas reconheço que alguns atalhos só aparecem com a fome.

Hoje, quando fecho os olhos, não vejo números. Vejo rostos. Vejo minha equipe crescendo, famílias mais seguras, clientes que atravessam fases difíceis e chegam ao outro lado com mais clareza. Vejo a minha mãe com um sorriso que diz que ficamos bem. Vejo a mulher que caminha comigo no mesmo projeto, parceira antes de qualquer CNPJ. Vejo a cadeira vazia da minha avó transformada em propósito. Nada nisso foi linear. Eu tropecei, errei, recuei. Mas sempre voltei para a rota.

Cresci no estreito e escolhi o amplo. Aprendi no improviso e construí método. Fui da pressa ao propósito, da dívida à liberdade, do silêncio tímido à voz que lidera. Quando olho o que me trouxe até aqui, eu entendo que cada pedaço do caminho era necessário para me tornar quem sou. Eu não desperdiço cicatriz. Não desprezo começo. Não romantizo sofrimento, mas honro a força que ele me deu. Chegar até aqui me fez entender, com a serenidade de quem já correu demais, que nada, absolutamente nada, foi em vão.

DA ORIGEM AO LEGADO

"A sua mentalidade é o seu maior valor."

FERNANDA TOCHETTO é mãe, empresária, psicóloga, mentora, escritora best-seller e podcaster. Fundadora do Grupo Tochetto e do Tittanium Club — ecossistema de educação empresarial para empresários, médicos, profissionais da saúde e mentores que desejam fortalecer a mentalidade e a autoridade ao aumentar faturamento, realizar vendas de alto valor e construir um ecossistema de negócios. Cofundadora da Mentoring League Society (MLS), a maior liga de mentores do Brasil, ao lado de grandes nomes, como Flávio Augusto, Joel Jota e Caio Carneiro.

Instagram **@FERNANDA.TOCHETTO**

Nasci em uma cidade pequena, daquelas em que todo mundo se conhece pelo nome e onde a infância ainda acontece na rua, correndo entre o parquinho e o mercado da esquina. Nova Roma do Sul, no interior do Rio Grande do Sul, é uma cidade italiana com pouco mais de 3 mil habitantes — e foi lá que tudo começou. Lá estavam o mercado do meu pai, o frigorífico do meu tio, as lojas das minhas tias. Era um microcosmo de negócios familiares, mas também de histórias marcadas por simplicidade, trabalho e valores.

Minha infância foi marcada por liberdade e responsabilidade precoce. Eu era a criança que brincava na rua, mas também a que ouvia que o pai tinha falido três vezes. Era a menina que cresceu ouvindo a mãe dizer que precisávamos buscar comida na casa da avó. Meu lar era cheio de amor, mas também de silêncios e tensões. Lembro-me do meu pai estudando comigo, da minha mãe presente, cuidadosa, e de uma ambiência emocional por vezes turbulenta. Vi cenas que talvez não fossem reais, mas que me marcaram: conflitos, discussões, bebida alcoólica, agressividade. Até hoje não sei o quanto era fantasia infantil e o quanto era verdade. Mas aquilo tudo me moldou.

Fui a criança que adoecia para chamar atenção. Que não gostava da sexta-feira por medo do fim de semana. Que cresceu ouvindo que precisava agradar a todos — porque tínhamos um negócio, porque tínhamos clientes, porque a imagem era importante. Comecei a trabalhar cedo. Com onze anos já estava ajudando no mercado da família. Com catorze, carteira assinada. Estudava pela manhã, trabalhava à tarde, revisava os estudos à noite. Acordava às 5 horas, me deslocava para a cidade vizinha, voltava para o supermercado, depois para a escola, dormia às 23 horas e começava tudo de novo no dia seguinte.

Aquela menina aprendeu cedo o que era compromisso. Cresceu com valores como ética, esforço, disciplina, família. Mas também aprendeu que existiam crenças que limitavam: o medo da escassez, a preocupação com a opinião dos outros, a sensação de que sonhar alto demais era arrogância. Ainda assim, eu sonhava. Sempre sonhei. Visualizava minha casa dos sonhos, meu carro dos sonhos, minha vida realizada. Talvez por isso, desde cedo, tenha desenvolvido uma ambição silenciosa, uma fome de realização que o tempo não conseguiu apagar.

Um dos primeiros grandes desafios que enfrentei foi a escolha da minha profissão. Quando decidi cursar psicologia, enfrentei toda a minha família. Eles não viam futuro, muito menos retorno financeiro, nessa escolha. Mas eu via. Eu sentia. E fui. Peitei todo mundo. Saí de casa. Fui morar na cidade grande. E fui atrás da minha formação, da minha independência, da minha verdade.

Depois veio o segundo grande ponto de inflexão: a escolha do meu parceiro. Conhecer o Isaac, meu esposo, foi um dos momentos mais importantes da minha vida. Ele tinha valores alinhados aos meus. Tinha ambição, visão, disciplina. Queria crescer, estudar, realizar. Nós nos formamos — eu psicóloga, ele médico — e sonhamos juntos. Mas quando chegou a hora de estabelecer nossa vida profissional, todas as portas da cidade que amávamos, Caxias do Sul, se fecharam para ele. Rodamos o país. Criciúma, Lajeado, Fortaleza. Nada se firmava.

Foi em Lajeado, em 2011, que decidimos construir nossa base. No início, houve rejeição, fragilidade, frustração. Mas depois, percebemos: foi a melhor escolha que poderíamos ter feito. Foram os primeiros passos da vida adulta, do casamento, do verdadeiro crescimento profissional.

E então chegou o desejo de formar uma família. Em meio a uma vida cheia de planos e ritmo intenso, engravidei — e perdi. Aquilo me paralisou. Pela primeira vez, perdi o controle. Chorei por um ano inteiro. Quando a Antônia nasceu, tudo mudou. Ser mãe foi o milagre mais lindo da minha vida. Mas não parou ali. Sofri outras duas perdas gestacionais. Em paralelo, perdemos minha cunhada para um tumor cerebral — ela tinha a mesma idade que eu e um filho da idade da Antônia. Era como viver a dor em espelho. Tudo isso entre 2014 e 2021.

E como se não bastasse, no dia em que eu entregava meu primeiro livro, *Destrave a sua vida e saia do rascunho*, meu esposo teve um AVC. Um domingo de manhã. Ele, neurocirurgião, entre a vida e a morte. Foram dez dias de hospital. Eu achei que voltaria para casa sozinha. Achei que tudo que tínhamos construído tinha perdido o sentido. Foi um dos momentos mais sombrios da minha vida. Mas também foi o momento em que eu ressignifiquei tudo. Me comprometi ainda mais com o meu propósito. Me comprometi com aquilo que eu queria — e, talvez mais importante, com aquilo que eu não queria.

Na mesma época, algo começou a pulsar dentro de mim: a estagnação. Em 2017, percebi que precisava crescer, avançar, transformar. Foi aí que comecei meu movimento de posicionamento, de autoridade, de expansão. Me conectei com a editora Gente, desenhei minha metodologia, escrevi meu best-seller, conheci o ecossistema do Joel Jota. Ali começou a grande virada.

Cada avanço foi feito com resiliência. Cada passo, com intenção. Construí minha presença digital, lapidei minha voz, desenhei meu negócio de educação. Em uma cidade do interior, tornei-me cofundadora da Mentoring League Society, ao lado de nomes como Flávio Augusto, Joel Jota e Caio Carneiro.

Mas nada disso teria sido possível sem os pilares que sustentam minha jornada.

A verdade sempre esteve na mesa. A transparência, a coragem de expor o que penso, de dizer sim ou não com firmeza. Nunca negociei os meus valores. Família, segurança, aprendizado, honestidade, resultado. São eles que me guiam. Também aprendi que minha saúde física, emocional e espiritual é a base da minha mentalidade — e que a minha mentalidade é o meu maior ativo.

Passei a cuidar do meu corpo com disciplina inabalável. Sono, alimentação, exercício. Desenvolvi a técnica 4D de reprogramação mental, porque acredito que os resultados começam antes — na mente. Me conectei com a espiritualidade. Com Deus. Fiz jejum espiritual. E, desde então, tenho recebido clareza, direção e força.

Hoje, quando olho para trás, vejo o quanto fui além. Transformei a minha dor em matéria-prima para evolução. Fiz dela a minha aliada. Sinto que estou construindo um movimento maior do que eu. Um movimento que me leva para mais liberdade de escolha, para mais realização, para mais propósito.

Realizei sonhos. A casa, o carro, as viagens pelo mundo. Mas o mais bonito não está nas conquistas materiais. Está na sensação de que tudo o que construí tem propósito. Está no impacto que gero. Na transformação que entrego. Em saber que minha missão é desenvolver mentalidade de valor, é impulsionar empresários, é salvar a visão de quem se perdeu.

É por isso que eu sirvo. Porque o mundo não precisa de mais conteúdo. O mundo precisa de pessoas com consciência, clareza e coragem. E se eu puder ser essa influência — se eu puder ser voz, farol e guia —, já valeu.

Se você estiver lendo isso em meio à sua dor, saiba: valorize as suas origens. Valorize a sua essência. Não se perca no caminho. Responda três perguntas: *Do que você não quer se arrepender? Aonde quer chegar? O que precisa aprender para chegar lá?* Crie o seu plano. Só um. E siga. Cerque-se dos melhores. Modele. Estude. Sirva. Não esconda quem você é. Deixe o mundo te conhecer. Acredite. Mude a sua mentalidade. E o seu jogo vai mudar. Porque no fim, o que define tudo é a forma como você pensa. *E foi exatamente isso que me trouxe até aqui.* Nada, absolutamente nada, foi em vão.

CRESCIMENTO ATÔMICO

"Tudo o que você viveu até aqui
pode ser combustível ou desculpa.
Você escolhe."

FILIPE BENTO é empresário, escritor e mentor. Fundador do Atomic Group, criador do método Crescimento Atômico e líder do AGC — Atomic Growth Circle. Acredita no poder da energia, da fé e da estratégia para transformar vidas e negócios.

Instagram **@FILIPEMICROECOSSISTEMAS**
LinkedIn **LINKEDIN.COM/IN/FILIPEGBENTO**

Nasci em um lar simples, filho de missionários cristãos. O tipo de origem que já carrega em si a semente de um propósito, mas também de muitos desafios. Fui criado com fé, valores sólidos e o senso de que a vida não era conforto, era missão. Desde cedo, aprendi o que era escassez. Não só a financeira, mas a emocional — fruto de uma vida de constantes mudanças e renúncias e da ausência de estabilidade.

Fomos nômades por vocação. Mudávamos de casa, cidade e até estado conforme os chamados missionários chegavam. E com cada mudança, eu precisava reaprender tudo: escola nova, amigos novos, cultura nova. Isso me fez desenvolver uma adaptabilidade precoce, mas também uma sensação constante de que eu nunca pertencia de fato a lugar nenhum. Era o filho mais velho, o que naturalmente carrega a responsabilidade de ser exemplo. E em muitos momentos, precisei ser forte pelos meus pais e pelos meus irmãos — mesmo quando a única coisa que eu queria era colo.

A minha adolescência foi marcada por um turbilhão de emoções. Um dos meus irmãos enfrentava problemas sérios com vícios, o que gerou dinâmicas familiares extremamente pesadas. Eu vi minha mãe adoecer emocionalmente, tentando manter todos de pé. Vi meu pai, o pilar da casa, sofrer três AVCs, consumido pela sobrecarga emocional e física. E tudo isso enquanto eu tentava ser um adolescente "normal", estudar, sonhar com um futuro diferente e entender meu lugar no mundo.

Foi nesse contexto que ganhei um presente aparentemente simples: um livro de HTML. Meu pai me deu esse livro sem saber que ali estava o gatilho de uma revolução. A tecnologia, até então distante da nossa realidade, se tornou minha válvula de escape. Comecei a estudar sozinho, montar sites, entender lógica. Era como aprender uma nova língua — só que essa me daria liberdade.

Com dezesseis anos, já estava trabalhando. E, aos poucos, fui abrindo espaço no mercado. Passei por empresas importantes e, depois de muito esforço, cheguei a uma grande emissora de TV no Rio de Janeiro. Lá, fui crescendo, ganhando responsabilidades, liderando equipes. Mas, mesmo no "sucesso", algo me incomodava. Eu sabia que estava trocando tempo de vida por salário. E mais do que isso, sentia que tinha algo maior a construir. Algo que fosse meu. Algo que carregasse a minha identidade.

Foi então que decidi empreender.

Mas empreender não foi o "sair voando" que muitos romantizam. Eu saí do cargo estável, da carteira assinada, do status... para cair direto no campo de batalha. Comecei vendendo marketing digital, mesmo sem ter histórico nessa área. Foram meses sem conseguir fechar contratos. Vi minha conta bancária secar. Vi meu orgulho ser esmagado. Lutei contra o medo do fracasso, da humilhação e do arrependimento. Mas algo dentro de mim dizia que eu precisava continuar. E continuei.

A primeira grande virada veio quando percebi que precisava mudar minha mentalidade. Eu ainda era um técnico tentando ser empresário. Queria controle, perfeição, lógica. Mas o jogo era outro. Tinha a ver com gente, risco, narrativa, energia. Comecei a estudar negócios, comportamento humano, vendas, persuasão. E, principalmente, comecei a me cercar de pessoas que estavam jogando em um nível mais alto do que o meu.

Foi quando entrei no mundo dos softwares de produtividade e encontrei no Bitrix24 uma oportunidade. Vi ali um oceano azul. Algo que poderia escalar. Mas não bastava ter o produto. Eu precisava construir um ecossistema. Criei uma empresa de tecnologia, a Br24, com meu sócio russo. E com ela, uma nova história começou a ser escrita.

A jornada da Br24 foi intensa. Bootstrapping total. Sem investidor, sem rede de proteção. Só coragem, propósito e trabalho duro. Crescemos, erramos, aprendemos. Passamos por crises, incluindo a guerra da Ucrânia — que afetou diretamente nosso parceiro russo e exigiu decisões rápidas e corajosas. A cada nova fase, eu entendia que o que tinha me levado até ali não era suficiente para me levar adiante. Era preciso evoluir.

Foi nesse processo que nasceu o conceito do Crescimento Atômico. Um modelo baseado em seis forças poderosas que se tornaram meu guia para escalar não só negócios, mas também a vida:

1. Alianças estratégicas — com Deus, com minha esposa, com sócios, com parceiros, com líderes, com clientes e com mentores.
2. Tempo certo e velocidade — agir com urgência, mas sem ansiedade.
3. Operações sistematizadas — construir máquinas que funcionam sem mim.

4. Mentalidade de crescimento — quebrar crenças limitantes e assumir uma postura de aprendiz eterno.
5. Impacto recorrente — criar produtos e experiências que geram valor contínuo.
6. Construção escalável — modelos de negócio que crescem sem aumentar a dor.

Essas forças viraram não só meu modelo, mas também minha missão. Ensinar isso para outros empresários, formar uma nova geração de empreendedores que vivem com propósito, liberdade e legado. Criei um mastermind chamado AGC. Escrevi um livro. Lançamos startups, produtos, plataformas. Mas, mais do que isso, impactamos pessoas. Milhares delas.

Hoje, olho para trás e vejo o quanto cresci. Mas não só financeiramente. Cresci como homem, como marido, como pai. Cresci espiritualmente. Aprendi que sucesso sem integridade é ruína. Que dinheiro sem propósito é vazio. E que a verdadeira grandeza está em servir.

Se eu pudesse deixar uma mensagem para quem está enfrentando seus próprios abismos agora, seria esta: a dor que você sente hoje pode ser a semente do seu maior impacto amanhã. Mas só se você decidir não a desperdiçar. Não terceirize a culpa. Não alimente o vitimismo. Assuma sua história com coragem. Transforme seus fracassos em combustível. Sua origem não determina seu destino — suas decisões, sim.

A minha vida poderia ter sido marcada apenas pela sobrevivência. Mas eu escolhi transformá-la em um movimento. Escolhi ser ponte, não muro. Escolhi não apenas vencer — mas levar outros comigo.

Porque, no fim, tudo aquilo que parecia aleatório, injusto ou dolorido... foi justamente o que me lapidou para o que eu precisava ser. Nada foi em vão.

IMPROVÁVEL

“Nunca desistir sempre foi a nossa maior força.”

FILIPE FLORINDO é pai, empresário e apaixonado por vendas e liderança. Proprietário da StockPrint e cofundador do FFClub, sua trajetória é marcada por superação e pelo poder das conexões certas para transformar vidas.

Instagram **@FILIPEAFLORINDO**

Nasci em Santo Amaro, Zona Sul de São Paulo. Filho da Vera Cristina, filho de mãe solteira. Minha história começa aí, no silêncio de quem já nasce sabendo que vai precisar ser mais forte. Em 1984, saímos da capital e fomos para Ribeirão Preto, interior de São Paulo. Ali, entre vielas e ruas de terra, cresci em uma comunidade simples. A infância era difícil, mas profundamente feliz. Não tinha celular, não tinha luxo, mas tinha bola, risada, e o mais importante: tinha minha avó.

Ela, com mãos de guerreira e coração de artista, fazia mágica com o que havia na despensa. Eu me lembro do pastel de queijo ralado, dos bombons transformados em sobremesas elaboradas, dos almoços de domingo que pareciam banquetes mesmo com pouco. A escassez era real, mas a mesa sempre tinha amor — e criatividade. Aquela cozinha foi meu primeiro MBA em abundância com pouco. Foi onde aprendi que o que importa é o que se faz com o que se tem.

Cresci sabendo que era o único homem da casa. E isso me despertou cedo. Antes mesmo de virar jovem, eu já entendia que teria que me responsabilizar, trabalhar, cuidar. Meu trabalho começou sem carteira assinada, sem salário e sem férias. Era voluntário, emocional e inevitável. O desafio real? Saber que ninguém ia me ensinar o caminho. Sem pai, sem mentor, sem rota. Eu era um garoto numa estrada deserta, tentando adivinhar o norte.

E quando você está sozinho, o atalho é tentador. Mas escolhi não negociar princípios comigo mesmo. Não escolhi o fácil. Escolhi a permanência. Escolhi acreditar que, mesmo sem saber como, eu ia chegar. Qualquer elogio no meio do caminho era um troféu. Cada pequeno avanço era um milagre. A verdade é que a confiança era o que me mantinha de pé. Mesmo com medo. Mesmo sem mapa.

A virada da minha vida não veio com dinheiro, veio com amor. Conheci minha namorada em 2004, na escola. Francine. E percebi, ainda jovem, que junto a gente iria mais longe. Dividimos tudo: sonho, dor, escassez, fé e propósito. Nos casamos em 2006. Em 2007, nasceu nosso primeiro filho, o Vitor. Ainda morávamos na Cohab, sem estrutura, mas com uma promessa firme entre nós: vai dar certo. Sempre nos puxamos para cima. Sempre empreendemos — vendíamos de tudo, comprando em São Paulo e revendendo em Ribeirão. Sempre com dignidade. Sempre com fé.

Mas o momento-chave veio em 2011. Cansado, sem esperança, parei num posto. E vi um empresário chegando numa moto Kawasaki Versys. Criei coragem, perguntei o que ele fazia. Ele se assustou com a abordagem. E eu, no impulso da fome de aprender, ofereci um refrigerante para ouvir sua história. Ali eu entendi: antes de ser servido, eu precisava servir. E comecei a frequentar o ambiente que ele frequentava. Virei amigo. Estudei sobre os assuntos de que ele falava. Comprei revistas, livros, mergulhei no universo dele.

Ganhei uma oportunidade. Ele me chamou para trabalhar. Mas me colocou na cozinha da empresa.

Outros poderiam ver isso como humilhação. Eu vi como porta. O importante não era onde ele tinha me colocado, era o fato de ter me colocado para dentro. A partir dali eu e Francine desenhamos um plano: ela no planejamento, eu na execução. E funcionou.

Em 2017, virei sócio da empresa. Em 2018, compramos a parte daquele empresário e fui convidado para viajar aos Estados Unidos para me especializar em uma nova tecnologia. Um improvável se tornando referência. Tornei-me distribuidor da maior fabricante de identificação digital do mundo. Cresci.

Apanhei. Fui chamado de puxa-saco, de maluco. Fui julgado, subestimado. Mas continuei. E até hoje continuo me colocando em ambientes maiores do que eu. Porque sei que é ali que cresço.

A superação veio do que nunca esteve à venda: meus valores. Nunca negociei princípios. Nem comigo mesmo. Nunca fui só eu — sempre fomos nós. Eu e minha família. Minha casa é firme porque foi construída sobre fé e lealdade. Deus é o centro. A gente vive uma frase até hoje: "Nunca desistir sempre foi a nossa maior força". Essa frase não é slogan. É base. É raiz.

Elogio na minha casa é importante. Mas não é âncora. A gente se elogia hoje, mas já está se tornando melhor para amanhã. A evolução é o combinado. Esse valor nos tornou fortes, resilientes, imparáveis. Hoje, eu me vejo como um homem de Deus. Bem casado. Pai presente. Empresário de visão. Vivo o que muitos chamam de sonho, mas é apenas o reflexo da semente que foi plantada com suor, lágrimas e propósito.

Sou um cara vitorioso. Tornei-me a estrutura familiar que eu nunca tive. Construí, com a Francine, um ecossistema de empresas. A mais especial delas? A Home Health, nossa empresa de home care. A menina dos nossos olhos. Ela representa nossa essência: cuidar de pessoas. Fomos premiados na Europa. Reconhecidos pelo mundo. Mas o que mais importa é que somos fiéis àquilo em que acreditamos. E tudo o que tocamos carrega a nossa marca — e a nossa fé.

E se tem algo que eu diria a quem está começando do zero, é: leia. Estude. Busque conhecimento. Busque referência. Bata na porta de quem te inspira. Sirva. Diga que não tem nada, mas que quer aprender. Frequente lugares melhores. Mude de ambiente. Cuide do seu espírito. Fale com Deus. Ande com pessoas maiores. Seja honesto. Não se distraia. A intimidade com Deus vai te mostrar o caminho mais curto. E o mais verdadeiro.

Hoje, olho para trás e vejo um menino improvável. Mas olho ao redor e vejo o resultado: minha esposa, minha família, meu time, minha missão. O improvável venceu. E a verdade é uma só: nada foi em vão.

ENQUANTO EU ORGANIZAVA O CAOS, DESCOBRI A MINHA FORÇA

"Empreender nunca foi só fazer crescer uma empresa. Foi crescer como mulher, esposa, mãe e filha de Deus."

GÉSSICA ROVAI é empresária, mentora, especialista em gestão empresarial e palestrante. Cofundadora da Cell Project, empresa destaque entre as que mais crescem no Brasil. Atua há mais de uma década à frente da gestão estratégica, financeira e de pessoas. É apaixonada por desenvolvimento humano, estruturação de negócios e crescimento com propósito. Também é mãe, esposa e filha de Deus — e acredita que o verdadeiro sucesso é construído de dentro para fora.

Instagram **@GESSICAROVAI**
LinkedIn **LINKEDIN.COM/IN/GÉSSICA-ROVAI-76437841/**

Tudo começou num colégio técnico, o Cotil. Eu era uma menina tímida, introspectiva, que carregava um mundo interno barulhento, mas raramente o colocava para fora. Foi lá, entre aulas práticas, simulações de negócios e projetos de gestão, que algo novo começou a nascer em mim: a faísca do empreendedorismo que, até então, eu nem sabia que carregava. Pela primeira vez, tive contato com o que viria a ser a minha vocação: empreender com propósito e estrutura.

Criamos uma empresa fictícia para uma feira. Fizemos jingle, soltamos no sinal da escola, vendemos barrinhas no intervalo para levantar caixa. Não era um negócio real, mas o brilho nos olhos era. Ali eu entendi que não bastava sonhar. Era preciso planejar, executar e ajustar com método.

Mesmo nos meus primeiros empregos, antes de empreender, essa inquietação me acompanhava. Eu estava sempre observando além da minha função. Queria entender o todo. Não me conformava em apenas cumprir tarefas. Já era visível em mim essa vontade de construir algo maior, de fazer parte da engrenagem completa.

Foi então que, depois de meu marido encerrar uma sociedade, ele me convidou para trabalhar com ele em seu pequeno negócio. Ele já tinha uma empresa, mas era tudo muito informal. Eu entrei como funcionária registrada. Nada romântico. Nada de "dona do negócio". Apenas alguém disposto a ajudar. Mas o que encontrei ali foi um campo de caos fértil. Nenhuma estrutura. Nenhum controle. Nenhum método. Mas muito potencial.

Enquanto ele era da operação e do comercial, eu mergulhei nos bastidores. E ali, no silêncio do que ninguém via, comecei a organizar tudo. Regime tributário, fluxo de caixa, contas a pagar e a receber, contratação, compras, processos. Fiz de tudo — e fiz bem-feito. Eu não tinha o "título" de empresária. Mas já era, de fato, quem sustentava as bases.

Crescer por crescer é vaidade. Crescer com estrutura é legado. E esse era o legado que eu começava a construir, sem nem perceber.

Foi nesse ambiente ainda frágil que enfrentamos um dos momentos mais difíceis da nossa história. A planilha não mentia: faltariam 67 mil reais para honrar os compromissos do mês. Não havia crédito. Não havia mais como renegociar. Eu tinha pouco mais de vinte anos, um senso de responsabilidade gigantesco e uma única pergunta na cabeça: como eu vou segurar essa empresa?

Chorei. Questionei minha competência. Me senti fraca. Mas ali, no fundo do poço emocional, uma voz interna me dizia: "Confie. Você está sendo moldada".

No dia seguinte, um cliente ligou. Havia liberado, por engano, o pagamento antecipado de uma atividade. Mas confiava em nós, então permitiu que emitíssemos a nota. O valor? Exatamente 67 mil reais.

Naquele instante, eu entendi que fé e gestão caminham juntas. Sempre caminharam. E que o meu papel era fazer o meu melhor com excelência, enquanto Deus cuidava dos detalhes que eu não podia controlar.

Não existe crescimento verdadeiro sem cura interior. Foi nesse momento que comecei a entender que, se eu quisesse sustentar um negócio grande, eu precisaria me tornar uma mulher grande.

Esse foi o início de uma jornada de autoconhecimento. Comecei a buscar terapias, leituras, espiritualidade. Nunca tive medo de me encarar. Queria entender meus gatilhos, meus limites, minha história. Queria curar em mim o que pudesse atrapalhar minha missão. Porque quem se conhece, se lidera. E quem se lidera, lidera qualquer coisa.

Com o tempo, a empresa foi crescendo. Mudamos de prédio, ampliamos a equipe, e numa reunião de decisões, meu marido me disse: "Toca você. Você é muito melhor do que eu nisso".

Sem pedir, recebi a chancela. E junto dela, o título que a prática já tinha me dado: líder. Foi ali que a mulher que um dia chegou registrada virou CEO.

E com isso, nasceu também uma outra bandeira dentro de mim: ser mulher não é obstáculo. É potência. Nunca precisei escolher entre ser forte e ser doce. Sempre fui as duas coisas. Nunca precisei provar que era melhor que ninguém. Só precisei ser eu — com coragem, competência e autenticidade.

Vieram outros reconhecimentos: a entrada no Clax, a chancela da revista *Exame*, o respeito dos clientes, a validação de consultores externos. Mas nada foi mais importante do que saber, com clareza, quem eu era.

Hoje lidero uma empresa que cresceu, em média, quarenta por cento ao ano. Mas mais do que isso: cresceu com base, com visão e com consistência. Porque crescimento de verdade é aquele que você sustenta.

Lido com compromissos financeiros na casa de milhões com serenidade. Já me desesperei com 67 mil. Mas a diferença não é só o valor. A diferença está em quem eu me tornei para sustentar o que construí.

O segredo? A estrutura invisível é o que sustenta o que todo mundo vê. E essa estrutura começa aqui dentro — na alma, na mentalidade, na fé.

Minha empresa cresceu. Minha filha nasceu. E junto com ela, um novo nível de consciência. Hoje, mais do que nunca, acredito que família é projeto de vida e de negócio.

Não abro mão da minha casa para crescer. Cresço com ela. Cresço com diálogo, com acordos conscientes, com presença real. Cresço com Deus no comando e a família por perto.

Também lidero assim. Com combinados, com escuta, com verdade. E com um propósito: formar pessoas. Não contrato prontos. Eu revelo talentos. Desenvolvo líderes. Ajudo a curar histórias. Porque acredito que o mundo melhora quando a empresa melhora. E a empresa melhora quando o ser humano melhora.

Se eu pudesse deixar uma mensagem para quem está começando, seria esta: olhe para dentro. Não tenha medo de se enxergar. Cure o que precisa ser curado. Fortaleça o que precisa ser fortalecido. Confie. Confie em Deus, na sua ideia, no seu propósito. Faça o seu com verdade, com intenção, com constância — e o resto vem.

Você não precisa escolher entre ser mãe e ser empresária. Nem entre empresa e espiritualidade. Você pode ser tudo — com propósito, com estrutura e com alma.

Minha história não é sobre uma empresa de sucesso. É sobre uma mulher que se tornou forte, estruturada, inteira, enquanto organizava o caos.

Nada foi em vão. Nem a dor. Nem os desafios. Nem o início sem título. Porque cada processo me moldou. E hoje, quando olho para tudo o que construí, entendo: enquanto eu organizava o caos, descobri a minha força.

OS PASSOS PARA O SUCESSO DO BRASIL PARA O MUNDO: COMO CONSTRUIR O FILME DA SUA VIDA INTERNACIONAL

"Se eu sou um improvável, você também pode ser. Aqui estão os códigos! Aprenda, reflita e aplique!"

GUILHERME LOPES VIEIRA é empresário internacional, fundador da On Set International Consulting Office LLC, consultor legal estrangeiro, notário público em Massachusetts, advogado no Brasil, ator norte-americano cadastrado no SAG-AFTRA, mentor, palestrante e servo de Deus.

Instagram **@GUIVIEIRAUSA**
LinkedIn **LINKEDIN.COM/IN/GUILHERME VIEIRA**
Site **WWW.ONSET7.COM**

Nasci no coração do Brasil, em Goiânia, no estado de Goiás. Terra do pequi, da jantinha, do sertanejo e de um povo tão acolhedor que, se continuar assim, daqui a pouco vai ser preciso visto para entrar. Cresci entre muros baixos e portas sempre abertas, onde a riqueza não se media por bens, mas por valores humanos: honra, lealdade, gratidão e o simples ato de dividir o pouco que se tinha. Essa formação me ensinou o conceito de "capital social", como os sociólogos chamam — a rede de confiança e apoio que molda nossa trajetória.

Com quase dois anos de idade, deixei a capital e fui com meus pais para Campestre de Goiás, cidade pequena e humilde. Meu pai, Mauro Sérgio Vieira, assumiu um cargo público, e minha mãe, Janete, trilhou uma carreira política marcada pelo serviço. Eu cresci vendo exemplos de liderança comunitária e doação ao próximo, aprendendo que impacto não depende de cargo, mas de caráter. A filosofia de Aristóteles sobre ética e virtude se manifestava nas atitudes do dia a dia dentro da minha casa: fazer o bem, mesmo quando ninguém está vendo.

Foi nesse cenário que aprendi o valor da presença, do servir, da resiliência. A psicologia positiva de Martin Seligman ensina que a felicidade está nas relações, no propósito e na realização. Eu aprendi isso na prática, com a simplicidade da vida interiorana, onde cada gesto tem peso, e cada pequeno ato de bondade ecoa longe.

Minha história teve marcos de dor. Perdi meu avô aos doze anos. Ele era meu exemplo de sabedoria prática — sem diploma, mas com uma educação forjada na vida. Vinha da roça, sustentou a família com honestidade e nos ensinou, entre sorrisos e sacrifícios, o verdadeiro sentido de ser homem. Depois, aos dezessete, perdi meu pai. Outro golpe que me tirou o chão, mas me firmou a alma. Com a morte deles, precisei amadurecer. E descobri que o sofrimento, como dizia Viktor Frankl, pode ser um caminho para o propósito.

Foi ali que nasceu minha fé como disciplina de vida. Oração, ação e foco. Comecei a pedir a Deus não dinheiro, mas sabedoria e saúde — duas virtudes que me tornariam útil ao mundo. E ali, sem saber, descobri o verdadeiro poder da intenção — como mostram estudos em neurociência sobre o impacto da oração e da meditação na clareza mental e na tomada de decisão.

Com o tempo, compreendi que o ambiente define o limite da mente. Decidi sair da minha bolha. Como Abraão, saí da minha terra e da minha parentela. Saí em busca da verdade. O ambiente muda crenças, e as crenças moldam comportamentos. A ciência cognitiva e a epigenética provam que mudar seu meio muda sua química interna. Mudei de cidade, de estado, de país. E colhi os frutos.

Estudei. Me formei. Passei na OAB no primeiro exame, sem cursinho. Embarquei para os EUA, inicialmente por três meses — que se transformaram em uma década. Me reinventei. Hoje sou advogado no Brasil, notário público nos EUA, consultor legal de imigração e negócios, e fundador de uma multinacional que ajuda brasileiros a internacionalizarem seus sonhos.

Também me tornei ator. Sim, aquele menino que via filmes como quem sonha acabou protagonizando histórias. Em 2020, atuei ao lado de Chris Evans e fui nomeado membro da SAG-AFTRA, o sindicato americano que representa artistas e profissionais de mídia. Parece ficção. Mas é fruto de fé, foco e disciplina. De aplicar soft skills, como resiliência, inteligência emocional, visão sistêmica, e convertê-las em hard skills, como direito internacional, estruturação de negócios e gestão estratégica.

Hoje sou casado. Pai. Cuido da minha família com amor e presença. Sou mentor, palestrante, empreendedor. Mas, acima de tudo, continuo sendo discípulo — aprendendo e ensinando todos os dias.

MÉTODO IMPROVÁVEL PARA TRANSFORMAR UMA VIDA COMUM EM EXTRAORDINÁRIA

A seguir, vou compartilhar com você um método simples, direto e replicável. Baseado não apenas em teoria, mas em tudo que vivi, sofri e conquistei. Um roteiro para quem quer sair do comum e entrar no raro.

1. INTENÇÃO CLARA

Todo recomeço nasce de uma oração ou de um pedido sincero. Defina o que você quer, mesmo que pareça improvável. A intenção é o gatilho da realização.

Ciência: a neurociência mostra que intenções conscientes reprogramam o cérebro (neuroplasticidade) e aumentam o foco no que importa.

Filosofia: "A alma se torna aquilo que ela contempla", Plotino.

2. MENTE TREINADA

Mude sua ambiência. Troque as influências que limitam por aquelas que expandem. Isso transforma sua mentalidade — e com ela, tudo ao redor muda.

Ciência: ambientes moldam hábitos e crenças. Segundo estudos de Carol Dweck (no livro *Mindset: A nova psicologia do sucesso*), a mentalidade de crescimento é decisiva para o sucesso.

Filosofia: "Você é a média das cinco pessoas com quem mais convive", Jim Rohn.

3. PROPÓSITO ANCORADO

Tenha um "porquê" que te puxe quando o cansaço tentar te empurrar para o chão.

Ciência: pessoas com propósito vivem mais, segundo estudos da Harvard Health.

Filosofia: "Quem tem um porquê suporta quase qualquer como", Friedrich Nietzsche.

4. ROTINA DISCIPLINADA

A disciplina vence a motivação. Crie hábitos diários. Disciplina espiritual, emocional, física, profissional.

Ciência: a repetição de ações consistentes forma novas conexões neurais.

Filosofia: "Somos o que fazemos repetidamente. Excelência, então, não é um ato, mas um hábito", Aristóteles.

5. VALORES INEGOCIÁVEIS

Caráter, lealdade, gratidão, fé. Sem isso, tudo desmorona. Com isso, tudo se reconstrói.

Ciência: a psicologia organizacional mostra que valores fortes sustentam lideranças duradouras.

Filosofia: "Integridade é fazer o certo mesmo quando ninguém está olhando", C. S. Lewis.

6. AÇÃO E EXECUÇÃO

Ore, sim. Mas aja. Oração é orar + ação. Deus abençoa quem se move.

Ciência: tomada de decisão é desbloqueada por movimento. A paralisia gera estagnação cerebral.

Filosofia: "A fé sem obras é morta", Tiago 2:17.

7. VERSÃO RARA

Torne-se raro. Especialize-se. Sirva como ninguém serve.

Ciência: alta performance é resultado da diferenciação. O mercado premia a excelência.

Filosofia: "Não tente ser uma pessoa de sucesso. Seja uma pessoa de valor", Albert Einstein.

8. EXPANSÃO CONSTANTE

Nunca pare de sonhar. Nunca pare de aprender. A sabedoria é o único ativo que ninguém pode tirar de você.

Ciência: aprender continuamente aumenta a longevidade neural.

Filosofia: "O maior erro do ser humano é parar de crescer", Confúcio.

Esse é o caminho. Não uma fórmula mágica. Mas um código real, aplicado, comprovado. Se eu consegui, você também pode. Não porque sou melhor, mas porque escolhi pagar o preço. E você também pode escolher.

E quando você olhar para trás, com a alma em paz e o coração cheio de gratidão, vai entender — como eu entendi — que nada foi em vão.

ENTRE LIVROS E NUVENS: O PODER TRANSFORMADOR DA GESTÃO

"O conhecimento é
a semente da liberdade."

GUILHERME PRESTES é CEO da SIGE Cloud, mentor e escritor — um sonhador apaixonado por empreendedorismo. Ao longo de sua carreira, liderou iniciativas de produto e uma cultura radicalmente orientada ao cliente, ajudando empresas a crescer com retenção saudável e redução de *churn*. Como mentor, apoia fundadores e líderes na tomada de decisão, estruturação de produto e construção de times de alta performance. Fala sobre *customer centricity*, construção de produtos, liderança e execução simples com impacto. Une visão estratégica e domínio técnico para transformar ideias em soluções escaláveis que resolvem problemas reais do dia a dia dos negócios.

Instagram **@GMPRESTES**
LinkedIn **LINKEDIN.COM/IN/GMPRESTES-/**

Nasci no interior do Rio Grande do Sul, em uma família de agricultores. A nossa vida girava em torno do campo. Era uma existência simples, mas rica em valores. Desde pequeno, aprendi que nada vem de graça. Vi meus pais acordarem antes de o sol nascer, dia após dia, para trabalhar e conseguir sustento e dignidade. Essa rotina me ensinou sobre resiliência, sobre plantar hoje sem garantias, confiando apenas no próprio esforço.

Apesar desse ambiente de simplicidade, eu sempre senti algo diferente pulsando dentro de mim. Não era ingratidão pelo que eu tinha, mas um sentimento profundo de curiosidade e sede por algo maior. Meus olhos brilhavam diante dos livros, mesmo aqueles mais antigos e empoeirados da escola. Cada página lida era como um portal que se abria. E era ali, entre uma leitura e outra, que eu sonhava acordado com um futuro em que o conhecimento seria minha ponte para o mundo.

Minha adolescência foi marcada por uma rotina pacata, mas meu interior era movido por inquietação. Sentia que havia algo além dos limites da minha cidade. Era como se o mundo estivesse me chamando, mas eu não sabia por onde começar. Ouvia conversas sobre trabalhar na lavoura, entrar no serviço público ou seguir algum ofício. Mas, dentro de mim, surgiam perguntas que ninguém à minha volta parecia fazer. Eu queria entender como as grandes empresas funcionam, como as ideias se transformam em produtos, como era possível criar algo do zero e impactar o mundo. Eu me sentia deslocado. Enquanto muitos colegas já sabiam no que queriam seguir trabalhando, eu queria entender sobre tecnologia, negócios, soluções. Lia sobre empresas, modelos de gestão, histórias de grandes empreendedores e pensava: por que não eu? Por que não alguém do interior, sem contatos, sem privilégios, mas com fome de aprender?

Meu primeiro grande desafio foi justamente essa virada de mentalidade. Crescer em um meio onde o caminho tradicional já estava traçado exigiu coragem para pensar diferente. Enquanto muitos se contentavam com a estabilidade do que já conheciam, eu queria algo novo. Comecei a estudar por conta própria, buscando respostas que não encontrava ao meu redor. Não bastava sonhar: eu precisava agir, aprender, me capacitar. Aos poucos, fui entendendo que o futuro que eu queria dependia exclusivamente da minha disposição para mudar. Foi com essa disposição que dei os primeiros passos rumo ao empreendedorismo.

Esse movimento interno me levou a arriscar, a testar, a começar pequeno. Sempre gostei de observar sistemas, entender como as coisas se conectam, como funcionam. A ideia de criar algo do zero, de solucionar problemas reais e impactar pessoas sempre me atraiu. Mas a transição entre sonhar e executar foi dolorosa. Não havia manual, nem apoio garantido. Havia apenas a vontade e a determinação. E foi nessa base que comecei a construir minha trajetória.

Anos mais tarde, já envolvido no mundo dos negócios, encarei um dos maiores desafios da minha vida: lançar um software de gestão em nuvem, em 2008. Naquela época, falar em software na nuvem era nadar contra a corrente. A maioria dos empresários sequer entendia o conceito. Alguns achavam que "nuvem" era um modismo passageiro. Nós, por outro lado, víamos ali o futuro. Tivemos que explicar o básico repetidamente, mostrar paciência em cada demonstração, educar o mercado ao mesmo tempo que íamos construindo o produto. Não tínhamos um time robusto, nem capital de investimento, mas tínhamos clareza de propósito.

Nosso propósito era ousado: criar um sistema simples, acessível, eficiente, que colocasse a gestão na palma da mão de quem realmente precisava, o micro e pequeno empreendedor. Mas havia um detalhe incômodo: eu mesmo ainda estava aprendendo o que era gestão. Como oferecer um caminho que eu mesmo não havia trilhado completamente? As perguntas dos primeiros clientes me desafiavam, as dúvidas me atormentavam. Era como vender mapas sem nunca ter cruzado o território.

As dificuldades se acumulavam: recursos limitados, mercado desconfiado, concorrência com estruturas infinitamente maiores. E, claro, a pressão interna de querer acertar. Houve noites em que pensei em desistir. Houve dias em que me questionei se não seria mais fácil seguir um caminho mais previsível. Mas, mesmo nos momentos mais duros, algo me empurrava adiante. Não era apenas ambição. Era convicção. Era o sentimento profundo de que aquilo fazia sentido.

O ponto de virada não veio com uma grande conquista, mas com pequenas confirmações. Um cliente ligando para agradecer porque, pela primeira vez, tinha entendido o fluxo de caixa da sua empresa. Um microempreendedor emocionado por conseguir emitir nota fiscal com facilidade. Uma funcionária dizendo que se sentia mais segura usando nosso sistema. Essas pequenas vitórias começaram a se acumular, e eu entendi: nossa missão era real.

Acreditar nisso mudou tudo. Passei a estudar com ainda mais foco, fome e disciplina. Fiz cursos, mergulhei em dezenas de livros, aprendi com especialistas, com clientes e, principalmente, com os erros. O aprendizado deixou de ser um momento pontual e passou a ser parte essencial da minha rotina. E, acima de tudo, abracei uma convicção profunda: ensinar gestão é uma responsabilidade imensa.

É como entregar uma lanterna a quem sempre caminhou no escuro. Não se trata apenas de alimentar um sistema ou preencher campos em uma tela — trata-se de oferecer direção, clareza, segurança e visão de futuro. Cada botão do sistema, cada relatório, cada detalhe desenvolvido carregava essa intenção: iluminar o caminho do empreendedor que batalha todos os dias para manter seu sonho vivo.

Era como entregar chaves. Chaves que abrem portas para decisões mais conscientes, negócios mais saudáveis e vidas mais equilibradas. Cada funcionalidade, cada tela, cada recurso que criávamos podia ser o ponto de virada na realidade de um pequeno negócio. E isso era poderoso demais para ser tratado com leveza.

A superação veio com muito estudo, perseverança e o firme propósito de não desistir. Entendi que, em um país onde a cultura de gestão ainda engatinha, era essencial levar esse conhecimento a quem mais precisava dele. Não parei. Não desanimei. E levei adiante o sonho de democratizar a gestão eficiente. Lembro-me de passar noites virando documentação, de trabalhar finais de semana inteiros, de sair para visitar clientes com notebook na mochila e coragem no coração. A cada novo desafio, eu acreditava ainda mais. A cada crítica, melhorava ainda mais. A cada feedback positivo, tinha mais certeza de que estávamos no caminho certo.

Com o tempo, conquistei não apenas o respeito da minha família — que antes via minha escolha com incerteza — mas também a confiança de milhares de empreendedores pelo Brasil. Juntos, construímos uma das maiores empresas de software de gestão voltadas aos micro e pequenos negócios do país. A SIGE Cloud nasceu da coragem, cresceu com conhecimento e se consolidou com propósito. Hoje, milhares de empreendedores usam nossa plataforma não apenas para organizar seus negócios, mas para transformar suas vidas.

Esse é o nosso legado. Mais do que uma solução tecnológica, entregamos poder de decisão, clareza, autonomia. Vi negócios saírem do vermelho, empresas familiares estruturarem seus processos, sonhos voltarem a respirar. E cada vez que ouço uma dessas histórias, sinto que tudo valeu a pena. Não há realização maior do que saber que o que você construiu contribuiu para a prosperidade de outra pessoa. Isso é impacto. Isso é legado.

Olhando para o futuro, acredito que a gestão passará por uma transformação ainda mais profunda. A tecnologia continuará sendo o motor dessa mudança, mas ela não será mais apenas uma ferramenta de automatização — será uma aliada estratégica para tomada de decisões, antecipação de cenários e humanização da experiência empresarial. A inteligência artificial, por exemplo, já começa a oferecer aos pequenos negócios capacidades que antes estavam restritas às grandes corporações. Desde relatórios preditivos até análise de comportamento do cliente em tempo real — tudo está ao alcance.

Mas, para que tudo isso funcione, a base precisa estar sólida. E essa base é o conhecimento. Não basta ter sistemas inteligentes se quem os utiliza não compreende sua lógica ou potencial. Por isso, a missão de ensinar gestão seguirá sendo cada vez mais essencial. A verdadeira revolução tecnológica será aquela que empodera — que dá às pessoas simples a capacidade de tomar decisões complexas com confiança.

Para quem está vivendo um desafio parecido, deixo uma mensagem direta: não desista. Siga em frente, mesmo quando o caminho parecer incerto. Busque conhecimento, questione o que parece imutável e confie na sua capacidade de aprender. A gestão eficiente pode ser a chave para libertar o verdadeiro potencial de qualquer negócio — inclusive o seu. Aprender gestão é aprender a enxergar o invisível, a planejar o improvável, a preparar-se para o inevitável. Não é apenas controle: é visão.

Já vi empreendedores que começaram com uma bicicleta e um isopor e, com um pouco de orientação, conseguiram montar uma pequena loja de açaí. Vi costureiras que transformaram um ateliê improvisado em um negócio rentável, apenas por entenderem como precificar corretamente suas peças. Já vi pais de família que, após anos afogados em boletos e desorganização, encontraram na gestão eficiente um mapa para reorganizar sua vida financeira — e, com isso, resgataram a tranquilidade do lar.

Não importa o tamanho do seu negócio nem quantos erros você já cometeu. O que realmente importa é a sua disposição para seguir adiante com humildade e coragem. Acredite: por trás de cada grande conquista, quase sempre houve um momento em que alguém escolheu não desistir. E esse pode ser o seu momento agora.

Nada foi em vão. Cada obstáculo, cada queda, cada conquista e cada passo trouxeram sentido a essa caminhada. Tudo o que vivi — dos dias difíceis às conquistas silenciosas — fez parte de uma construção muito maior. E se minha jornada puder inspirar ao menos uma pessoa a continuar, então todo esse caminho já valeu a pena.

CONTRA O FLUXO

"Tenha fé, pois tudo depende de Deus, mas trabalhe como se tudo dependesse de você, pois a disciplina dói muito menos que o arrependimento."

GUSTAVO MARCATTO é pai, marido, médico vascular, empreendedor, palestrante e escritor.

Instagram **@DRGUSTAVOMARCATTO**

Nasci em Descalvado, uma pequena cidade no interior de São Paulo, onde a simplicidade ainda tem valor e o tempo corre mais devagar. Foi lá que vivi uma infância leve, intensa e cheia de significados. As ruas eram minha arena de jogos, a natureza, meu quintal — com cavalos, pescaria, cachorros e amigos que se tornaram irmãos de alma. Não faltavam aventuras nem motivos para sorrir.

Meus pais, administradores por profissão, eram o alicerce de tudo. Meu pai, além de professor, também atuava como coordenador de faculdade, e minha mãe, com um olhar sempre atento, dividia seu tempo entre o trabalho e o cuidado com a casa, comigo e com meu irmão mais novo. Foi nesse ambiente que cresci, cercado também pelos meus avós, que apesar de tão diferentes um do outro, me ensinaram o mesmo valor: a importância de viver com respeito, honestidade e seriedade.

Essa formação familiar moldou meu caráter. Cresci com os pés no chão e os olhos no futuro, guiado por valores simples, porém inegociáveis. Desde cedo, aprendi que a grandeza está na humildade, e que a verdadeira riqueza é viver em paz com sua consciência.

A medicina surgiu como um chamado silencioso. Não foi uma epifania repentina, mas uma certeza que cresceu aos poucos, alimentada pelo desejo de cuidar das pessoas com excelência. Quando optei pela cirurgia vascular, imaginei que encontraria um caminho técnico e eficiente, com soluções claras para os problemas que me propus a tratar. Mas não foi bem assim.

Durante a residência médica, me vi diante de um impasse. Os tratamentos convencionais, embora funcionais, apresentavam inúmeras limitações. Eram procedimentos desconfortáveis, invasivos, dolorosos, e muitas vezes frustravam as expectativas dos próprios médicos, sem falar no sofrimento imposto aos pacientes. Aquilo me incomodava profundamente.

Não aceitei o padrão como destino. Aquilo despertou em mim uma inquietação que crescia a cada plantão. Precisava encontrar algo melhor — mais humano, mais eficaz. E assim comecei a buscar o novo.

Mergulhei nos estudos como nunca antes. Fiz dezenas de cursos, nacionais e internacionais, em busca dos tratamentos mais modernos do mundo para varizes e feridas vasculares. Foi uma jornada de muita superação: a barreira da linguagem, a diversidade de protocolos, a padronização quase impossível de absorver — cada artigo, cada aula, parecia falar uma língua diferente. Sem falar nos custos altíssimos dos equipamentos e insumos. Ainda assim, continuei. Eu sabia que aquilo era necessário para oferecer aos meus futuros pacientes o que havia de melhor.

Quando finalizei a residência, estava diante de outra decisão importante. Recebi várias propostas para integrar serviços já estabelecidos, com toda a segurança e o conforto que isso oferecia. Mas, mais uma vez, escolhi nadar contra o fluxo. Recusei todas. Eu queria empreender. Queria construir algo meu, em que pudesse aplicar tudo o que aprendi — com liberdade, com verdade.

Foi aí que começou a etapa mais desafiadora da minha vida. Abri minha própria clínica do zero. Vendi meu carro, meu apartamento, abandonei outros empregos e mergulhei de corpo e alma na realização desse sonho. Investi tudo o que tinha — tempo, dinheiro, energia. E mais: sacrifiquei momentos pessoais, horas de sono, finais de semana e feriados. Tudo por um propósito: oferecer um atendimento de excelência, com o que havia de mais moderno no mundo.

Essa foi minha primeira grande virada. Ainda jovem, com muita coragem e um propósito claro. Eu não tinha tudo, mas tinha fé. E isso foi suficiente para começar.

Foi durante essa fase intensa da minha vida profissional que conheci a mulher que mudaria tudo: minha esposa. Nosso encontro foi mais que uma coincidência, foi um reencontro de almas. Ao lado dela, vivi uma segunda e ainda mais profunda transformação — a espiritual.

Entreguei minha vida a Jesus.

Não foi apenas uma escolha religiosa. Foi um recomeço interno. Um despertar. Percebi que, por mais que eu estudasse, trabalhasse ou me esforçasse, tudo dependia d'Ele. Entendi que minha missão como médico ia além do físico — era espiritual também. Comecei a enxergar meus pacientes como propósitos. Cada história que chegava até mim não era aleatória. Era um chamado. E eu precisava estar pronto para responder.

Desde então, minha vida pessoal e profissional floresceu. Tenho uma família abençoada, uma filha linda que é luz na nossa casa, e um casamento construído com amor, fé e parceria verdadeira. Minha rotina hoje é equilibrada entre Deus, saúde, família e trabalho — nessa ordem.

O instituto que criei cresceu. E muito. Hoje, temos uma estrutura completa e altamente tecnológica, com processos padronizados que permitem um atendimento ágil, preciso e humano. Desenvolvemos um modelo que acolhe pacientes de qualquer lugar do mundo — em uma única visita, o paciente realiza consulta, exames e tratamento, podendo retornar ao seu país no dia seguinte, sem restrições. Tudo com segurança, conforto e resultados duradouros.

E o mundo veio até nós.

Começamos com um ou dois pacientes de fora. Depois, por indicações e resultados, os números aumentaram. Já atendemos pessoas de 38 países diferentes. Hoje, recebemos em média três pacientes internacionais por semana. E além deles, muitas personalidades que confiaram sua saúde vascular ao nosso cuidado. Nicole Bahls, Andressa Suita, Luciana Gimenez, Adriane Galisteu, Ana Hickmann, Helen Ganzarolli, Léo Dias, Débora Secco, Rita Guedes, Thaeme, Biah Rodrigues, Ticiane Pinheiro, Helô Pinheiro, Flávia Pavanelli, Lalá Noleto, Mônica Salgado, Mariana Rios, duas Miss Brasil, entre outras. Também atendemos familiares de Zé Neto & Cristiano, Sorocaba, Falcão, Mato Grosso & Mathias. São pessoas públicas, mas que, como qualquer outro paciente, passam pelo mesmo processo, com o mesmo cuidado, a mesma atenção e o mesmo compromisso com resultados.

A minha missão nunca foi apenas tratar varizes. Sempre foi transformar vidas. Cada tratamento realizado, cada história acompanhada, cada paciente acolhido é parte de um legado que ultrapassa o consultório. E isso só foi possível porque um dia eu escolhi nadar contra o fluxo.

Se eu tivesse seguido o caminho mais fácil, provavelmente estaria confortável, mas seria incompleto. O que me realizou foi justamente ter coragem para romper com o previsível. Para não me conformar com o que já existia. Para ser fiel àquilo em que eu acreditava — mesmo que isso significasse começar do zero.

Hoje, olho para trás com gratidão. Cada dificuldade, cada renúncia, cada noite maldormida teve um propósito. E eu não mudaria nada.

A minha história não é sobre sucesso. É sobre fé, disciplina e propósito. É sobre ouvir o chamado interior e ter coragem de obedecer. Sobre entender que Deus é quem guia, mas que é preciso dar os passos com responsabilidade e esforço.

Se você está em um momento de dúvida, cansaço ou conflito, saiba que seu desafio pode ser o início da sua virada. Não desista. Trabalhe com fé. Honre seus valores. Cuide das pessoas com amor. E o resto virá. Porque no fim, quando tudo se conecta, você entende: nada foi em vão.

ALÉM DO JALECO

"Nada resiste à persistência."

GUSTAVO SOUZA GUIMARÃES é médico, empresário, mentor, pai do João e do Pedro, casado com a Thaís e um grande entusiasta e amante da medicina — profissão que, segundo ele, tem o poder de curar, transformar e libertar, desde que vivida com amor, dedicação e visão de futuro.

Instagram **@MEDCONECTT** | **@DRGUSTAVOGUIMARAESDF**

Nasci em Iporá, uma pequena cidade no interior de Goiás. Meu pai era médico, e minha mãe do lar. Desde cedo, vi o brilho nos olhos das pessoas ao falarem do meu pai. Ele era mais do que um profissional respeitado, era uma referência, alguém que deixava rastro de cuidado e admiração por onde passava. Aquilo me tocava e eu sentia um orgulho difícil de descrever. Em cada olhar de gratidão que meu pai recebia, eu via um futuro possível, um chamado, e mesmo sem entender todos os porquês, ainda menino, eu já sabia: queria seguir seus passos.

Com apenas treze anos, tomei uma decisão que mudaria o rumo da minha vida. Saí da minha cidade natal e fui morar em Goiânia. Não por rebeldia, mas por convicção. Eu queria — precisava — me preparar para ser médico. E sabia que, onde eu estava, isso não seria possível. Matriculei-me por conta própria numa escola de ensino médio na capital, contratei professores, organizei minha vida. Minha mãe chorou quando contei e até hoje não sei se foi de orgulho ou de dor — talvez os dois. Afinal, qual mãe está pronta para ver seu filho de treze anos sair de casa para morar sozinho?

Aos catorze anos passei a viver por minha conta. Morava com meu irmão no início, mas era eu quem coordenava tudo: minha rotina, meus estudos, meu tempo, meus sonhos. Eu era responsável pela minha própria agenda, ia à escola, ao curso de inglês, voltava para casa e organizava minhas tarefas. Lembro-me de andar de ônibus sozinho, de resolver coisas no banco, de fazer escolhas de adulto. Era cedo demais — mas para mim, era natural. Aos dezesseis, fui aprovado em medicina e aos dezessete, comecei o curso em Ribeirão Preto. Formei-me médico aos 22 anos. Era como se tudo tivesse saído conforme o plano. Só que a vida depois da formatura começou a mostrar outras faces.

Logo após me formar comecei a dar plantões para ganhar dinheiro. Era o caminho tradicional, mas algo me incomodava. Ver médicos com sessenta, setenta anos ainda dando plantão em pleno sábado à noite ou domingo me gerava um desconforto. Não porque eu os julgasse, pelo contrário; mas porque eu não entendia por que alguém, após tantos anos de profissão, ainda precisava passar por aquilo. Na minha cabeça, o natural seria construir uma carreira sólida, com um consultório estruturado, liberdade financeira e qualidade de vida. Percebi que muitos deles não estavam ali por escolha — mas por necessidade.

Foi então que comecei a estudar. Primeiro, sobre finanças, depois sobre investimentos e por fim, sobre negócios. Descobri o universo do empreendedorismo e percebi que por trás de empresas bem-sucedidas, havia visionários, líderes que tinham começado do zero. E pensei: por que não eu?

Fiz MBA na Fundação Getulio Vargas, me inscrevi no Empretec, da ONU e ainda durante a residência médica em cirurgia plástica, abri minha primeira empresa: uma construtora. Foi o início de uma nova fase. Aprendi muito, principalmente que empreender exige humildade e que vender é entender o que o outro valoriza — e não o que você acha importante.

Depois construí do zero a fábrica de sorvetes. Uma fábrica. Um negócio que exigia escala, margens apertadas e muita estratégia. Em 2018, tudo desabou. Por erros estratégicos, falta de capital de giro e ausência de uma estrutura de vendas robusta, nosso faturamento mensal caiu para cerca de 50 mil reais. Isso não cobria nem metade dos custos fixos. Era insustentável. Precisei vender meu carro e passei a andar em um Fiat Palio bem antigo. Sentia vergonha. Estacionava uma quadra antes do hospital para ninguém me ver. E fui tomado por um sentimento que nunca tinha sentido: dúvida sobre minha própria competência.

Voltei para casa um dia decidido a fechar tudo. Sentei. Rezei. Conversei com Deus. Perguntei a mim mesmo se eu realmente era capaz, se estava no caminho certo, se ainda fazia sentido insistir. Misturavam-se raiva, frustração, vergonha, medo. Liguei a TV e vi uma entrevista sobre equipes de alta performance. A entrevistada falava sobre o impacto da profissionalização no crescimento de um negócio. Aquilo acendeu algo dentro em mim. Percebi que precisava de vendedores de verdade, profissionais. Gente que dominasse o jogo que eu ainda não conhecia.

Mesmo sem dinheiro, procurei uma equipe de recrutamento e recebi o currículo de um vendedor com nove anos de experiência em supermercados. Ele não conhecia nosso produto, mas entendeu o mercado. Comprou a ideia e trouxe outro colega para somar. Em novembro, faturamos os mesmos 50 mil. Em dezembro, já foram 150 mil. Em janeiro,

300 mil. E no fim de 2019, fechamos o ano com 4 milhões de reais em faturamento. A virada veio porque eu decidi persistir, porque entendi que não saber não é um problema — desde que você esteja disposto a aprender e se cercar das pessoas certas.

Essa experiência me ensinou que a humildade é um dos pilares da verdadeira liderança. Que não adianta querer fazer tudo sozinho. Que só cresce quem está disposto a errar, escutar, ajustar e seguir. E que uma empresa não é feita de produtos, é feita de gente. Pessoas vendendo para pessoas. Pessoas servindo pessoas. Pessoas ensinando pessoas.

A fábrica cresceu. Hoje somos a terceira maior do Centro-Oeste e eu cresci também, me tornei mentor. Comecei a ajudar médicos a conquistarem algo que nunca aprenderam na faculdade: como transformar sua vocação em um negócio sustentável, próspero e humano. Encontrei meu propósito ao ver outros colegas se libertando de plantões infindáveis, de inseguranças, de dúvidas. Hoje ensino o que ninguém ensinou para mim: que o médico pode, sim, ser protagonista da própria carreira — e da própria vida.

Aprendi que todo problema é um convite para evoluir. Que se algo não está dando certo é porque ainda falta alguma habilidade, alguma visão, algum ajuste. E que você pode aprender com seus próprios erros — ou com os erros dos outros. A segunda opção é mais rápida. E muito mais barata.

O sucesso deixa pistas. E se você seguir essas pistas com humildade, consistência e coragem, ele deixa de ser sorte e passa a ser consequência.

Aos colegas médicos e empreendedores que hoje vivem no fundo do poço, o meu recado é: você não está sozinho. E você pode sair daí. Não caia na armadilha de acreditar que não nasceu para o sucesso. Você só não aprendeu ainda. E aprender é possível — desde que você queira e caminhe ao lado de quem sabe.

Hoje, olho para tudo que vivi e entendo que foi necessário. Que cada dor, cada dúvida, cada tombo serviu como base para eu me tornar quem sou.

Que mesmo os momentos mais difíceis tiveram sentido.

E que, apesar de tudo — ou por causa de tudo —, eu posso dizer com convicção: nada foi em vão.

MUITO ALÉM DA QUADRA

"Por que você quer ser você mesmo se pode ser alguém muito melhor?"

HAROLDO RODOLFO ZWETSCH JUNIOR é técnico de alto rendimento em tênis, empresário, palestrante e CEO do CFTRP (Centro de Formação e Treinamento de Tênis de Ribeirão Preto) e da HRZ Mentoria e Consultoria.

Instagram **@HAROLDOZWETSCH**
LinkedIn **LINKEDIN.COM/IN/HAROLDO-RODOLFO-ZWETSCH-JUNIOR-A4B53327/**
Sites **WWW.HRZMENTORIA.COM.BR** | **WWW.HRZMENTORIA.COM.BR**

Minha história começa no dia em que decidi que o tênis seria a minha vida. Não foi brincadeira de criança nem escolha por acaso. Foi no meu primeiro torneio oficial, no Rio Grande do Sul. Lembro com clareza: eu fiz todas as duplas faltas nos games de saque. Acabei acertando um saque, mas perdi o jogo. A frustração era tamanha que, naquele mesmo instante, prometi que jamais passaria por aquilo de novo. Foi ali que nasceu meu compromisso com o esporte, que moldaria tudo o que viria depois. A partir daquele dia, enxerguei o tênis não só como um jogo, mas como um catalisador de transformação — para mim e para tantas outras pessoas.

A partir daí, tornei-me jogador juvenil, competindo com intensidade. Mas a virada real veio quando comecei a ensinar. Usei o tênis como ferramenta para impactar vidas, me tornando um mensageiro da própria excelência. Ao longo dos anos, mergulhei em mais de 150 cursos no Brasil e no exterior, li mais de setecentos livros, me dediquei a palestrar e a expandir a mensagem do esporte. Viajei para mais de sessenta países, assisti ao funcionamento de clubes em diferentes culturas e entendi que as dores, os medos e os desafios são universais. A mentalidade do tênis — resiliência, rapidez na tomada de decisões, coragem em cada ponto — começou a incubar minha visão de transformar esse poder em ecossistema: empresas, cursos, escolas, eventos e consultoria.

O maior desafio não foi técnico nem físico. Foi me posicionar com convicção: ser o melhor naquilo que faço, conquistar referência na minha área. Isso exigiu romper paradigmas. Investimentos constantes, mesmo sem retorno óbvio. Tive relacionamentos que não compreendiam minha ambição. Estive casado três vezes antes de encontrar alguém que compartilhasse da minha visão de vida. Fui buscar mentores não só no tênis, mas em negócios, literatura, coaching — tudo para fortalecer minha cultura de estudo e minha ambição. Ao longo do tempo, construí uma mentalidade tão intencional e intensa que nada me abalava. Mesmo desacreditado por muitos, permaneci com propósito.

O momento mais difícil foi abandonar a escola de tênis que eu havia construído no Rio Grande do Sul: quase oitocentos alunos distribuídos em dezessete clubes e seis cidades. Meu sócio saiu e eu fiquei sozinho.

Logo recebi um convite para morar em São Paulo e treinar um atleta em formação, viajar o mundo e viver uma nova fase. Aceitei. Foi abandonar uma estabilidade construída em mais de dez anos e iniciar tudo do zero. O risco era enorme, e o retorno incerto. Mas eu não vacilei. A decisão exigia resiliência. Eu sabia que precisava mergulhar em algo novo para crescer. E, se o sucesso dependesse de persistir, então eu ficaria.

A virada real se firmou quando resolvi me dedicar integralmente ao alto rendimento. Deixei o sonho empresarial de lado. Abandonei um ótimo salário e assumi rota diferente — comecei a viver em hotéis, em aeroportos, em quadras do mundo todo. Foram quatro anos intensos: viajei em média 39 semanas por ano, passava longos períodos nos Estados Unidos e na Europa. Raramente estava em casa. Enfrentei uma solidão imensa. Passei a ler incansavelmente. Li cerca de trezentos livros nesse período. Aprendi inglês, francês, italiano, aprofundei minha visão sobre metodologias de treinamento, me especializei em coaching e neurociência aplicada ao esporte. Esse isolamento foi fértil: transformou meu mindset. Passei a ver o mundo como um campo aberto e global. Conheci culturas distintas e entendi como mentalidades mais objetivas, sóbrias e empreendedoras podiam ser aplicadas ao meu trabalho no Brasil.

A superação veio por meio de escolhas constantes: tomei o controle da minha vida. Há quase 27 anos acordo todos os dias às cinco da manhã. Dedico as primeiras duas horas ao estudo, à leitura, ao planejamento e à criação. Cuido do meu corpo, do meu esporte e da minha vida com disciplina. Acredito que nada resiste a um trabalho bem-feito. Demora o tempo necessário, mas os resultados aparecem. Cada livro lido, cada curso feito — fosse de coaching, treinamento mental ou gestão — agregava uma camada extra à minha entrega. Com o tempo, entendi que esporte é muito mais do que físico. É mental. É transformação. É ambição. O atleta precisa imaginar seu melhor futuro, e eu precisava me portar como alguém que acreditasse nisso incondicionalmente.

Todo esse processo mudou minha capacidade de planejar e estruturar meus passos. Fiz faculdade de marketing, fiz cursos de gestão e me aprofundei em formação profissional. Parei de viver apenas o imediatismo. Criei objetivos de médio e longo prazo. Quando houve uma ruptura no trabalho com o atleta com quem estava, reiniciei tudo do zero — mas dessa vez com a experiência, a visão e o propósito claros. Entendi que os problemas são degraus e que minha marca pessoal era meu maior ativo. A comunicação se tornou ferramenta fundamental. Aprendi a falar a mensagem que levava: a paixão pelo tênis e seu poder transformador.

Hoje sou técnico de alto rendimento, empresário, palestrante e CEO do CFTRP (Centro de Formação e Treinamento de Tênis de Ribeirão Preto) e da HRZ Mentoria e Consultoria. Sou conhecido nacionalmente pelo meu ecossistema voltado ao esporte. Minha fé inabalável em minha visão, combinada à insistência e à constância, permitiu que hoje eu liderasse um centro de referência no Brasil. A mensagem que deixo a todos que enfrentam desafios semelhantes é simples: acredite incondicionalmente na sua missão. Cerque-se de quem compartilha da sua visão. Estude muito. Fique. Fique praticando, aprimorando, crescendo. Não desista, pois é a permanência que forja resultados extraordinários.

Você quer ser você mesmo? Então seja alguém muito melhor. Isso exige convicção, construção diária e entrega impecável. Com isso, todo ecossistema se consolida, toda reputação se constrói e todo impacto se expande. Hoje carregamos resultados, visibilidade, credibilidade e transformação para quem acredita que o esporte pode mudar realidades.

Este é meu legado: mostrar que o tênis pode ir além da quadra. Que ele molda caráter, constrói ambição, forma líderes, famílias, comunidades e empresas. Que a disciplina de acordar cedo, de estudar, de cuidar do corpo e da mente faz a diferença. Que a resiliência para romper com o passado e abraçar o desconhecido abre portas. Que traçar uma rota de longo prazo dá um norte firme quando tudo parece incerto. E que comunicar com clareza e verdade fortalece a mensagem que você quer entregar ao mundo.

Se você vive um desafio parecido, saiba: tudo isso é possível. Basta manter sua fé inabalável naquilo em que acredita, se cercar de pessoas alinhadas, estudar sem cessar e, acima de tudo, ficar por tempo suficiente fazendo o que você sabe que deve. Nada foi em vão.

O PORTUGUÊS DO CLAXCLUB

"Cresci sem nada,
mas fui buscar tudo."

HÉLDER MARINHO FERREIRA é empresário, palestrante, fundador da maior rede de academias de Portugal, investidor em Private Equity e cofundador do mastermind exclusivo Nex Alliance.

Instagram **@HELDERMARINHOFERREIRA**
LinkedIn **LINKEDIN.COM/IN/HELDERMARINHOFERREIRA**
Site **WWW.HELDERMARINHOFERREIRA.PT**

Nasci e cresci num barracão. Literalmente.

Paredes frias, chão de cimento, telhado que tremia com o vento.

Numa pequena aldeia portuguesa onde a palavra “dinheiro” não era tabu — era só irrelevante. Porque não existia.

Ali, o dinheiro não fazia parte das conversas. Era apenas uma ferramenta de sobrevivência, algo distante, quase irreal.

Mas havia amor. Muito amor. E isso, naquela altura, parecia ser suficiente para manter o corpo quente durante as noites geladas.

Tive uma infância dura.

Lembro-me de ter sempre a cara suja, os joelhos arranhados, as mãos calejadas.

De só termos água quente numa panela ao fim de semana.

De me habituar a não pedir, porque sabia que não dava.

A minha mãe, doente, nunca deixou de sorrir.

O meu pai, sem nunca se queixar, carregava o mundo às costas por nós quatro — ele, ela, eu e a minha irmã.

Era pouco para viver, mas muito para resistir.

Cresci a ver o meu pai sair de madrugada e voltar à noite, esgotado.

Mas com os olhos firmes, com uma espécie de fé que me inquietava.

Nunca ouvi os meus pais reclamarem.

Nunca os vi desistirem.

Mesmo com tão pouco, eles sonhavam.

A verdade é que ali, naquela vida simples e difícil, aprendi sobre força. Sobre caráter. Sobre fazer o que tem que ser feito, mesmo quando não apetece.

A minha infância foi um laboratório de resiliência.

Ali aprendi que o mundo pode ser frio, mas que a força de dentro é quente o suficiente para manter a alma viva.

Havia dias em que a fome apertava.

Em que a roupa rasgada me fazia me sentir pequeno.

Em que o silêncio da minha mãe dizia mais do que qualquer grito.

Mas também havia dias em que correr no campo valia mais que qualquer brinquedo.

Dias em que um prato simples era um banquete.

Dias em que o abraço do meu pai valia mais que qualquer presente.

Não crescemos com luxos.

Crescemos com valores.

E isso moldou o meu DNA.

Mas a vida, como sempre, testa quem já nasceu a lutar.

Aos dezoito anos, soube que ia ser pai.

Eu — ainda um miúdo — com a missão de criar outro miúdo.

O chão desapareceu debaixo dos meus pés.

A vergonha bateu. O medo engoliu.

A cabeça gritava que eu tinha estragado tudo.

Mal sabia eu que aquele seria o momento mais transformador da minha vida.

A maior responsabilidade... e a maior inspiração.

O nascimento do meu filho foi o meu ponto de viragem.

Foi o instante em que deixei de olhar o mundo a partir do meu umbigo.

Foi o primeiro dia do resto da minha vida.

Quando olhei nos olhos dele, tudo mudou.

Entendi, sem ninguém me explicar, que o importante não era eu.

Era ele. Era protegê-lo.

Era garantir que ele teria uma vida diferente da minha.

A partir desse dia, deixei de procurar desculpas e comecei a construir soluções.

Se antes eu era o rapaz do barracão, agora eu era o pai.

O protetor. O exemplo.

Aquele que precisava de transformar o medo em força.

Tornei-me caçador.

Caçador de oportunidades.

Caçador de conhecimento.

Caçador de performance.

Passei a estudar como se a minha vida dependesse disso — porque dependia.

Livros, cursos, vídeos, conversas com quem sabia mais do que eu.

Fiz perguntas. Fui humilde. Fui incansável.

Tornei-me obcecado por resultados, por metas, por consistência.

Aprendi cedo que ninguém me ia dar nada.

E que esperar era perder.

Por isso fiz o caminho todo a pé.

Com cortes, tropeços, perdas.

Mas sempre a andar.

Entendi que para dar o que nunca tive, eu teria que me tornar alguém que nunca fui.

Mudei a minha mentalidade.

Criei regras internas.

Acordar cedo. Comer bem. Treinar o corpo e a mente.

Trabalhar quando ninguém está a ver.

Estudar quando todos descansam.

Arriscar quando ninguém tem coragem.

Percebi que o mundo não era justo.

Mas que os que se levantam mais vezes do que caem... acabam por ganhar.

Com o tempo, fui transformando ideias em negócios.

Negócios em empresas.

E empresas em impérios.

Hoje, sou livre.

Financeiramente, emocionalmente e, sobretudo, espiritualmente.

Sou dono da maior rede de academias de Portugal.

Um império imobiliário consolidado.

Sou investidor em empresas que admiro e ajudo a crescer.

Participo ativamente em private equity e em grupos de decisão.

E sou cofundador do Nex Alliance, um mastermind que reúne empresários que jogam o jogo grande.

E olho hoje, com naturalidade, para uma avaliação global que ultrapassa 1 bilhão de euros.

Sim — o miúdo do barracão chegou lá.

Mas o que mais me orgulha?

Cheguei sem trair ninguém.

Sem passar por cima de valores.

Sem negociar a minha integridade.

Apenas deixei pelo caminho quem escolheu não se esforçar.

Hoje sou pai do Daniel e da Maria Francisca.

Sou marido da Joana.

Sou filho dos meus pais com orgulho.

E acima de tudo, sou prova de que não interessa de onde vens — interessa para onde queres ir e o que estás disposto a fazer por isso.

Aos que hoje enfrentam os mesmos medos, deixo uma mensagem clara: o que estás a viver agora não é o fim.

É só o início.

Se não tens nada, tens tudo a ganhar.

E é aí que se constroem impérios.

Mas não te iludas: o mundo não te deve nada.

Ninguém te vai salvar.

Nem o governo.

Nem a tua família.

Nem o universo.

És tu.

És tu contra tu.

Levanta-te. Age. Luta.

Para de te lamentar.

A tua dor não te define.

A tua reação, sim.

Treina. Aprende. Trabalha. Repete.

Não procures atalhos.

Procures caráter.

Tu não és o que tens.

Nem o que perdeste.

És o que estás disposto a conquistar.

E se mantiveres a cabeça no sítio, a disciplina no corpo e a ambição na alma, daqui a dez anos, quem hoje tem pena de ti vai querer trabalhar para ti.

Mas tudo começa por dentro.

Transforma-te primeiro.

Decide quem queres ser.
Depois, vai até o fim.
Mesmo a sangrar.
Porque quando olho para trás...
Para cada lágrima, cada queda, cada "não", cada noite maldormida,
Para cada momento de dor, dúvida ou desespero...
Para cada escolha difícil, cada renúncia, cada sacrifício...
Só posso dizer uma coisa, em voz alta:
Nada foi em vão.

QUANDO A DOR VIRA PROPÓSITO

"Foi na dor que descobri a razão pela qual me levanto todos os dias."

INDIO DA COSTA é advogado e empreendedor. Impulsionado por causas, vive de paixão e trabalha pelo propósito.

Instagram **@INDIODACOSTA**
LinkedIn **LINKEDIN.COM/IN/ANTONIOPEDROINDIODACOSTA**
Site **INDIODACOSTA.ADV.BR**

Minha história não começa no palco, nem sob holofotes. Começa nos bastidores silenciosos da vida, onde as batalhas mais duras são travadas longe dos olhos do mundo. Antes de qualquer cargo, diploma ou título, havia apenas um jovem inquieto, criado em uma família estruturada, com bons valores e oportunidades, mas inconformado com as injustiças.

Ainda nas décadas de 1980 e 1990, vi o Brasil atravessar crises políticas e inflações galopantes. Eu sabia, mesmo sem entender todos os detalhes, que queria contribuir com algo maior do que comigo mesmo. Ali nasceu a semente do propósito. Percebi que o valor da vida não estava no dinheiro ou na fama, mas nas causas pelas quais se luta. E que a diferença entre coragem e loucura é medida pelo resultado.

Escolhi estudar direito com o desejo genuíno de dar voz a quem não a tinha. Foi essa inquietação que me conduziu à vida pública, onde permaneci por 26 anos. Tive o privilégio de ocupar funções importantes, fui eleito por cinco mandatos parlamentares e, entre tantas batalhas, como deputado federal, articulei a aprovação da Lei da Ficha Limpa — uma resposta concreta a uma indignação coletiva: a de que a política, muitas vezes, é liderada por quem dela se serve, em vez de servir à sociedade.

A Ficha Limpa, que impediu milhares de condenados de se candidatarem, nasceu de uma iniciativa popular, apoiada por 4 milhões de brasileiros, e foi uma das maiores conquistas coletivas de que tenho conhecimento — fruto de coragem e convicção. Mas ali também começou minha maior frustração: o sistema resiste a mudanças estruturais. A máquina pública, pressionada por grupos organizados e interesses secundários, resiste à modernização, à redução de custos e à melhoria real dos serviços caso isso contrarie interesses corporativos.

Fui um político com alma de outsider. E paguei o preço. Mesmo após disputar a vice-presidência do Brasil em 2010, a prefeitura do Rio de Janeiro em 2016 e o governo do Estado em 2018, cheguei a 2019 fora de partidos e sem cargo público — por escolha própria. Estava exausto de discursos vazios. Sentia que precisava reencontrar sentido, agora no setor privado.

Foi assim que me matriculei no Insper para estudar finanças e buscar novos horizontes. Eu me sentia produtivo, mas não pleno. Os desafios me estimulavam, mas não me preenchiam. Faltava propósito. E foi nesse intervalo entre o passado político e o futuro indefinido que veio a dor — avassaladora, injusta e inesperada.

Em 2019, fui preso cautelarmente por seis dias. Sem processo, sem denúncia, sem condenação. Uma prisão cautelar baseada em suposições ligadas a um assunto que eu sequer conhecia. Fui jogado em um vácuo de silêncio, sem ter como me defender de algo para o qual sequer existia processo. Somente após anos de investigação, sem que nada fosse encontrado que me vinculasse àquela narrativa, fui formalmente excluído do inquérito pelo Ministério Público e pela Justiça, sem jamais ter sido réu. Até esse desfecho, vivi o peso da desconfiança, do preconceito e da dor.

É difícil descrever o que é acordar todos os dias se sentindo invisível para a justiça e estranho para si mesmo. Olhava no espelho e não me reconhecia. Tive que me reconstruir por dentro. Aos poucos. Em silêncio. Com a fé como última âncora. Passei por noites longas e manhãs pesadas. Por sorte, fui apoiado pela família e por amigos que, de fato, me conheciam. Mas descobri que a dor era necessária, e dela nascia algo novo.

Comecei a me questionar: "Por que estou aqui? Para quem vivo? O que realmente importa?". E entendi que havia me afastado do propósito que me moveu a vida inteira. Estava fazendo coisas corretas, mas não essenciais. Tinha me desconectado do sentido maior.

Foi nesse momento que uma nova porta se abriu. Um querido amigo me apresentou uma causa: a de fortalecer os hospitais conveniados ao SUS. Comecei a entender como essas instituições são subfinanciadas, tratadas com descaso, mesmo sendo responsáveis por mais de sessenta por cento dos atendimentos hospitalares no Brasil. Ali, naquela dor alheia, enxerguei minha própria dor — e nela, um novo propósito.

Sem mandato, reencontrei uma causa que já me era cara quando fui parlamentar: a saúde pública. Mas agora a arena era judicial, e as armas passaram a ser a advocacia. Convidado por um ecossistema de advogados, apoiado por técnicos e profissionais de diversas áreas — dentre eles contadores, peritos, especialistas em orçamento público e direito sanitário —, desenvolvi teses inovadoras que mostram como o subfinanciamento do SUS pode ser judicialmente combatido. A justiça virou um canal de reparação e dignidade. E eu, mais uma vez, tinha uma causa pela qual valia a pena acordar todos os dias.

Apesar de ter sido desencorajado por alguns de montar meu próprio escritório de advocacia, trabalho em rede, e o escritório Indio da Costa Advogados tornou-se uma referência nacional em ações judiciais na defesa das instituições privadas de saúde conveniadas ao SUS, em todos os estados do Brasil.

O projeto cresceu e se consolidou. Patrocinamos centenas de ações judiciais, e muitos hospitais, na maioria dos estados do Brasil, já recebem maiores repasses financeiros da União. Além da mudança de tabela, o ressarcimento da produção já realizada, tanto ambulatorial quanto hospitalar, é feito por meio de precatório federal, o que pode levar anos. Considerando a urgência de se obter receitas, quando demandadas, apoiamos as entidades na negociação e na precificação justa para a antecipação financeira de seus créditos judiciais. E tudo isso é apenas o começo. Temos aprofundado nosso conhecimento para desenvolver novas e constantes soluções para dores que, há décadas, não têm sido curadas.

Reencontrei-me. Voltei a sonhar. Aprendi a abraçar minha história com orgulho, inclusive os capítulos sombrios pelos quais passei e que um dia quis apagar.

E isso é só o começo! O escritório Indio da Costa Advogados virou uma plataforma de transformação que une advogados, contadores, consultores, gestores e talentos de diversos níveis, oriundos de diferentes estados. Criamos uma rede inteligente. E estamos apenas no início de um movimento — uma aliança silenciosa que tem mudado, aos poucos, a realidade de muitas instituições e, com elas, salvado vidas.

Cada processo que vencemos, cada valor recuperado, não é apenas uma conquista jurídica. É um leito que continua disponível. É um atendimento que não é negado. É um oxigênio que chega quando falta tudo. E é por isso que, hoje, eu afirmo: cada vitória é humana e vai muito além de atender os hospitais. A vitória judicial atende quem mais precisa e não tem acesso.

Para chegar até aqui, acredite: não foi fácil. Precisei me reencontrar e, depois, me reinventar. Sou muito grato a muitas pessoas que me deram a mão, em especial à minha família, a quem não encontro palavras para agradecer por tudo o que fizeram por mim. Tive muito apoio. Aprendi a cuidar de mim. A valorizar mais o silêncio do que o aplauso. Mais a construção do que o palco. Mais o impacto real do que os likes virtuais.

Aceitei minha história. Inspirado pelo Joel Jota, neste ano escrevi mais sobre esse assunto. Publiquei um livro chamado *SUS saudável*, e nele expus as páginas que me doíam. Hoje, olho para elas com respeito. Porque foi ali, na mais profunda angústia e depressão, que minha força se forjou. Foi no fundo do poço que eu encontrei o alicerce que hoje sustenta o que construo diariamente.

Sabe o que é mais incrível? A dor, quando não é negada, ensina. E quando curada, fortalece. A dor me deu uma nova missão. E, hoje, o que me paralisava me move. O que era vergonha virou turbina. O que era silêncio tornou-se voz.

Se você está passando por um momento escuro, sem direção, não tenha vergonha. Sinta, sofra, mas não se entregue. Lembre-se de que, para prosperar, basta levantar-se apenas uma vez mais do que venha a cair. E é aí que o milagre começa. Não é poesia. É experiência. Talvez ainda esteja nebuloso, mas cada lágrima tem seu valor. E acredite: se for o seu desejo, tudo se transforma em força. Em missão.

A dor, quando transmutada, abre caminhos que sequer a razão — e as melhores estratégias e ferramentas de gestão — ousaria traçar. A dor nos molda. Nos revela. E, se você chegou até aqui nesta leitura, é porque algo dentro de você também arde. Talvez uma fagulha. Talvez uma chama. E isso é só o começo da grande fogueira que está por vir. Só depende de você.

Hoje, olho para trás e vejo que tudo foi aprendizado: os aplausos, os silêncios, os palanques, a cela, as vitórias e as derrotas. Cada capítulo teve sua razão. E agora todos se conectam em um propósito transformador.

Se meu caminho inspirar alguém a levantar da cama em meio ao caos, já valeu a pena. Se minha história tocar o coração de um gestor hospitalar que se sente sozinho na luta, já cumpriu seu papel. Porque, no fim das contas, por mais que parecesse loucura... nada foi em vão.

SOB INFLUÊNCIA DO MELHOR INFLUENCIADOR: DO CAOS AO PROPÓSITO

“O cuidado de Deus pode parecer invisível, mas o poder d’Ele não se esconde por muito tempo.”

ISABELA SOLLER é mãe, empresária, mentora e palestrante.

Instagram **@ISABELASOLLER** | **@GRUPOSOLLER**
Site **WWW.GRUPOSOLLER.COM.BR**

Nasci em São José do Rio Preto, interior do estado de São Paulo. Filha caçula de uma família de classe média, cresci no meio de um redemoinho emocional que por muito tempo moldou a minha percepção de mundo.

Meu pai carregava cicatrizes emocionais profundas desde a infância, marcadas pelo fato de meu avô paterno manter duas famílias ao mesmo tempo e ter gastado toda a herança da família. Essas experiências moldaram nele um medo constante de perder o que conquistava, tornando-o extremamente rígido com o dinheiro. Cada decisão financeira era medida ao extremo. Ele buscava garantir segurança para a família do jeito que sabia, mas suas oscilações emocionais tornavam o lar instável e, muitas vezes, tenso. Minha mãe, por sua vez, emocionalmente dependente, tentava a todo custo chamar a atenção do meu pai e manter o casamento de pé. Eu nasci nesse cenário já armado, em uma casa barulhenta de brigas e silêncios pesados, onde não sobrava muita energia para ser depositada em mim.

Desde pequena, percebi que, para sobreviver, eu teria que aprender a me virar. A ausência de estabilidade emocional me forçou a buscar minha própria forma de crescer. Meu desejo era um só: construir uma vida diferente daquela em que eu estava. Eu queria crescer, prosperar, ter liberdade. Mas como fazer isso sem referências?

Meu carisma e minha inteligência me ajudavam. Eu aprendia rápido, fazia amigos com facilidade e, mesmo sem saber o destino, sabia que precisava sair do ponto de partida.

Lembro-me de pedir ao meu pai para me trocar de escola para o melhor colégio da cidade, e, como priorizava a educação, ele conseguiu bons descontos para que isso fosse possível. Logo percebi que minha realidade era muito diferente da dos meus colegas. Eles participavam de viagens, eventos e experiências que para mim eram quase inalcançáveis. Não eram roupas ou restaurantes que importavam, mas, por algum motivo, aquilo me fazia pensar que havia mais paz, mais troca entre os membros das famílias e mais harmonia. Aos poucos, isso foi despertando em mim o desejo de ter liberdade financeira para evitar problemas dentro de casa, além de viver experiências e alcançar aquela aparente felicidade e polidez que eu via ao meu redor.

Nessa nova escola, minha presença oscilava entre ser notada e passar despercebida. Meu jeito carismático e alegre abria portas e me rendia amizades, mas estamos falando de adolescentes nos anos 1990/2000 — um universo onde a comparação e o julgamento eram quase regras de convivência. Eu sabia que muitas pessoas me julgavam, passar mais tempo fora de casa do que dentro chamava a atenção. Ainda assim, fui encontrando meu jeito de pertencer, aprendendo a conquistar espaço sem abrir mão da minha essência e aceitando que, às vezes, meu papel seria o de coadjuvante, mas jamais o de figurante na minha própria história. Eu queria mesmo era me encontrar.

Meu avô materno foi um ponto de luz nessa fase. Sempre muito amoroso, tentava me agradar com pequenos gestos e presentes. De alguma forma, ele suavizava o sentimento de deslocamento que me acompanhava.

Quando chegou a hora de escolher um curso para a faculdade, optei pelo caminho que parecia mais viável, já que não me identificava com nenhuma das profissões que via em casa — engenheiro e enfermeira — e também não tinha referências claras. Foi então que me mudei para Campinas para estudar direito na PUC (Pontifícia Universidade Católica).

Morei um tempo em um pensionato e depois fui dividir apartamento com colegas da faculdade. Chegava atrasada quase todos os dias, dormia em várias aulas, mas, curiosamente, tirava ótimas notas. Era como se o corpo estivesse presente, mas o coração quisesse outra coisa. Estagiei nos melhores escritórios. O dinheiro começou a entrar. Mas o vazio seguia presente.

Foi ali que entendi que aquilo não era para mim. Eu não me via naquele mundo jurídico, mas entendi também que aquilo era um meio — uma ponte. Mesmo sem amar o direito, me dediquei a crescer, ganhar dinheiro, conhecer pessoas, entender como o mundo funcionava e, com o tempo, direcionar a minha vida para algo que realmente me moveria. A virada começou com essa consciência: entender que às vezes a gente precisa aceitar os processos temporários para conquistar a liberdade verdadeira mais adiante. Mesmo sem saber exatamente o que queria, eu já sabia quem não queria ser.

Sempre fui movida pela fé. Desde pequena, minha mãe me apresentou a Deus. E mesmo que a forma como ela praticava a fé nem sempre fizesse sentido para mim, esse contato me deu chão. Deus nunca se afastou de mim, mesmo nos momentos em que eu estive mais distante d'Ele. Sou muito grata à minha mãe por isso e acredito que a alegria de viver que ela carrega tem uma motivação divina — algo que também herdei dela.

Meu pai me deixou outra herança valiosa: caráter. Ele era, e ainda é, de uma honestidade inquestionável. Sempre pagou tudo à vista, nunca prejudicou ninguém, é um homem justo. Essas raízes me acompanharam em cada passo.

Quando terminei a faculdade, percebi que precisava melhorar meu inglês se quisesse buscar oportunidades mais amplas. Com o apoio do meu pai, fui para uma cidade litorânea na Inglaterra. Lá, estudei inglês, mas principalmente vivi: conheci culturas, viajei, expandi minha mente. Voltei com a cabeça mais aberta, com mais repertório e uma vontade ainda maior de explorar o mundo — embora, naquele momento, ainda não soubesse exatamente como faria isso dentro do direito.

De volta ao Brasil, fui para São Paulo e consegui um bom emprego em um escritório de advocacia. Ganhava bem, a estrutura era ótima, mas eu me sentia profundamente infeliz. Gastava tudo o que tinha com amigos, descobertas, experiências — e ainda assim permanecia infeliz. Por conta disso, passei a culpar o trabalho por tudo que não ia bem: minha saúde, minha autoestima, meus relacionamentos.

Nessa fase, algumas das minhas novas amigas estavam crescendo muito nas redes sociais. Uma delas, em especial, tornou-se uma grande amiga. Acompanhei sua ascensão, ajudei com questões jurídicas, ia a eventos e viajava junto com ela. Ela percebeu em mim alguém que realmente poderia ajudá-la a crescer ainda mais nessa nova área. Quando ela largou o antigo trabalho, me chamou para assessorá-la.

Foi um convite que me tirou o ar. Largar tudo? O salário fixo? O status? A segurança? Mas, dentro de mim, eu sabia que era a decisão certa.

Meu pai, que já sabia da minha insatisfação, me apoiou. Sabia que, quando eu decidia algo, eu ia até o fim. Em uma semana, eu tinha seis clientes. Estava fazendo sozinha a parte comercial, jurídica, financeira — tudo com base na minha experiência e na minha paixão por pessoas. E, logo de cara, já estava faturando o mesmo que no direito.

Foi a libertação. Nasceu a minha agência de gestão de carreira de influenciadores. Fui pioneira ao criar um casting composto exclusivamente por influenciadores digitais — algo inovador na época —, e isso me posicionou com destaque em um mercado que ainda estava em formação.

Desde o início, mergulhei de corpo e alma, sempre com proximidade, cuidado e um senso de oportunidade que me destacava. Meu compromisso e a forma personalizada com que eu cuidava de cada detalhe fizeram meu nome ser sempre mencionado entre influenciadores e marcas. Minha reputação crescia, meu nome ganhava força — e ali, entendi: era isso. Eu tinha encontrado o meu lugar. Eu tinha sucesso.

Descobri que sempre carreguei dentro de mim a vocação para trabalhar com comunicação — uma habilidade que moldou meu jeito de me conectar, de criar pontes e de enxergar oportunidades onde outros não viam. O marketing, que parecia ter caído no meu colo, na verdade foi o destino que eu vinha construindo desde sempre, com cada conversa, cada relacionamento e cada demonstração desse meu lado que as pessoas viam antes mesmo de eu perceber.

Trabalhei com os maiores nomes do mercado, com as melhores marcas, nos melhores eventos e campanhas. Ampliei o escopo, construí um ecossistema que unia criadores e marcas, e um braço que construía todo o audiovisual. Fui crescendo em um ritmo intenso, com muito trabalho, muita entrega e uma profunda sensação de estar finalmente no caminho certo.

Depois de quase seis anos nesse ritmo acelerado, entendi que precisava olhar para dentro. Meu corpo dava sinais, minha mente também. Busquei ajuda terapêutica, comecei a cuidar da minha saúde mental, passei por processos de autoconhecimento, fiz terapia, usei medicação e mergulhei em mim.

E, no final desse primeiro mergulho, encontrei o amor da minha vida.

Conheci meu marido pouco antes da pandemia. Dois corações buscando cura se encontraram. Ele me ajudou a focar no que importa, e juntos formamos uma nova família. Hoje temos dois filhos: Sienna, de quatro anos, e Santiago, que logo completará dois. Eles são a extensão do meu milagre.

A maternidade me transformou profundamente em todos os aspectos. Passei a me valorizar mais para ser aquilo de que meus filhos e meu marido precisam, e o fato de construir algo tão diferente do que vivi na minha infância me trouxe a certeza de que Deus sempre cuidou de mim. Minha fé reacendeu.

Hoje, depois de tudo o que vivi, minha relação com o dinheiro mudou completamente. Conquistei os bens com que sempre sonhei, conheci os lugares que desejava, mas aprendi que o mais importante não é o que o dinheiro pode comprar, e sim o que ele permite construir: segurança, tranquilidade, liberdade e a oportunidade de impactar outras vidas.

Tenho uma empresa consolidada, um time que me apoia, clientes incríveis e uma visão de futuro que me inspira. A cada dia, me aperfeiçoo como líder e como CEO. Continuo crescendo e desenvolvendo minha empresa com propósito e consistência.

Fundei a primeira casa de conteúdo da América Latina: a Casa Soller, em plena avenida Nove de Julho. Contamos com uma área de educação, espaços para eventos, estratégias personalizadas — um ecossistema completo e inovador.

Tenho orgulho de ser empresária, de ter transformado minha história e de viver daquilo que amo fazer — privilégio que sei que poucos conseguem conquistar. Meu caminho foi tortuoso, mas foi exatamente nele que encontrei minhas maiores forças.

Hoje sei que posso melhorar em todos os aspectos se me respeitar no processo.

E assim sigo, com a certeza de que a vida é generosa com quem insiste, com quem sonha e com quem trabalha com amor.

E, se tem algo que quero deixar como legado, é isso: Deus sabe exatamente o que Ele te entrega quando você nasce.

Se você conseguir enxergar suas fortalezas — mesmo quando elas parecem defeitos — e tiver paciência com os processos, tudo vai fazer sentido. Use o que você tem. Com fé, com verdade e com honestidade.

E nunca, nunca deixe que os outros digam quem você é.

Você é quem mostra para o mundo com o tempo, com as escolhas, com os frutos.

Nada foi em vão.

Nenhuma dor, nenhuma dúvida, nenhum silêncio.

Cada peça fora do lugar me trouxe até aqui. Cada queda me ensinou a levantar com mais firmeza. Cada não me mostrou o tamanho do meu sim.

E agora que sei quem sou, ninguém mais me confunde.

O QUE VOCÊ QUER SER?

“Você segura duas chaves: a da fé com a ação e a do medo com a paralisação. Só uma delas abre a porta da sua visão. Só uma te leva a ser quem você é de verdade e a entregar sua missão.”

JACQUELINE RODRIGUES é empresária, escritora e palestrante. CEO da PGBR Auditores e integrante do Board of Directors da PrimeGlobal, uma das maiores associações internacionais de auditoria, consultoria e tributos do mundo. Formada em ciências contábeis, com especializações em gestão estratégica, finanças e governança corporativa, atua há mais de duas décadas liderando equipes e conduzindo projetos que unem performance, ética e propósito. Atleta por paixão, mãe, esposa, filha e irmã, é movida por fé, família e propósito — valores que também inspiraram o livro *O que você quer ser?*, obra que convida à reflexão sobre identidade, coragem e transformação.

Instagram **@EUJACQUERODRIGUES**
LinkedIn **LINKEDIN.COM/IN/JACQUELINE-RODRIGUES-CAMPOS-4B383713**
Sites **WWW.PGR.NET.BR | WWW.EUJACQUERODRIGUES.COM.BR**

Nasci no meio de um entrelaçado de amor, conflito e expectativas. A terceira filha de um homem que, aos 23 anos, estava destravando a própria vida: abrindo conta em banco, crescendo profissionalmente, sonhando com prosperidade. Meu pai trabalhava na empresa que meu avô fundou em 1960, e que, por gerações, carrega o peso de um sobrenome, de uma tradição, de um caminho aparentemente certo. A empresa era parte da nossa história — mas, por muitos anos, eu me perguntei se seria parte da minha.

Minha mãe, mulher linda, inteligente, engraçada e expansiva, era tudo o que fazia meu pai feliz. Mas também era, aos olhos da família dele, uma mulher "que não pertencia". Vinha de outra origem social, de um outro mundo. Isso fazia dela uma presença incômoda para os padrões daquela família. Cresci em São Paulo. Desde pequena, sentia que tinha um dom diferente: o de perceber o ambiente emocional e transformá-lo. Eu lia as pessoas. Captava a energia, o humor, o que elas não diziam em palavras. Carregava a abundância de um lar criativo e cheio de vida — e também a escassez de reconhecimento, pertencimento e aceitação. Era criativa, expressiva, conectada com Deus. Tinha uma intuição afiada para perceber o ambiente e as emoções das pessoas ao meu redor. Cantava, escrevia, dançava, inventava histórias. Acreditava, de verdade, que podia mudar o humor das pessoas e o mundo com isso — e, o mais importante, conversava com Deus. Essa conexão era profunda e natural. Eu rezava como quem respira. Sentia que não estava sozinha. Sentia que era amada. E sentia que tinha algo grande para fazer no mundo, mesmo sem saber o quê.

Na infância, uma professora chamou minha mãe para contar algo inusitado: eu falava inglês sem nunca ter estudado formalmente. Era como se houvesse dentro de mim uma sede por linguagem, por comunicação, por expressão. Isso me acompanhou para sempre.

Mas crescer em uma família com um legado forte é também crescer com a sensação de que os caminhos já estão traçados. Havia uma tradição a ser seguida, uma história construída por homens fortes, e eu não sabia onde minha sensibilidade e criatividade se encaixavam nisso. Trabalhei na recepção da empresa da família para pagar minha faculdade de jornalismo — meu sonho era escrever, entrevistar, ser crítica de música e cinema e traduzir emoções com palavras. Com o tempo, essa dúvida se transformou em dor. Trilhar um caminho novo ou passar por estradas já desbravadas? Eu via preferências, via caminhos se fechando, via portas que pareciam não ser para mim. Me senti preterida. Me questionei: será que não sou suficiente? Será que, para pertencer, preciso me moldar ao que esperam de mim?

Foi quando entendi que eu estava de frente com uma missão de transformação interna e externa. A minha fome de mudar o mundo ia se manifestar na transformação da empresa da família. Eu ia ser a mudança que eu queria ver no mundo. Trocar jornalismo e criatividade por contabilidade parecia insano, e era. Mas eu sabia que seria mais do que isso. Pedi a Deus uma direção e uma chave girou dentro de mim: percebi que ali, na empesa de auditoria e contabilidade da família, havia mais do que números e relatórios — havia pessoas. Havia histórias. Havia decisões humanas refletidas em balanços financeiros. A contabilidade não é uma ciência exata, é uma ciência humana. Era, de certa forma, uma forma de traduzir vidas em códigos. E se eu sempre fui boa com palavras, com emoções, com gente... talvez eu pudesse, sim, fazer parte disso. Mas do meu jeito. Com a minha voz. Com o meu olhar. Com meu dom de criar uma nova realidade.

Não foi fácil abrir mão do sonho de ser jornalista. Mas também não foi exatamente abrir mão — foi reescrever. Encontrei propósito onde antes só via rigidez. Encontrei possibilidade onde só enxergava limites. E, assim, abracei o legado, sem abandonar a minha essência.

E então, vieram meus filhos. Dois partos naturais que me colocaram diante de uma força que eu não sabia que existia em mim. Foi ali que nasceu a mãe, e também a CEO. A mulher que lidera com firmeza, que enfrenta desafios com clareza, que sabe que, se pode gerar vida, pode também gerar essa transformação tão necessária. Uma força da natureza.

Minha capacidade de aprender rápido, de me adaptar, de ver além, sempre esteve comigo. Mas ela foi amplificada por tudo o que vivi como mãe, como esposa, como mulher de fé, como empresária. O nascimento dos meus filhos, da forma que aconteceu, não foi só o início da maternidade — foi o marco da minha liderança.

Na mesma época, a empresa também passava por um momento de virada. Mudamos de sede, de posicionamento, de mentalidade. Fomos da Aclimação para a Faria Lima, do institucional para o digital, de um único serviço para múltiplas soluções. Fortalecemos os nossos laços globais por meio da PrimeGlobal, e minha fluência em inglês — que me acompanhava desde a infância — foi o que possibilitou essa ponte.

Nada disso seria possível sem meus pilares: fé, saúde, família e trabalho. A fé é o primeiro, o mais inegociável. É a base de tudo. Foram incontáveis os momentos em que, para dar um passo adiante, eu precisei primeiro me ajoelhar. Sempre busquei unir desenvolvimento pessoal com espiritualidade. Estudei, meditei, corri. Sim, a corrida também me ensinou muito: ritmo, constância, fôlego, foco. Li mais de seiscentos livros. Fiz mentorias. Ouvi quem já tinha caminhado antes de mim. Maria, uma sócia e hoje amiga de outra firma de auditoria, foi uma dessas mentoras — uma mulher forte que me mostrou como é possível manter firmeza sem perder a humanidade. E, o mais bonito, o privilégio e a força de estar com meu pai e minha irmã nessa jornada.

Em cada fase da minha vida, me cerquei de pessoas que sabiam mais do que eu, e nunca tive medo de aprender o que fosse preciso. Quando chegava uma demanda nova na empresa — algo que nunca tínhamos feito —, eu dizia: “Deixa comigo. Vou estudar. A gente vai fazer”. E fazia. A ação sempre veio acompanhada da fé.

E foi assim que cheguei até aqui. Com uma empresa que cresce todos os anos. Com uma equipe que se desenvolve. Com sócios que compartilham valores. Com uma rede que me conecta com líderes extraordinários, como o Clax. E com uma vida pessoal que, mesmo cheia de desafios, tem equilíbrio, consciência e movimento constante.

Mas talvez o maior resultado dessa jornada toda não seja visível para os olhos. É o que mudou dentro de mim. É a certeza de que tudo o que eu sonhei — absolutamente tudo — foi se realizando pouco a pouco. Em ciclos. Em fases. Em decisões pequenas e grandes. Eu olho ao redor e digo: “Eu sonhei isto aqui”. E continuo sonhando. Porque não existe um ponto de chegada. Existe um caminho constante de se tornar quem se é. No CPF e no CNPJ. Nos bastidores e no palco.

É claro que ainda existem sombras. Dualidades. Medos. A tensão entre abundância e escassez ainda se manifesta às vezes, nas dores da empresa, nos dilemas pessoais. Mas agora eu sei onde estou. Sei quem sou. Sei qual chave escolho segurar.

E é isso que quero deixar para você, que está lendo minha história. Uma pergunta simples, mas que pode mudar tudo: o que você quer ser?

Não amanhã. Não quando tudo estiver mais fácil. Não quando todos concordarem. Mas agora. Hoje. Com os recursos que tem. Com a fé que carrega. Com a ação que está nas suas mãos.

A criança sonhadora que existe em você sabe a resposta. E a mulher ou o homem que você é pode sustentá-la, construí-la e vivê-la todos os dias. Para isso, cuide da sua vida e da sua jornada. Cuide do seu ser. Para ilustrar, se veja como uma pirâmide: sua saúde na base, seus relacionamentos, sua família e seus sonhos no meio, e sua espiritualidade, sua missão e seu trabalho no topo. Eles apontam para a fé. Essas camadas juntas, nutridas e sólidas, vão te sustentar nas tempestades e te lançar rumo às conquistas.

E então, você vai se deparar com as duas possíveis chaves. Escolha a da fé com a ação, segure-a com toda a força que você tem. É ela que abre a porta da sua visão. É ela que o levará a cumprir sua missão. E então, você dirá a cada dia com toda a certeza: nada foi em vão.

APRENDER LEVA TEMPO

"Quando a coisa aperta, não fique no mesmo lugar esperando que algo mude. Circule."

JOÃO CARRILHO é empreendedor e especialista em tecnologia com mais de quinze anos de experiência. Apaixonado por aprender e ensinar, dedica sua carreira a criar soluções que conectam conhecimento e pessoas. É fundador do Curseduca, plataforma de educação que já impactou indiretamente mais de 8 milhões de pessoas, ajudando criadores, empresas e estudantes a aprenderem de forma mais inteligente e colaborativa.

Instagram **@JOAOCARRILHO7**

O ano era 2018.

Às dez da noite, eu estava no aeroporto de Brasília, esperando o voo de volta depois de visitar um cliente. O ar-condicionado frio contrastava com o calor do dia, que ainda parecia grudado na pele. A voz metálica do alto-falante anunciava voos atrasados e embarques imediatos. Um cheiro persistente de café requentado e pão de queijo velho se misturava ao perfume doce de alguém que passava apressado.

Eu estava ali, sozinho, com um café morno na mão esquerda e, na direita, um livro pesado: *Princípios*, de Ray Dalio. Comecei a folhear sem pressa, mais para passar o tempo do que para mudar de vida. Mas, algumas páginas depois, algo começou a acontecer.

Não era só eu lendo. Era como se centenas, talvez milhares de pessoas, espalhadas pelo mundo, estivessem conectadas àquele mesmo momento, cada uma com o livro aberto em seu próprio fuso horário, respirando o mesmo ensinamento. Eu lia sobre os princípios que aquele bilionário americano tinha acumulado em setenta anos de vida e negócios e me peguei pensando que ele não fazia ideia de quem eu era. Não conhecia minha história, nem as ruas onde aprendi a negociar aos dez anos, nem as madrugadas que eu viraria no futuro para manter uma empresa viva.

E mesmo assim, ali estava ele, me ensinando.

O impacto não foi pelo tamanho do nome na capa, mas pelo que aquilo significava: conhecimento pode atravessar oceanos, décadas, idiomas e chegar a alguém que você nunca verá na vida. O que ele escreveu deixou de ser dele para se tornar também meu. E no momento em que juntei os aprendizados dele aos meus, algo novo nasceu. Eu transmutei a mensagem.

Pensei no meu time, nos meus amigos, nas pessoas que nunca teriam interesse em ler aquele livro, mas que, por meio das minhas palavras, das minhas histórias, poderiam receber parte daquele conteúdo. Eu me vi como um mensageiro. Parte da mensagem seguiria intacta. Parte mudaria no caminho. Parte daria origem a novas mensagens.

Foi ali, no meio de anúncios de embarque e conversas atravessadas, que percebi: talvez o sentido de tudo fosse este: aprender, transformar e passar adiante. Ray Dalio nunca falaria diretamente com o menino de São Bernardo que vendia gelinho para comprar peças de bicicleta, mas eu poderia. E se eu fizesse bem o meu trabalho, esse menino — ou qualquer outra pessoa — também carregaria algo para a frente.

Naquele instante, algo se alinhou dentro de mim. Eu queria construir mais do que uma carreira. Queria construir pontes. E percebi que, para isso, precisaria viver, me conectar, circular por lugares que não faziam parte da minha rotina. Porque conhecimento parado apodrece. E se eu quisesse provocar mudanças, teria que estar em movimento — fisicamente, emocionalmente, intelectualmente.

Foi ali que começou a semente do que eu faria nos anos seguintes: criar caminhos para que outros também pudessem ser mensageiros.

Mas, se eu fechar os olhos agora e tentar voltar ao início, o que vejo não são aeroportos.

Vejo as ruas vivas de São Bernardo. Calçadas cheias de rachaduras, onde as crianças desenhavam amarelinha com giz colorido. Gritos se misturando ao som oco da bola batendo no muro. Pipas coloridas cortando o céu de fim de tarde. Bolinhas de gude brilhando no chão, disputadas com um olhar sério que só as crianças entendem.

Eu nunca fui o melhor em nada, mas estava sempre entre os três primeiros. Essa posição me ensinou a competir sem perder a amizade.

Aos doze anos, já liderava sem saber o que significava liderança. Meu irmão, três anos mais velho, me abria portas para interagir com a geração de dezesseis e dezessete anos, enquanto eu transitava com facilidade entre os mais novos de sete ou oito. Eu não fazia ideia de que essa capacidade de circular entre diferentes grupos, que me parecia apenas diversão, seria uma das ferramentas mais valiosas da minha vida adulta.

O mundo analógico dos anos 1990 me deu tempo de rua. Me deu trocas reais, olho no olho, confiança construída no aperto de mão. As mesmas trocas que, anos depois, eu usaria nas negociações mais importantes da minha vida.

E não era só brincadeira. Eu vendia gelinho feito em casa para comprar peças de bicicleta. Trocava bolinhas de gude para pagar a próxima pipa. Desde cedo, entendi que, se quisesse algo, precisava me mover.

Essa sagacidade de rua, de quem viveu múltiplos cenários, de quem aprendeu a ganhar espaço entre os mais velhos e ser exemplo para os mais novos, nunca me deixou. Era ela que me guiava nas salas de reunião, diante de clientes e equipes. Não tinha como dar errado depois de um olho no olho verdadeiro.

Ali, sentado no aeroporto, eu já havia superado a frustração de ser o último da faculdade de tecnologia a conseguir um estágio. Quando a primeira porta se abriu, agarrei com unhas e dentes. Trabalhei duro e cresci rápido. Me tornei diretor de operações, com equipe, resultados e um salário invejável.

Mas algo me incomodava.

Eu cresci livre. Meu repertório era múltiplo. Tinha habilidades físicas, sociais, musicais e de comunicação. Circulava entre nerds e atletas. Minha versatilidade era meu trunfo. E ela me lembrava, dia após dia, que eu estava preso dentro de uma rotina dourada. Um bom cargo, um bom salário, uma boa história para contar — e a sensação de que, a cada dia, eu era menos dono do meu próprio tempo.

Naquela noite, enquanto o avião decolava, percebi que meu valor mais importante era a liberdade. A liberdade quase anárquica que muita gente diz querer, mas poucos têm coragem de buscar. Eu queria ser livre para escolher onde colocar meu tempo. Livre para dizer "não". Livre para viajar na segunda-feira, sem plano. Livre para fechar a porta para pessoas e projetos que não faziam sentido.

Mas a liberdade que eu buscava estava do outro lado do conforto que eu havia conquistado. E ir atrás dela poderia me custar caro. Muito caro.

Foi então que entendi: ou eu arriscava tudo, ou morreria aos poucos.

Não sei quando tudo mudou, mas pequenas coisas mudaram tudo.

Filho de pais comerciantes, cresci vendo a vida oscilar como um pêndulo: meses de fartura, com cheiro de pão fresco na mesa logo cedo, e meses de silêncio pesado, em que as contas eram dobradas e empilhadas no canto do balcão da loja. Aprendi cedo que estabilidade era um luxo raro. Meus pais queriam que eu tivesse mais segurança do que eles tiveram, e empreender, para eles, era sinônimo de risco — quase um palavrão.

Mas em 2020 eu não pensava nisso quando decidi largar o crachá e o cargo de diretor para empreender. Eu tinha tudo o que diziam ser sucesso: salário alto, reconhecimento, estabilidade. Mas, por dentro, já não era dono de mim. Sair foi como pular de um avião sem saber se o paraquedas estava preso. E, se você viveu e sobreviveu àquele ano, sabe o que aconteceu.

Um mês depois, o mundo fechou.

As ruas ficaram desertas. Os aeroportos que sempre foram meu palco de conexões agora ecoavam passos raros e vozes abafadas por máscaras. Enquanto antigos colegas surfavam o boom da tecnologia, eu lutava para vender. Lutava para pagar contas. Lutava para não afundar.

A pressão era silenciosa e constante. Eu acordava antes de o sol aparecer, com o coração acelerado, e passava o dia costurando tentativas de negócio que, muitas vezes, morriam antes de nascer. À noite, o teto do quarto parecia mais pesado que o mundo inteiro.

Foi aí que uma lição da minha infância voltou com força: quando a coisa aperta, não fique no mesmo lugar esperando que algo mude. Circule. Vá aonde nunca foi. Coloque-se diante de gente que não conhece seu nome.

Comecei a frequentar eventos que nada tinham a ver com a minha área. Num dia, estava sentado no fundo de uma sala ouvindo sobre investimentos em startups. No outro, no meio de um curso de dança, tropeçando nos meus próprios pés enquanto ria com desconhecidos. Participei de grupos de leitura, almocei com empreendedores que eu só conhecia de ouvir falar, me sentei a mesas de café com gente que trabalhava em áreas que eu mal sabia explicar.

No começo, parecia perda de tempo. Mas, assim como na infância, era ali, nas conversas aparentemente sem importância, que surgiam as ideias que me salvariam.

Percebi que a conexão humana te salva da tristeza que você está encarando sozinho.

Ainda assim, foram dois anos de noites insones e manhãs no limite. Dois anos em que a incerteza se sentava na beira da minha cama toda manhã, me perguntando se eu ia me levantar ou desistir.

Eu sabia o que queria. Sabia aonde queria chegar. E não iria parar, ainda que estivesse atolado até o pescoço.

Aquela situação me forjava: humildade para recomeçar, resistência para segurar o tranco, coragem para assumir riscos. Foi nessa época que percebi que não era tão bom quanto pensava — e aceitar isso foi libertador.

A obsessão me manteve firme por quase três anos, até que finalmente compreendi que construir algo relevante exige foco, intensidade e tempo. Até então, eu estava atirando para todos os lados, esperando acertar um alvo que nem tinha escolhido.

Foi quando decidi mirar. E, dessa vez, a mira apontava para algo que sempre esteve comigo: educação prática, viva, olho no olho.

Meu jeito de aprender sempre foi diferente — e eu sabia que não estava sozinho nisso. As aulas que me marcaram não foram dadas por professores de quadro e giz, mas por clientes que me contaram histórias de vida, por estranhos que encontrei em viagens à Ásia e ao Oriente, por amigos de infância que me ensinaram a improvisar soluções com o que havia à mão.

Quando entendi que meu papel era construir pontes para que outras pessoas também pudessem aprender assim, tudo ganhou sentido.

Foram quase cinco anos para perceber que a resposta estava na minha própria história. Da maturidade veio a simplicidade: clareza sobre o que quero, o que não quero e o que posso recusar. Descobri que não preciso complicar para ter impacto. Que não preciso seguir todos os caminhos, apenas o meu.

E então tudo começou a dar certo.

A empresa que eu criei ganhou corpo, clientes e resultados. Não foi do dia para a noite, mas chegou o momento em que eu olhei ao redor e percebi que não só estava vivendo daquilo como tinha construído algo sólido, respeitado e lucrativo. Mas, mais do que isso, tinha construído um negócio que funcionava mesmo quando eu não estava presente.

Porque liberdade não é só fazer o que quero. É poder estar onde preciso estar.

E nem sempre isso significa estar num outro país ou numa praia distante. Às vezes, significa estar ao lado da cama do meu pai no hospital, ouvindo o bip constante das máquinas e sentindo o frio metálico das grades. Significa saber que, enquanto estou ali, minha empresa segue viva, tocada por pessoas que eu escolhi trazer para perto, que compartilham meus valores e carregam a missão junto comigo.

Foi para isso que construí tudo. Foi para esse tipo de liberdade que cada madrugada acordado, cada porta fechada e cada risco assumido valeu a pena.

A minha infância me ensinou a circular entre mundos. Os fracassos me ensinaram resiliência. As madrugadas tentando vender sem saber como e a coragem de dizer "não" a uma vida confortável para buscar outra que fizesse sentido me ensinaram que persistir sempre vale a pena.

Tudo me trouxe até aqui. Tudo me trouxe liberdade.

E agora, neste exato momento, me conecto com você através destas linhas, assim como o Ray Dalio se conectou comigo naquela sala de aeroporto. Naquele dia, lendo suas palavras, percebi que éramos apenas dois pontos se encontrando — ele, a milhares de quilômetros, e eu, com um café morno na mão, prestes a embarcar. Hoje, é a minha vez de ser esse ponto que se encontra com o seu.

Por isso, receba o que vou lhe dizer como quem recebe um mapa para a própria jornada: tenha calma. Confie. Não desista. Não pare de buscar novos ares. Desafie-se a entrar em territórios desconhecidos. Faça ainda hoje algo novo — talvez uma aula de dança, talvez um encontro em um clube onde você nunca imaginou pisar. Coloque-se onde nunca esteve. Exponha-se a experiências e universos diferentes. Conecte-se. Absorva.

Mas entenda: aprender leva tempo.

Não é um único salto que muda tudo. São passos, pequenos e constantes, que se acumulam e empurram você na direção do seu destino.

E, quando chegar lá, vai olhar para trás e entender que cada erro, cada porta fechada, cada madrugada de incerteza... tudo fez sentido.

No fim, vai valer a pena. Sempre vale.

QUANDO TUDO AFUNDA, ALGO DENTRO DESPERTA

"Às vezes, é preciso perder tudo para finalmente enxergar."

JORGE AZEVEDO é conselheiro de crédito e investidor em mais de seiscentas startups. Ex-sócio de consultoria estratégica, lidera hoje ecossistemas de inovação e educação corporativa, combinando tecnologia e propósito. É também dono do clube Master Board, da Mentoring League Society (MLS).

Instagram **@JORGE_AZEV**
Site **JORGEMAZEVEDO.COM.BR**

Eu não me lembro do impacto. Só da sensação que veio depois: o silêncio. Um silêncio estranho, quebrado apenas pelo som dos carros passando na marginal. Eu tinha três anos. Estava no banco de trás, minha avó no carona com minha irmã no colo. Minha mãe dirigia. Naquele instante, tudo virou poeira e vidro.

Minha avó morreu ali mesmo. Minha irmã teve fraturas graves. Minha mãe, em coma, ficou no hospital por quase quatro meses. E eu, uma criança de três anos, fui tomado por um vazio que não tinha nome. Por um tempo, não tinha mais ninguém. Nenhum colo conhecido. Nenhuma rotina segura. Nada.

Esse sentimento de abandono me moldou. Passei a infância sentindo que o chão podia sumir a qualquer momento. Não sabia ainda, mas carregava um trauma profundo — algo que só anos depois, com ajuda da psicanálise, eu conseguiria nomear. Até lá, eu era apenas um menino triste, calado, que aprendeu cedo demais que a vida pode virar do avesso em segundos.

Foi o esporte que me salvou. Mais especificamente, o basquete. Eu era desengonçado, gordo, deslocado. Nunca fui o favorito nos jogos da escola. Comecei treinando no horário dos mais novos. Com o tempo, os outros alunos desistiram — e fiquei sozinho. O técnico, então, decidiu manter os treinos só comigo. Era quase uma aula particular. Arremessava em silêncio, repetia movimentos, absorvia cada palavra. Até que um dia, ele me colocou para treinar com os mais velhos. Aceitei com medo — e fui.

Ali eu descobri a meritocracia real: se você se dedica mais do que todos, o jogo muda. Aos quinze anos, eu já era titular do time sub-18. Fomos tricampeões do campeonato Intercolegial do Rio de Janeiro.

Aquilo não era só uma vitória esportiva. Era o começo de uma nova identidade. A mesma disciplina que usei na quadra, levei para os estudos. E, com o tempo, para a vida. Foi ali que aprendi que repetição com intenção vira excelência. E que quando ninguém está olhando, você revela quem realmente é.

Foi então que veio o naufrágio.

Dois dias perdido no mar. Literalmente. Sozinho, em uma travessia que virou pesadelo. Tudo começou com um resgate malsucedido, um cabo rompido e um bote de alumínio arrastado para o alto-mar por ventos implacáveis. A âncora tinha sido perdida antes do resgate. O motor não funcionava. Não havia controle. Tentei remar. Nada. Tentei resistir. Nada. A noite caiu. A água gelou. A esperança se dissolveu.

Pensei que não voltaria. O frio do mar começou a paralisar meu corpo. As ideias se embaralharam. Em certo momento, comecei a ouvir coisas, a ver coisas. Era a mente se despedindo da realidade. O sal queimava os olhos, os músculos já não obedeciam. Eu estava sozinho. Só tinha a mim mesmo — e a decisão de não me entregar.

As horas pareciam não passar. O tempo ficou suspenso entre ondas e delírios. A maior parte dos pensamentos vinha em imagens soltas: minha infância, minha mãe no hospital, a quadra de basquete, vozes distantes. Em algum momento, percebi que já não rezava pedindo ajuda, mas agradecendo por ainda estar consciente. É estranho o que a mente faz com você quando tudo parece perdido. As certezas desabam, e o que sobra é só o que te sustenta de verdade.

Depois de dois dias à deriva, consegui alcançar uma pequena ilha abrigada da tempestade. Lá, encontrei um barco de pesca ancorado. Estava vivo. Mas algo dentro de mim tinha afundado de vez: o falso controle, a arrogância silenciosa, a ideia de que a vida se curva ao planejamento. Eu tinha chegado à terra. Mas sabia que, por dentro, nunca mais seria o mesmo.

Essa sede por superação me levou ao topo do que chamam de sucesso corporativo. Estudei em grandes instituições, trabalhei duro e passei duas décadas em consultoria estratégica. Cheguei ao cargo mais alto da minha carreira. Bom salário, bônus generosos, agenda lotada. O crachá tinha prestígio. Mas por dentro, algo já não fazia sentido.

Eu só não esperava que a vida fosse acelerar essa decisão.

Quando estava no meu melhor momento, recebi o golpe final: fui demitido. Sumariamente. Do cargo mais alto. Sem aviso. Sem plano B. Tudo o que eu tinha construído por vinte anos — carreira, reputação, zona de conforto — ruiu. Naquele momento, não foi o mar que me engoliu.

Foi o silêncio do desemprego. A ausência de reuniões. O celular que parou de tocar. A sensação de que eu havia deixado de ser “alguém”.

A primeira perda foi simbólica: o crachá. Depois, vieram as perdas sutis — os convites que pararam de chegar, os e-mails que ficaram sem resposta, os colegas que que não tinham disponibilidade de tempo para não precisar encarar meu novo status. Mas a perda mais profunda foi invisível: o sentido. Eu havia me confundido com o meu cargo, com os relatórios que assinava, com o crachá que exibia. E de repente, tudo isso não existia mais.

Passei pelas cinco fases do luto. Neguei. Me revoltei. Barganhei. Entrei em depressão. E, finalmente, aceitei. Mas aceitar não significou desistir. Significou enxergar. E enxergar, nesse caso, doía mais do que cair. Porque exigia olhar para mim mesmo sem os filtros da vaidade, da pressa, da performance. Enxergar é cruel — mas é o primeiro passo da verdade.

Foi nessa travessia emocional que algo novo começou a brotar. Ainda sem forma, mas com potência. No meio do vazio, topei com um podcast do Flávio Augusto que falava sobre empreendedorismo, sobre liberdade, sobre ser dono do próprio destino. Era como se alguém tivesse me estendido uma corda no fundo do poço. Pela primeira vez, considerei que talvez não fosse o fim. Talvez fosse um recomeço.

Comecei a estudar. Obsessivamente. Assisti a todos os conteúdos do Meusucesso.com, anotei frases, montei mapas mentais, desmontei tudo o que eu achava saber sobre carreira e negócios. Foi ali que entendi que o jogo tinha mudado — e que eu estava jogando a partida errada havia tempo demais. Eu era um exímio executor de metas que não eram minhas. Um mestre da eficiência dentro de sistemas que já não me representavam.

Começou, então, uma jornada dupla: por dentro e por fora. Por dentro, mergulhei no autoconhecimento, encarei minhas crenças limitantes, revisitei traumas antigos, perguntei a mim mesmo o que eu realmente queria construir — e por quê. Por fora, comecei a construir uma nova identidade profissional. Não mais o executivo. Não mais o consultor. Mas o criador. O mentor. O investidor. O criador de ecossistemas. O cara que decide onde e com quem quer jogar.

Passei a observar o mundo com outros olhos. Aprendi que o verdadeiro valor não está no que você ostenta, mas no que você entrega. E que ninguém investe em você se você mesmo não fizer isso primeiro. Me dei conta de que meu tempo era meu maior ativo. E de que o impacto que eu poderia gerar dependia de alinhar minha história com meu propósito.

Troquei o crachá pela clareza. Substituí a estrutura engessada por ambiência. Fui um dos primeiros a entrar no First Clax. Membro Fundador. Tive o estímulo e a inspiração para criar a Inteligência Digital — uma mentoria de crédito e cobrança que combina conhecimento especializado com produtividade e inteligência artificial. Aprendi a transformar ideias em ativos. Projetos em impacto. Pessoas em comunidades. Entendi que não se trata de trabalhar mais, mas de trabalhar com mais intenção. E que o digital, quando bem usado, pode ser uma ponte para relações ainda mais humanas.

Hoje, sou sócio da Mentoring League Society. Criei o Master Board Club. Escalei entregas, automatizei processos, criei negócios, investi em mais de seiscentas startups. Mas o mais importante: reencontrei a mim mesmo.

Reencontrar a si mesmo não é voltar ao ponto de partida. É se olhar no espelho e, finalmente, gostar do que vê. É ter orgulho da jornada — inclusive das quedas. É saber que mesmo nas piores tempestades, você não perdeu sua bússola. Apenas precisava reconfigurar o mapa.

A vida me ensinou que o importante não é voltar ao que se era. É escolher o que se quer ser — com verdade. O fundo do mar me mostrou que a morte não assusta tanto quanto a ausência de propósito. A demissão me mostrou que sucesso sem significado é fracasso disfarçado. E a solidão do bote me ensinou que estar só não é o mesmo que estar perdido.

E o futuro… o futuro chegou. Ele atende por GenAI — Inteligência Artificial Generativa. A próxima onda não é uma tendência. É um deslocamento de realidade. Será a maior redistribuição de renda da história. E a pergunta mais urgente não é “Quanto você sabe?”. É: “Seu mercado vai existir daqui a três anos?”.

A IA não vai te salvar da sua própria falta de clareza. Mas vai acelerar quem sabe o que quer. Por isso, não se trata mais de buscar segurança. Trata-se de construir relevância.

Meu conselho para quem vive uma dor parecida? Pare. Observe. Questione. O que você está deixando de ver? Quais pontos cegos te mantêm anestesiado? Não se proteja demais do passado — senão ele vira prisão.

Você pode, sim, dar a volta por cima. Mas vai precisar de coragem para recomeçar do zero — com humildade, com presença, com propósito. E, acima de tudo, com decisão. Porque quando a decisão é verdadeira, você para de procurar desculpas. Você age. Você constrói. Você muda o mundo, começando por você.

Ser centauro, para mim, é isso: unir instinto humano com velocidade de máquina. Pilotar o invisível com alma. Liderar com presença e com sistemas. O mundo mudou. E eu mudei com ele.

Porque no fim das contas, tudo o que vivi me trouxe até aqui. E hoje, olhando para trás — das dores da infância ao mar revolto, da queda ao renascimento —, eu posso dizer com convicção: nada foi em vão.

O MAIOR FRACASSO

"O maior fracasso de um indivíduo é ser bem-sucedido naquilo que não foi chamado para fazer."

JOSÉ FRANCELINO SOBRINHO NETO é empresário, escritor, palestrante e fundador da UniFast e do Vision Club ao lado de sua esposa, Fabiana. Lidera uma comunidade com centenas de milhares de alunos e centenas de experts, e é sócio de dezenas de empresários da educação. Atualmente, é responsável por criar o maior movimento de transformação através da educação no Brasil e no mundo.

Instagram **@FRANCELINO_NETO**
LinkedIn **LINKEDIN.COM/IN/FRANCELINONETO**
Site **WWW.UNIFAST.COM.BR**

Nasci numa cidade pequena chamada Pedro Avelino, no interior do Rio Grande do Norte. Último filho de uma família de oito, cresci cercado por muitos irmãos, dores silenciosas e uma fé que resistia. Perdi meu pai aos três anos de idade, vítima do álcool. Muito cedo aprendi a lidar com a ausência. E essa ausência moldou muito da minha busca por presença.

Minha mãe, já com 43 anos quando engravidou de mim, enfrentou dificuldades de saúde mental logo após a perda do meu pai. Foi diagnosticada com esquizofrenia. Meus irmãos mais velhos assumiram o cuidado da casa. A infância foi dura, marcada por improvisos, limitações e uma sensação constante de que eu precisava me virar para conquistar o que desejava.

Aos doze anos, montei meu primeiro negócio: uma pequena empresa de telemensagens. Não era só para ganhar dinheiro — era para ter controle, criar algo meu. Esse foi só o começo. Empreendi em diversas oportunidades. Durante o tempo em que servi como militar da Aeronáutica, criei um consórcio de computadores dentro do quartel e vendi centenas de máquinas para colegas militares. Mesmo ali, em um ambiente de hierarquia e rigidez, encontrei espaço para sonhar, construir e prosperar.

Pouco depois, tornei-me sócio de um dos maiores grupos de comunicação do Rio Grande do Norte. Com menos de vinte anos, liderava um guia de comunicação com mais de cem funcionários.

Mas a vida empreendedora é feita de picos e vales. Quebrei pela primeira vez aos 21 anos — e foi exatamente nesse período que conheci minha esposa, Fabiana. Foi também quando conheci o universo das vendas diretas. Entre meus 23 e meus 33 anos, atuei fortemente nesse setor. Formei redes, treinei milhares de pessoas e criei comunidades de desenvolvimento humano e negócios. Em 2010, fundei uma empresa na área da saúde, voltada para tecnologia da água. Em 2014, me mudei para a Europa para expandir esse negócio.

Passei sete anos em Portugal. Foi um tempo de crescimento e também de profunda reflexão. Mas em 2020, veio a pandemia — e com ela, a quebra. Eu lutei para continuar. Não desisto fácil. Eu queria reconstruir, reerguer tudo. Mas ali, em meio à confusão, recebi uma direção clara.

Uma missionária me disse que Deus queria falar comigo. Passei sete noites em oração no monte. Na última, Ele falou. E eu obedeci.

Mesmo sem entender tudo, mesmo ainda acreditando que havia algo para fazer em Portugal, eu voltei. Porque entendi que ali não era mais o meu lugar. Obedecer foi o maior ato de coragem que eu poderia ter tomado. E foi também a chave da virada.

Ao chegar ao Brasil, em plena pandemia, decidi recomeçar. Fui estudar. Entrei de cabeça no mundo digital. Fiquei meses em mentorias, treinamentos, imerso em plataformas, aprendendo sobre um universo novo para mim. Foi então que recebi outra revelação, vinda de um missionário que morava na Suíça. Em uma ligação, ele me revelou que Deus iria me mostrar um novo negócio que iria surgir na minha vida — sólido como uma pedra, capaz de me levar a lugares aonde eu jamais chegaria por mim mesmo.

Eu me conectei novamente com meu irmão Eugênio, fundador da Eduzz, segunda maior plataforma de educação do Brasil, e com grandes especialistas desse mercado. Nesse momento nascia o desejo de empreender na educação.

Em outubro de 2021, depois de nove meses de estudos e construção, fundei com minha esposa a UniFast — um ecossistema educacional que começou pequeno dentro da Eduzz, mas nasceu com alma de gigante. A partir dali, minha vida virou do avesso — no melhor sentido possível.

Hoje, lideramos juntos um dos maiores movimentos de transformação educacional do Brasil e do mundo. Através da UniFast, impactamos centenas de milhares de alunos, apoiamos centenas de experts e inventores de produtos educacionais e somos sócios de dezenas — quase uma centena — de negócios na área da educação.

Esses números impressionam, mas o que mais me emociona é o sentido por trás de tudo isso. A educação, para mim, não é só um setor. É um chamado. É um ministério. É o caminho que Deus escolheu para que eu cumprisse minha missão. E tudo isso só aconteceu porque eu escolhi obedecer.

Os frutos não param de vir. Recentemente, fundei também com minha esposa o Vision Club — que se tornou parte da Mentoring League

Society (MLS), o maior ecossistema de educação empresarial do país. Lá, me tornei sócio de grandes nomes que admiro, como Joel Jota, Caio Carneiro e Flávio Augusto. Mas, mais do que isso, estou rodeado de empresários, educadores e sonhadores que estão moldando o futuro da educação no Brasil.

Dentro da UniFast, construímos nossa cultura com base em sete valores: fé, integridade, comprometimento, alegria, sabedoria, parceria e resultado. Nossa visão é clara: ser a mais próspera comunidade de educação e negócios digitais do Brasil. E nossa missão é ainda mais poderosa: impactar o futuro da educação.

Se hoje eu tivesse que começar tudo de novo, começaria já em um nível completamente diferente. Porque o que aprendi em três anos vale por trinta. E se passei trinta anos me preparando, foi para viver agora tudo aquilo que fui chamado para viver.

Aos que estão vivendo um desafio parecido, deixo três reflexões que carrego com força no coração. Pergunte-se: se dinheiro não fosse um problema, o que você faria amanhã? Se a resposta for o que você já faz hoje, continue. Você está no caminho certo.

Mesmo quando chover canivete, continue plantando. Porque o tempo vai passar — e a colheita só vem para quem planta.

Transforme seu meio de vida na sua missão de vida. Quando une propósito com prática, você se torna imparável.

Por fim, reforço a frase que guia minha trajetória: "O maior fracasso de um indivíduo é ser bem-sucedido naquilo que não foi chamado para fazer".

Eu fui chamado para transformar vidas através da educação. E é exatamente isso que estou fazendo. Hoje, com os pés na terra e os olhos no céu, posso afirmar com plena certeza: nada foi em vão.

SUCESSO É DECISÃO

"Quando o propósito é maior que o desconforto, o preço se torna irrelevante."

JUCIEL OLIVEIRA é fundador da Monteo, uma das principais referências nacionais em soluções de alavancagem de crédito inteligente para negócios e em formação de patrimônio por meio de consórcios. É host do Receita de Sucesso Podcast, autor, mentor e palestrante.

Instagram **@OLIVEIRA.JUCIEL**

Até onde você iria se descobrisse que o impossível não existe?

Venho de um lugar onde a simplicidade era regra, e não escolha. Filho de um militar e de uma dona de casa, cresci entre sítios e cidades pequenas, daquelas onde a vida passa mais devagar, mas os sonhos não têm limites. Até os dezoito anos, a minha realidade era marcada pela ausência de muitas coisas — não de amor nem de valores, mas de recursos, oportunidades e acesso.

Nunca passei fome, mas também não tive muitas das coisas que queria. E, olhando para trás, agradeço por isso. Tive a sorte de não ter o que desejava. Porque, se eu tivesse tido tudo o que queria na época, talvez não tivesse desenvolvido a fome de crescer, de conquistar, de ser alguém maior do que o mundo que me cercava. Foi essa escassez que acendeu em mim a vontade de fazer algo diferente, de escrever uma história nova.

Meus pais, apesar das limitações financeiras, me deram o que havia de mais precioso: valores. Caráter. Respeito. Disciplina. Eles me ensinaram a tratar os outros como eu gostaria de ser tratado. Esses princípios moldaram minha infância. E mesmo nos momentos mais difíceis — como quando eu ia para o colégio de chuteira e era alvo de piadas —, eu nunca me vi como vítima. Aquilo, de alguma forma, me preparava. Me ensinava a lidar com rejeição, algo que, anos depois, se tornaria uma habilidade fundamental na minha trajetória profissional.

Foi com essa base que me lancei no mundo. E quando falo em mundo, falo do mundo das vendas. Pode parecer simples, mas para mim foi um dos maiores desafios que enfrentei. Porque vender, na essência, é conviver com a rejeição todos os dias. E o ser humano não foi feito para ser rejeitado.

Comecei como vendedor porta a porta. Era a única forma que eu conhecia de gerar demanda. Não tinha técnica, não tinha método, não tinha conhecimento. Só tinha vontade. E, mesmo assim, cada campainha tocada era um desconforto. Cada "não" doía. O processo comercial me tirava totalmente da zona de conforto. E foi aí que aprendi uma das lições mais valiosas da minha vida: quando o propósito é maior que o desconforto, o preço se torna irrelevante.

Eu não vendia porque gostava. Vendia porque tinha um objetivo. Porque sabia que aquele era o caminho para alcançar uma vida diferente. E esse foco me fez continuar, mesmo nos dias em que tudo parecia dar errado.

Mas a grande virada da minha vida não foi uma venda. Foi um entendimento. Eu descobri o poder da sabedoria. E aqui faço uma distinção importante: sabedoria não é conhecimento. Conhecimento com a pessoa errada não serve de nada. E conhecimento sem prática também não leva a lugar algum. O que transformou a minha vida foi aprender com quem já tinha chegado aonde eu queria chegar.

Foi quando entendi o valor de ter mentores. De buscar sabedoria em livros, podcasts, cursos, e depois, com o tempo, investir para estar perto de pessoas que pudessem me aconselhar, me guiar, me acelerar. Isso mudou completamente o meu jogo. Em vez de errar sozinho, comecei a aprender com os erros dos outros. E acertei mais. Cresci mais rápido. Errei menos. O aprendizado ganhou velocidade. E minha vida começou a se transformar.

Nesse caminho, fui desenvolvendo algumas atitudes que hoje reconheço como fundamentais. A primeira delas foi a fome. A fome de vencer. A fome de realizar. A fome de construir algo além da minha origem. Essa fome foi o combustível.

Outra atitude que me moldou foi o hábito de sempre olhar para a recompensa, e não para o preço. Eu costumo dizer: imagine que alguém te oferecesse um cheque de mil reais ao final de uma caminhada de duzentos quilômetros. Provavelmente, você recusaria. O preço seria alto demais. Mas se esse mesmo trajeto te desse um prêmio de 1 milhão, tudo mudaria. O percurso seria o mesmo. A diferença estaria na recompensa. E foi assim que passei a ver a vida.

Eu me habituei a definir recompensas tão grandes que os preços perdiam a importância. E isso me manteve firme. Quando você tem clareza do que quer, e aquilo pulsa forte dentro de você, o esforço vira só parte do caminho.

Com o tempo, essa mentalidade me permitiu transformar não só minha vida, mas também a vida de outras pessoas. Hoje, olho para trás e vejo que conquistei aquilo que chamo de sucesso. E sucesso, para mim, é construído sobre três pilares.

O primeiro é o eu. Ter tempo e recursos para cuidar de mim, me desenvolver, fazer atividade física, meditar, crescer como ser humano. O segundo é o relacionamento. Estar presente com minha família, com meus amigos, com as pessoas que vibram com as minhas vitórias. Ter condições de viver experiências com elas. E o terceiro é o trabalho. Fazer o que amo. Impactar vidas. Construir um negócio com propósito. Crescer ajudando outros a crescerem. Transformar vidas enquanto transformo a minha.

A jornada continua sendo desafiadora. Mas ela se tornou prazerosa. Cada esforço é recompensado. Cada dor é compensada por um resultado que faz sentido. E isso faz tudo valer a pena.

Se eu puder deixar uma mensagem para quem está começando ou enfrentando dificuldades, é esta: tenha clareza. Saiba o que você quer — ou, pelo menos, saiba o que você não quer. Às vezes, o caminho começa pela negação: "Eu não quero viver assim. Não quero ser limitado. Eu não quero ver minha família passando necessidade". E a partir daí, você encontra seu rumo.

Respeite os princípios. Sucesso de verdade não passa por cima de ninguém. É possível vencer com ética, com verdade, com caráter.

Acredite que o que importa mais não é de onde você veio, e sim para onde você quer ir. Seu passado não define seu futuro. Você pode ser quem quiser, desde que tenha clareza, fome e consistência.

Busque sabedoria. Aprenda com quem já trilhou o caminho. Leia, ouça, se relacione, invista em mentorias. Isso acelera seu processo em décadas.

Seja um fazedor. Aja. Execute. Mesmo quando não estiver com vontade. A disciplina é a base de tudo. Ela transforma metas em conquistas.

Construa um ambiente de crescimento. Esteja com pessoas que compartilham de seus valores e querem subir junto com você. O lugar certo e as pessoas certas fazem toda a diferença.

E, principalmente, aprenda a dominar suas emoções. A vida vai te testar. Vai te desafiar. Mas se você souber lidar com o medo, com a dúvida, com a raiva, você vai atravessar qualquer tempestade.

Eu não sou exceção. Sou só alguém que decidiu que não aceitaria menos do que merecia. Que acreditou que podia. Que teve fé, foco e ação. E que decidiu que a história que me contaram não seria o fim, mas o começo.

Porque no fim das contas, olhando para tudo o que vivi, tudo o que enfrentei, tudo o que superei... nada foi em vão.

QUANDO DESISTIR NÃO É OPÇÃO

"Não sabendo que era impossível, ela foi lá e fez."

JULIANA GONÇALVES é CEO e fundadora do Grupo Projeta, empresária formada em administração de empresas e engenharia civil, com pós-graduação em engenharia geotécnica. Casada com Raphael e mãe da Maria Eduarda e da Helena, Juliana transformou sua trajetória em um exemplo de liderança empreendedora e propósito.

Há mais de quinze anos, fundou com seu marido o Grupo Projeta, um conglomerado composto por cinco empresas multidisciplinares com a missão de desenvolver soluções integradas de engenharia consultiva que contribuam para o crescimento sustentável dos municípios brasileiros.

Instagram **@JULIANAGONCALVESOLIVEIRA**
LinkedIn **LINKEDIN.COM/IN/JULIANA-GONÇALVES-5B44692A**

Nasci em Brumadinho, uma cidade pequena, mas que guarda memórias imensas dentro de mim. Foi lá que tudo começou. Minha infância foi marcada por aventura e liberdade. Lembro-me com carinho das férias no sítio do meu avô ou na fazenda dos meus tios, onde eu subia em árvores, cavalgava e me perdia pelos campos como se o mundo fosse um grande quintal. Aos domingos, a casa dos meus avós maternos era o ponto de encontro da família. Vários tios, muitos primos da mesma idade, risos altos, cheiro de comida e o calor de um lar que, apesar dos desafios, transbordava amor.

Mas a infância, que começou doce, teve uma quebra repentina. Meus pais se separaram quando eu tinha apenas oito anos. Uma separação marcada por brigas que presenciei de perto e que até hoje me visitam em algumas lembranças. Minha irmã era um bebê de oito meses na época. A partir dali tudo mudou. Minha mãe, professora, tornou-se o verdadeiro pilar da nossa casa. Trabalhava em três turnos diferentes para sustentar a mim e minha irmã. Meu pai nunca deu nenhum tipo de assistência financeira. Minha mãe foi o nosso arrimo. Sempre foi.

Aprendi desde cedo o que era responsabilidade. Aos catorze anos, comecei a trabalhar. Não porque alguém me obrigou, mas porque eu queria. Queria vencer, queria mais. Lembro que queria muito fazer um curso de teatro, para vencer minha timidez. Minha mãe não podia pagar, então usei meu salário para investir nisso. Ali comecei a entender que, se eu quisesse algo, teria que construir com minhas próprias mãos.

Passei por vários comércios em Brumadinho, mas sentia que aquilo não era suficiente. Eu queria o mundo. Enquanto cursava administração de empresas, ficava atenta a cada oportunidade no mercado. Devorava revistas como *Exame* e *Você S/A*. Aprendi a montar um bom currículo, a me preparar para entrevistas, e fui à luta.

Meu primeiro estágio foi numa empresa que fabricava peças para a Fiat, em Betim. Larguei, sem pestanejar, um emprego estável no sindicato dos mineradores em Brumadinho. Estudava em Betim, morava em Brumadinho e, para evitar chegar suada na faculdade depois das longas viagens de ônibus, fazia academia perto da faculdade, só para tomar banho. Eu não tinha luxo, mas tinha disposição.

Foi então que surgiu a vaga na Ferteco, que depois se tornaria Vale. O processo seletivo foi mais difícil que vestibular, mas eu fui até o fim e consegui. O único detalhe? A vaga era em Congonhas. Muita gente teria recuado, mas eu fui. Me mudei para BH, dividi apartamento com uma modelo, estagiava em Congonhas e estudava em Betim. Era um malabarismo diário, com poucos recursos e muita vontade. Muitas vezes, o dinheiro que eu tinha era suficiente apenas para comprar um pacote de salgadinho. E mesmo assim, eu não me permitia desistir. Minha mãe, guerreira como sempre, colocava dinheiro escondido na minha mala aos fins de semana, torcendo para que eu não precisasse, mas sabendo que eu provavelmente precisaria.

Tornar-se grande e diferente em uma cidade do interior já era um desafio por si só. Mas ser tudo isso sem recursos financeiros era outra história. Ainda assim, nunca me deixei limitar por onde nasci ou por quanto eu tinha. Sempre disse para minha mãe: "Eu não quero me casar com um bom partido. Eu quero ser o bom partido".

Essa mentalidade me guiou. Durante minha trajetória, tive o privilégio de conviver com líderes que me inspiraram profundamente. Na Vale, meu gerente nos fazia pensar fora da caixa, mesmo com sua rigidez. Mais tarde, na Cesa Logística, tive um gerente visionário que sempre me encorajava, me aconselhava, me via além do óbvio. Foi ele quem, ao assumir a diretoria do Instituto Inhotim, me chamou para trabalhar com ele.

E foi no Inhotim que vivi minha primeira grande virada.

Trabalhando inicialmente na área financeira, em apenas três meses, chamei a atenção do fundador do museu, que me convidou para assumir a gerência do restaurante principal. Logo depois, passei a gerenciar toda a área de alimentação do instituto. Foi minha primeira experiência liderando uma equipe, tomando decisões, sendo referência. Ali, eu percebi que estava pronta para algo maior.

Sempre fui inquieta, movida por desafios. Tinha um compromisso com a história da minha mãe, com o esforço dela, com o exemplo que eu queria ser para minha irmã e, futuramente, para meus filhos. Eu precisava dar certo. E dar certo não era uma opção, era o único caminho.

Minha mãe sempre dizia que o nosso nome é o bem mais precioso que temos. "Ele abre portas, Juliana", ela dizia. E eu levei isso comigo.

Quando eu e meu marido, Raphael, decidimos abrir a nossa empresa, não tínhamos capital, nem estrutura. Só tínhamos o nosso nome... e o nosso cheque especial, que, diga-se de passagem, era baixíssimo. E mesmo assim, seguimos em frente.

Foi assim que nasceu o Grupo Projeta.

Não havia plano B. Nosso plano B era fazer o plano A dar certo. Começamos do zero, ou melhor, do negativo. Mas havia algo dentro de nós que era mais forte do que qualquer escassez: a certeza de que desistir não era uma opção. Trabalhamos dia e noite. Fomos juntos.

Hoje, o Grupo Projeta conta com mais de novecentos colaboradores. Dizer isso em voz alta ainda me emociona. Porque eu sei o que enfrentamos. Sei de onde viemos. Sei o quanto doeu. E sei o quanto valeu a pena.

Mais do que construir uma empresa sólida, realizamos o maior dos meus sonhos: dar às nossas filhas uma vida diferente da que tivemos. Com segurança, com possibilidades, com amor e com liberdade para sonhar sem medo.

Às vezes olho para trás e vejo pessoas que tinham muito mais do que eu: mais condições, mais recursos, mais facilidades. E ainda assim, muitos ficaram estagnados. Alguns até perderam o que tinham. Eu não julgo, mas isso reforça ainda mais a certeza de que cada renúncia, cada dificuldade, cada pacote de salgadinho e cada lágrima valeram a pena. Porque eu nunca deixei de sonhar. E nunca parei de lutar.

Essa fome de vencer, essa vontade de aprender, essa inquietude de quem sabe que nasceu para mais, ainda mora em mim. Ela me move todos os dias. Porque vencer, para mim, nunca foi apenas ter sucesso profissional. Sempre foi honrar quem me criou, inspirar quem vier depois de mim e provar para mim mesma que o impossível só existe para quem para no meio do caminho.

Se eu pudesse deixar uma mensagem para quem vive um momento difícil, seria: está com medo? Vá com medo mesmo. Mas se prepare. Estude. Enfrente. Seja incansável. O resultado vem. Eu sou prova viva disso.

Nada do que eu vivi foi fácil. Mas hoje vejo com clareza: cada escolha, cada passo, cada sacrifício teve um propósito. Nada foi em vão.

ENTRE RISCOS E RECOMPENSAS

“Progresso e ordem.”

FLÁVIO AUGUSTO

JULIO CARELLI tem 26 anos e é empresário, diretor comercial e cofundador da Formadores de Mercado Educação. Pai de três filhos: a Maria Júlia, de quatro anos, a Diana, de três, e mais um que ainda não tem nome, porque está na barriga da mãe. É casado com a Jhulie desde 2019 e cristão.

Instagram **@JULIOCESARCARELLI**

Minha história começa no dia 14 de agosto de 1999, em Balneário Camboriú, uma cidade praiana e tranquila, onde cresci cercado por muito amor e ensinamentos. Tenho 26 anos hoje, e posso afirmar com convicção que os alicerces que construí na infância definiram meu caminho. Ambos profissionais dedicados, meu pai engenheiro civil e minha mãe administradora estavam sempre presentes, me ensinando lições de responsabilidade, organização e a importância de ser cuidadoso com os detalhes da vida.

Esses valores foram essenciais para a pessoa que sou hoje, e muito do que aprendi com eles ainda é a base das minhas ações diárias. Com a minha mãe, aprendi que organização não é apenas uma questão de manter o espaço limpo, mas de manter a vida equilibrada e direcionada. Com meu pai, entendi que um homem de verdade é aquele que assume suas responsabilidades, que se dedica a resolver problemas com foco e ação. Desde cedo, estava envolvido em atividades práticas, como ajudar meu pai no conserto de carros e nas tarefas da casa. Aprendi a nunca esperar que as coisas aconteçam sozinhas, e que o trabalho árduo é a chave para conquistar o que se quer.

Aos dez anos, minha vida deu uma guinada. Nossa família passou por uma grande perda em Itajaí, quando uma enchente devastou nossa casa e nos forçou a recomeçar. Esse episódio nos levou a Jaraguá do Sul, onde minha nova jornada se iniciou. Apesar da mudança, nunca tive dificuldades para me enturmar. Fiz amigos rapidamente, e minha educação seguiu na escola pública, onde aprendi uma das lições mais importantes: muito além das provas e do conteúdo técnico, a verdadeira habilidade está em como você se relaciona com as pessoas. A comunicação e a capacidade de construir relacionamentos foram as chaves que abriram muitas portas para mim.

Quando terminei o ensino médio, aos dezessete anos, decidi seguir o caminho da engenharia civil, ingressando na Universidade Católica de Santa Catarina. A faculdade foi um grande desafio, mas também um período de grande aprendizado. A carga técnica e a necessidade de disciplina me fizeram compreender o valor da dedicação. Através desse processo, aperfeiçoei uma habilidade que mais tarde seria essencial: a capacidade de estudar e trabalhar duro para alcançar os meus objetivos.

Ao completar vinte anos, uma nova paixão despertou dentro de mim: o mercado financeiro. Guiado por meu irmão mais velho, Jonathas, que já havia mergulhado no mundo financeiro, comecei a estudar sobre ações e investimentos. O cenário de pandemia que atingiu o mundo em 2020 me proporcionou uma oportunidade única. A crise do coronavírus fez os preços das ações despencarem, e foi nesse momento que decidi investir. Comprei ações baratas, e isso me trouxe não só retorno financeiro, mas também um novo olhar sobre o mundo dos investimentos.

Foi então que meu outro irmão, João, me apresentou ao bitcoin. No início, fui cético. Achava que era uma pirâmide, mas o constante aumento de preço do ativo despertou minha curiosidade. Decidi investir, e isso foi o início de uma mudança significativa na minha vida financeira. O bitcoin e outros criptoativos me permitiram multiplicar meu patrimônio de forma legítima, e, em 2023, quando João me convidou para abrir uma empresa de educação sobre criptoativos, aceitei o desafio. Era um novo negócio, uma nova tentativa, mas desta vez, com propósito: Proporcionar liberdade para as pessoas, descomplicando o investimento em criptoativos e ajudando outras pessoas a entenderem o potencial desse mercado.

Até aqui, minha vida foi marcada por grandes decisões, e a principal delas foi aceitar o convite de abrir a empresa. Ao longo da nossa trajetória, enfrentamos dificuldades, mas nenhuma delas foi maior do que a decisão de persistir e acreditar na proposta que estávamos oferecendo. Criamos a Formadores de Mercado, uma empresa voltada para a educação financeira e investimentos em criptoativos, e essa decisão foi, sem dúvida, a virada da minha vida.

O maior obstáculo que enfrentei não foi financeiro ou profissional, mas pessoal. Quando minha filha Diana, com apenas seis meses de vida, foi diagnosticada com miastenia congênita, eu e minha esposa vivemos um dos momentos mais desafiadores de nossa vida. Ela passou quinze dias na UTI, e a luta pela saúde dela foi imensurável. Mas, através da fé e da confiança em Deus, nunca perdemos a esperança. Esse momento me ensinou o verdadeiro significado de resiliência, força e amor incondicional. Esse desafio pessoal me fez perceber que, por mais que o trabalho e o sucesso profissional sejam importantes, as coisas que realmente importam são a saúde da família, a fé e os momentos de superação.

Como em toda história de superação, houveram também os momentos de aprendizado e crescimento. Quando decidimos abrir a empresa, precisávamos ter coragem para enfrentar os riscos e continuar fazendo o que precisava ser feito, mesmo quando os resultados não eram visíveis. A resiliência foi uma habilidade essencial. Aprendi que a mudança é constante, e que para alcançar o sucesso, a empresa precisava de sócios que estivessem em constante evolução. Eu, João, Rodrigo e William, como sócios, entendemos que a verdadeira chave para o crescimento da Formadores de Mercado estava no nosso próprio desenvolvimento pessoal e profissional. A honestidade, a honra com nossos clientes, e a persistência foram os pilares que sustentaram nossa caminhada.

Os resultados, é claro, começaram a aparecer. Hoje, consigo proporcionar uma qualidade de vida muito melhor para minha família, e mais do que isso, sinto que estou cumprindo meu propósito. A conexão com pessoas novas, a responsabilidade de ser líder e a oportunidade de transformar a vida de tantos através da nossa empresa são resultados que vão muito além de qualquer ganho financeiro. Isso tem sido a maior recompensa de todas.

A mensagem que deixo para quem vive um desafio parecido é simples: vale a pena. Vale a pena correr riscos, se expor a situações desconfortáveis e desafiar-se. Esses momentos são os que realmente fazem você crescer. A zona de conforto é a morte da ambição; sair dela é o que pode desbloquear novos patamares na vida. O verdadeiro progresso acontece quando você aceita o desconforto e se desafia.

Eu sou a prova de que, apesar dos desafios, nada foi em vão. Cada dificuldade, cada decisão difícil, e cada risco valeu a pena para me levar até aqui.

NÃO DECIDI ONDE NASCI, MAS DECIDI AONDE QUERO CHEGAR

"Antes de formá-lo no ventre eu o escolhi; antes de você nascer, eu o separei e o designei profeta às nações."

JEREMIAS 1:5

LARISSA LOPES, também conhecida como Lari Lopes, tem 29 anos. É administradora por formação, empresária em múltiplos setores e especialista em potencializar empresas para que sejam herdadas ou deixem um legado transformador. Mentora no Gerações Club, prepara empresas para perpetuarem por gerações. Esposa do Vini e cristã, é apaixonada por pessoas e por transformar histórias com coragem e significado.

Instagram **@LARILOPESFIRMINO**

Quando esta história começou, eu era apenas um feto. Tão pequena quanto um sonho que ainda não tem forma, mas já pulsa com vida. E, assim como um sonho, eu precisava ser nutrida — de força, fé e esperança. A pergunta é: do que os seus sonhos têm sido nutridos?

Nasci no ventre de uma mulher forte e cheia de coragem. Norma, deixou o interior do Maranhão em busca de um recomeço. Jovem, com quase nada nas mãos — apenas coragem no peito e um propósito ainda sem nome —, ela enfrentou três dias de ônibus até São Paulo, comendo o que tinha e sonhando com o que ainda não sabia que viria.

Foi na igreja que conheceu meu pai, Marcelo, um homem que, na época, era pastor. Eles se apaixonaram, se casaram e tiveram minha irmã mais velha, a Lo. Mas logo tudo desandou. Meu pai se envolveu com drogas, e o que poderia ser uma família se tornou um campo de batalha silencioso. Minha mãe fazia bicos de faxina para colocar comida na mesa, enquanto via nosso lar se desmanchar. Ele trocava móveis, roupas e utensílios por entorpecentes. Um caos diário.

Foi nesse cenário que ela descobriu a segunda gravidez — a minha. E mesmo cercada de miséria, abandono e medo, ela escolheu não parar. Precisava sobreviver. Cuidava da filha pequena, da casa, e, de alguma forma, ainda encontrava forças para não deixar a dor vencer.

Até que apareceu a primeira oportunidade real de mudança: um bico de panfletagem para uma empresa de planos de saúde. O dono da corretora disse que, se ela fizesse alguma venda por conta própria, a comissão seria dela. Ela nunca tinha ouvido falar de plano de saúde, mas passou a madrugada lendo o contrato para entender o produto. No dia seguinte, fez sua primeira venda — e ganhou quase vinte vezes mais do que ganhava em uma faxina.

Esse valor foi um respiro. Um sopro de esperança em meio ao caos. Com a comissão daquela primeira venda, minha mãe conseguiu o impossível: nos tirar de uma situação de miséria absoluta e nos levar para um bairro melhor. Ainda havia dificuldades, claro. Mas, pela primeira vez, havia dignidade. Havia espaço para sonhar.

Mas a vida ainda nos traria uma dor profunda. Exatamente uma semana após o meu primeiro aniversário, no dia 1º de julho de 1997, meu pai faleceu. Tinha apenas 25 anos. Minha mãe, viúva aos 21, ficou sozinha com duas filhas pequenas nos braços e uma vida inteira pela frente.

Três grandes lições que aprendi com a minha mãe:

1. Não posso me entregar diante de uma dor, não importa quão grande ela seja.
2. Ser forte é uma escolha. Levante e continue.
3. Fé e coragem são ferramentas cruciais para reescrever uma história.

Esses ensinamentos moldaram quem sou hoje e continuam a ser o meu norte nas batalhas e conquistas da vida. Minha infância foi marcada por essa mulher. Forte, corajosa e incansável. Chegava tarde, atrasava para me buscar na creche, pedia carona na frente do ônibus, mas nunca, jamais, deixou de acreditar que poderia mudar nosso futuro. E mudou. Mesmo com roupa doada, uniforme improvisado, merenda contada... havia esperança. Sempre houve.

Mas havia também um vazio. Crescer sem pai me deu um buraco que só a fé conseguiu preencher. Eu sonhava, na minha cabeça de criança, que um dia ele apareceria na escola e me buscaria. Essa ausência moldou meu caráter, minha forma de amar, minha forma de desconfiar. Eu me tornei uma mulher forte, sim. Mas precisei aprender, já adulta, que força também é saber ser vulnerável. Também é poder chorar. Também é confiar.

E isso foi um dos maiores desafios que enfrentei: aprender a confiar. Por muito tempo, tive medo de amar alguém e perder. Como minha mãe perdeu. Quando conheci o Vini, meu marido, levei tempo para permitir que ele fosse parte do meu mundo. Medo. Trauma. Falta de referência. Eu não sabia o que era carinho paterno, afeto masculino, proteção masculina. Eu não tinha isso. Mas, mesmo sem saber, aprendi a construir.

A virada da minha história veio quando eu tinha dezessete anos. Até então, minha fala era clara: "Nunca vou trabalhar com o que minha mãe trabalha". Cresci com uma mãe ausente por necessidade — e prometi que seria diferente. Sonhava com a publicidade. Fiz vestibular, passei em uma federal no Nordeste e também consegui uma bolsa de estudos para cursar publicidade em uma faculdade de São Paulo. Estava decidida. Queria seguir esse caminho de todo jeito.

Mas, para minha surpresa, minha mãe — que sempre me apoiou — me disse algo que ficou marcado: "Filha, eu sei que você quer muito isso. Mas não sei se esse é o melhor caminho para você. Olhe para a corretora com outros olhos. Eu enxergo algo em você que talvez você ainda não consiga ver".

Mesmo contrariada, confusa e um pouco resistente, aceitei participar do Programa Novo Corretor da SulAmérica, que preparava filhos de corretores para assumir as empresas da família. E foi ali, quase sem querer, que tudo começou a mudar.

Durante a imersão, um diretor de marketing olhou nos meus olhos e disse: "Você vai ser uma excelente publicitária. Mas você nasceu para ser empresária". Aquilo ficou comigo. Voltei para casa, orei, jejuei, pedi direção a Deus. E tomei minha decisão: iria tentar. Mas com uma condição — começaria do zero.

Fiz a matrícula no curso de administração com ênfase em seguros. Comecei como estagiária na corretora. Salário de seiscentos reais. Função mais básica do escritório. Não queria privilégios por ser filha da dona. Queria mérito. Queria conquistar meu espaço.

Não foi fácil. A assistente da minha mãe, embora mais experiente, não era gentil comigo. Ela tinha ciúmes da minha presença. Mas eu optei por ser maior do que a situação. Chegava antes, me antecipava, me preparava. Estudava à noite, aplicava no dia seguinte. Preferi deixar os resultados falarem por mim. E eles falaram.

Na faculdade, transformei a corretora em laboratório. Meus professores viraram mentores. Meus colegas, conselheiros. A empresa cresceu, se estruturou, evoluiu. Quando eu tinha 21 anos, minha mãe me chamou: "Filha, sempre sonhei em estudar direito. Agora, com você aqui, posso ir?".

Eu disse: "Vai, mãe. Eu seguro". E segurei.

Fui promovida a gerente. Depois, a diretora. E um ano depois, minha mãe me convidou para ser sócia. Eu tinha conquistado aquilo com suor, entrega e visão. Não apenas continuei o legado — eu o ampliei.

Hoje, além de empresária no ramo de seguros, atuo em outros segmentos, como produção de vídeo e comunicação. Sou mentora no Gerações Club, um grupo que prepara empresas familiares para o futuro. E tudo isso foi possível porque uma mulher lá atrás decidiu não desistir.

A mensagem que deixo é simples, mas profunda: você não é responsável pelo lugar onde nasceu. Mas é totalmente responsável por onde vai morrer.

Sua origem não define o seu fim. Sua dor não anula sua potência. Sua história pode ser marcada por traumas, perdas, ausência... mas as suas escolhas moldam o seu destino. Os sonhos são como fetos: precisam ser gerados, nutridos, protegidos. E, acima de tudo, precisam que alguém acredite neles.

Minha mãe escolheu mudar a rota. E essa escolha reverberou na minha vida. E agora reverberará nos meus filhos. E nos filhos deles. O legado é isto: plantar hoje o que as próximas gerações vão colher com honra.

Nada foi fácil. Nada caiu do céu. Mas nada — absolutamente nada — foi em vão.

O QUE É IMPOSSÍVEL PARA VOCÊ HOJE?

"As maiores dores viram as melhores histórias."

LEANDRO ALVARENGA é empresário, mentor e especialista em escalar negócios criativos com tecnologia e inteligência artificial. Fundador da Prime Arte e CEO da Flashvolve, lidera há quase duas décadas empresas focadas em soluções de comunicação para grandes corporações. Também é sócio do ClaxClub e tem como mentores Flávio Augusto, Caio Carneiro e Joel Jota. À frente da Prime Labs Club, ajuda donos de produtoras, agências e consultorias de treinamento a transformarem suas operações em negócios mais produtivos, lucrativos e escaláveis com inteligência artificial e criativa.

Instagram **@LEANDROALVARENGA**
LinkedIn **LINKEDIN.COM/IN/LEANDROALVARENGA**
YouTube **YOUTUBE.COM/@LEANDROALVARENGA**

Nasci no início dos anos 1980 e, desde cedo, minha vida teve um fio condutor invisível: a tecnologia. Enquanto a maioria das crianças crescia entre brincadeiras na rua, futebol e televisão, eu dividia meus dias entre a calçada, a escola e um computador que morava num canto da casa.

Meu pai era analista de sistemas, profissão que quase ninguém entendia na época. Era funcionário público, mas tinha a mente inquieta e empreendedora. E foi dessa inquietação que surgiu uma sociedade com um amigo e, pouco depois, uma empresa de software. Era o fim dos anos 1980, e aquele projeto ousado logo mudou o patamar da nossa família.

A lembrança que tenho é de uma infância feliz, estruturada, em que tudo parecia estável e promissor. O computador virou meu companheiro. Enquanto os outros falavam em video game, eu já brincava de escrever código. Aprendi a programar cedo, ainda com disquetes na mão e telas de fósforo verde. Criava comandos, testava, errava, tentava de novo. Enquanto muitos diziam que passar horas em frente ao computador faria mal, eu estava ali, cultivando lógica, criatividade e autonomia.

Naquela fase, aprendi duas coisas que carreguei comigo para sempre: liberdade e ruptura.

A liberdade veio da descoberta de que eu podia criar algo do zero. Bastava aprender a linguagem, digitar os comandos certos, testar hipóteses. A ruptura, porém, chegou de forma dura. Meus pais se separaram.

Foi um daqueles eventos que mudam tudo. Meu pai foi embora de casa e, com ele, levou o computador. Morando a oitenta quilômetros de distância, eu não perdi o contato diário só com ele, mas também com o meu melhor amigo digital. Era como se tivesse perdido dois alicerces ao mesmo tempo. E, como filho de pais separados nos anos 1990, ainda carreguei o peso dos olhares, das perguntas, das comparações. Não era comum. Não era aceito.

Nos fins de semana, visitava meu pai. E foi nessas idas ao interior que descobri outra paixão: a música. Um violão largado num canto despertou em mim o mesmo fascínio que um dia despertaram os códigos. Comecei a aprender sozinho, depois com aulas, depois com bandas. Vieram os ensaios, as madrugadas, as apresentações. E quando chegou a hora da faculdade, segui meu instinto. Escolhi música. Violão erudito.

A maioria não entendeu. Diziam que era hobby, que não daria futuro, que eu devia procurar estabilidade. Talvez prestar concurso, seguir carreira pública, como meu pai um dia tentou. Mas eu não queria um caminho pronto. Queria construir o meu.

E foi o que fiz. Antes dos 22 anos, já ganhava mais com música e produção do que qualquer parente com uma "carreira tradicional". Fiz trilhas sonoras para comerciais, filmes, projetos de marcas. Quando entrei para um estúdio renomado em São Paulo, parecia que tudo ia se consolidar. Mas a crise chegou.

Salários atrasados, dívidas, incerteza. Vários profissionais pularam fora. Eu fiquei. Arregacei as mangas, fui atrás de clientes, segurei as pontas. Reerguemos o estúdio. Contra todas as previsões. Quando finalmente respirávamos, veio o baque. A demissão.

Do nada. Sem explicação clara. Depois de todo o esforço, recebi a porta na cara. Uma das experiências mais dolorosas da minha vida profissional. Mexeu com meu orgulho, minha identidade, minha fé nas pessoas.

Lembro-me até hoje do que pensei naquele dia: "Nunca mais vou trabalhar para alguém".

E cumpri. Abri meu primeiro CNPJ. Comecei como freelancer, sozinho, aceitando todo tipo de projeto. Não havia plano de negócios, nem sócios, nem estrutura. Só a fome de fazer. E aos poucos, fui conquistando clientes, criando processos, chamando gente para ajudar. Um passo por vez, nasceu a Prime Arte.

No começo, o modelo tradicional dominava: agências contratavam produtoras, que executavam projetos para marcas. Mas eu queria ir além. Não queria depender das agências. Queria falar direto com as grandes empresas. Mais uma vez, disseram que era impossível. Queimaríamos o nome, fecharíamos portas, não seríamos mais chamados.

Ignoramos tudo isso e fomos assim mesmo. De cara limpa. Prospectando, marcando reuniões, apresentando portfólio. Funcionou. Aos poucos, as marcas começaram a nos contratar direto. E até aquele chefe que um dia me demitiu... virou cliente.

Com o tempo, fui ficando incomodado com a lentidão do nosso mercado. Produções caras, processos engessados, cronogramas exagerados.

Vi ali uma brecha. Comecei a pensar como programador: onde dá para melhorar? Automatizar? Padronizar?

Trouxe programadores para dentro da produtora. Desenhamos fluxos, criamos ferramentas, aceleramos entregas. Reduzimos prazos de semanas para dias. Fizemos dez vezes mais rápido. E com a mesma qualidade.

Foi aí que percebi: não estávamos só otimizando. Estávamos mudando o jeito de fazer audiovisual no Brasil.

Em 2019, veio outro salto. Criamos o primeiro laboratório de automação criativa do país. Um braço de tecnologia dentro da produtora. Agora, não eram mais dezenas ou centenas de vídeos. Eram milhares e até milhões.

Começamos a trabalhar com hiperpersonalização em escala. Criando vídeos hiperpersonalizados, automatizados, com inteligência artificial. Algo que parecia impossível para o mercado. Mas fizemos. E funcionou.

Assim nasceu a Flashvolve, minha segunda empresa. Com ela, levamos comunicação hiperpersonalizada para grandes marcas. Com inteligência artificial e criativa, dados e storytelling, conseguimos aumentar em até quinze vezes o engajamento de colaboradores, parceiros e clientes.

Hoje, as duas empresas caminham juntas. Tecnologia, criatividade e velocidade integradas de verdade. E enquanto o mundo inteiro começa agora a falar de IA, nós já estamos anos à frente. Porque não esperamos o hype. Fomos lá e fizemos.

Criamos soluções com IA antes de a sigla virar moda. Misturamos dados com emoção antes de a palavra virar buzzword. Integramos UX (user experience, ou experiência do usuário, em português) com roteiro, algoritmo com direção de arte, automação com sensibilidade humana.

Agora, entramos em uma nova fase. Um ciclo de educação. Criei o Prime Labs Club para ajudar outros empresários criativos a fazerem essa mesma jornada. A saírem do artesanal e escalarem seus negócios com inteligência artificial criativa.

E como sempre, quando você inova, aparecem os cegos. Os arrogantes que dizem: “Isso já existe”. Os medrosos que repetem: “Isso não vai dar certo”. Mas eu aprendi a transformar essas vozes em combustível. Porque toda vez que disseram que era impossível... a gente foi lá e fez.

Hoje, olho para trás e vejo um garoto no começo dos anos 1980, vidrado numa tela de fósforo verde, descobrindo um mundo novo. Um adolescente trocando linhas de código por acordes de violão. Um jovem demitido em meio à crise. Um empreendedor ignorado pelas agências. Um inconformado montando um time com programadores dentro da produtora. Um visionário criando um motor de IA antes de o assunto dominar o noticiário.

E percebo: nada foi em vão.

Cada dor, cada não, cada ruptura, cada dúvida me trouxe até aqui. Se tem algo que aprendi é que o impossível só resiste até o momento em que alguém resolve enfrentá-lo.

Por isso eu te pergunto: o que é impossível para você hoje?

CULTURA NA VEIA

"Tenha vergonha de morrer antes de realizar alguma coisa relevante para a humanidade."

LEANDRO VICTOR FIDELIS é empreendedor por essência, movido pelo desejo de transformar ideias em realizações e construir culturas que gerem resultado e desenvolvam pessoas. Enxerga no empreendedorismo uma poderosa ferramenta de impacto social. É também pai de duas filhas lindas e marido de uma esposa maravilhosa.

Instagram **@LEANDROVFIDELIS**
LinkedIn **LINKEDIN.COM/IN/LEANDROFIDELIS**

Nasci em uma família simples, com pais que sempre se esforçaram para dar o melhor para os três filhos. Meu pai era vendedor, e não era apenas bom no que fazia: era daqueles que vendem com brilho nos olhos. Mas, como muitos brasileiros que tentam empreender, em determinado momento ele quebrou. E ali, sem garantias, foi tentando ganhar a vida como pôde. Um dos caminhos que encontrou foi montar um lava-rápido, e eu e meu irmão fomos trabalhar com ele.

O curioso é que esse lava-rápido ficava bem em frente ao colégio técnico da Unicamp, o Cotuca. Meu pai olhava para aquele prédio como quem enxerga uma chance de futuro e dizia para mim: "Se você não estudar, vai ter que trabalhar aqui comigo". Na época, eu tinha entre treze e catorze anos, e lavar carro, principalmente no frio cortante das manhãs de sábado, era um tormento. Mas, de algum jeito, aquilo me moveu. O desconforto virou combustível. Estudar se tornou uma fuga. E, mais tarde, virou paixão.

Eu me esforcei e consegui entrar no Cotuca. E tudo que envolvia estudo eu abraçava. Logo depois, consegui uma bolsa no laboratório de processamento de dados do próprio colégio técnico. E, ao ver colegas estudando no Senai, fui atrás, prestei a prova e entrei. Meu dia era um ciclo intenso: manhã no laboratório, tarde no Senai, noite no Cotuca. Em alguns dias eu mal via a luz do sol. Mas ali nasceu uma crença profunda: o estudo seria meu passaporte para uma vida diferente.

Mas a vida, como sempre, gosta de testar as certezas que a gente constrói.

Em 2005, aos vinte anos, fui diagnosticado com leucemia. De repente, tudo parou. Os sonhos, o ritmo, a pressa, a vida. Aquela notícia virou tudo do avesso. Mas, por mais paradoxal que pareça, costumo dizer que foi a pior e a melhor coisa que me aconteceu.

Ninguém quer ter câncer, óbvio. Mas quando você se vê diante da possibilidade concreta de morrer jovem, você é forçado a pensar sobre a vida. Sobre o tempo. Sobre o que realmente importa.

Até então, eu era aquele jovem cheio de energia, com pressa de viver, como se fosse imortal. Queria estar em todas, fazer tudo, dormir pouco, me divertir ao máximo. E, de repente, me vi calculando: será que vai dar tempo de entrar na faculdade? De concluir? Será que eu deveria investir seis anos em algo que talvez eu não consiga terminar?

Foi um processo doloroso, mas profundo. Descobri que a vida, de fato, não é o tempo entre nascer e morrer. A vida é o que a gente coloca nesse meio. E o que a gente faz enquanto tem tempo. E mais: entendi que ninguém tem garantia de nada. O que a gente tem é o agora. O hoje. E é no hoje que a gente tem que encontrar sentido.

Ali também nasceu uma outra inquietação: eu queria viver além da minha vida física. Queria deixar um legado. Marcar. Impactar. Não queria ser apenas mais um. E foi aí que o empreendedorismo me chamou de um jeito diferente. Porque empreender, para mim, não é só ganhar dinheiro. É transformar. É gerar oportunidades. É promover inclusão. É construir. Quando você empreende com propósito, você mexe na vida das pessoas. Você muda o futuro delas. E isso, para mim, é a ação social mais poderosa que existe.

Mas sair da teoria para a prática exige coragem. Eu segui por um tempo o caminho mais tradicional: trabalhar em empresa, buscar crescimento, seguir processos. E, claro, a estabilidade seduz. Mas ao mesmo tempo, ela aprisiona. Você tem um salário fixo, alguém lhe dizendo o que fazer e a falsa impressão de segurança. A liberdade parece um prêmio, mas também é uma maldição. Porque com ela vem a responsabilidade. Você não tem mais em quem colocar a culpa. E eu escolhi viver com essa responsabilidade.

O momento decisivo da virada foi quando a empresa onde eu trabalhava passou por uma crise e decidiu diversificar criando uma nova unidade de negócio. Eu levantei a mão. Me coloquei à disposição para liderar aquele novo projeto. Abri mão de estabilidade, de salário fixo, de verbas rescisórias. Fiz isso com o intuito de virar sócio, o que no fim das contas não aconteceu. Mas foi ali que eu descobri que sabia empreender. Passei por todas as etapas da construção de um negócio: planejamento, vendas, produto, equipe. Aprendi como se constrói, como se erra, como se ajusta. E decidi que era hora de fazer isso por mim.

Eu tinha várias ideias, treze para ser mais preciso. E aí me fiz uma pergunta simples: qual desses projetos, se der errado, ainda assim vai ter valido a pena porque eu vou me divertir no caminho? A resposta foi clara: trabalhar com vending machines. Era um modelo que me encantava. Fui atrás de entender o mercado, buscar quem já atuava nele. Um amigo me conectou com um grupo que havia fundado uma empresa na área. Graças à confiança que esse amigo tinha em mim, ele transferiu essa confiança para eles. E eles me ouviram. Me abriram portas. A partir dali, fundamos uma nova empresa, com o objetivo de desenvolver tecnologia para os clientes deles.

O negócio cresceu. Chamei um amigo de faculdade para empreender comigo. As coisas estavam acontecendo. E então veio a covid-19. E o faturamento foi para zero. Do dia para a noite. Parecia o fim.

Mas foi aí que tomamos a decisão mais estratégica de toda a trajetória: reposicionar o nosso produto para um novo mercado — o de minimercados autônomos em condomínios residenciais. Era algo embrionário na pandemia. Propus aos sócios que nos deixassem assumir a operação, e caso o negócio desse certo, que nossa participação crescesse proporcionalmente ao resultado. Eles toparam.

Batemos a meta de quatro anos em dez meses. Crescemos. Escalamos. E começamos a viver algo que até então era sonho.

Hoje, atuamos em três países: Brasil, Estados Unidos e Colômbia. Temos mais de 13 mil pontos de venda. Mas o que mais me emociona não é o tamanho. É o impacto. É a cultura.

No início da pandemia, minha principal preocupação era fazer o negócio dar certo. Sobreviver.

Depois, entendi que crescer sem cultura é o mesmo que construir em areia. Equipes se desentendendo, burnout, áreas em conflito. Então reunimos os principais colaboradores e fizemos uma pergunta: que empresa a gente quer construir?

Queríamos uma empresa que fizesse as pessoas quererem estar ali. Que fizesse sentido. Um lugar onde quem estivesse alinhado com a cultura quisesse ficar. E quem estivesse de fora quisesse entrar. E conseguimos. Hoje, leio mensagens de pessoas dizendo que sonham em trabalhar conosco.

Recebemos currículos espontâneos, gente que se identifica com o que somos e com o que fazemos.

Mais do que sucesso financeiro, encontrei o meu lugar como empreendedor. Hoje, além de resultados, tenho tempo. Tempo para ver minhas filhas crescerem. Para jantar em casa. Para levá-las para a escola. Para ser mais do que um provedor: ser presente. Tenho liberdade para almoçar sem olhar o preço no cardápio, para fazer supermercado sem calcular o valor do carrinho.

Conquistas que antes pareciam inalcançáveis, hoje são realidade.

Mas nada disso seria possível se eu não tivesse entendido que tudo começa com cultura. A cultura é o motor invisível que move as pessoas, que inspira decisões, que conecta propósitos. A cultura é o que transforma uma empresa comum em uma causa coletiva. E é por isso que hoje eu digo com todas as letras: eu tenho cultura na veia.

E se eu pudesse deixar uma mensagem para quem está no começo da jornada, para quem sente medo, dúvida, cansaço, ela seria simples e direta: vá e faça.

Não espere ter o plano perfeito. Não espere ter segurança. A coragem não é a ausência de medo. É a ação apesar dele. E é na ação que as coisas acontecem. Dez decisões imperfeitas realizadas são melhores do que uma decisão perfeita nunca executada. Você não precisa ter todas as respostas. Só precisa dar o primeiro passo.

Porque no fim das contas você vai descobrir que o que importa não é a linha de chegada. É o caminho. É a jornada. É o que você constrói no meio do percurso. E se essa jornada tiver sido vivida com propósito, com intensidade, com verdade... você vai perceber, assim como eu percebi, que nada foi em vão.

SEM MISSÃO, TUDO PODE SER EM VÃO

"Quando a missão é forte, desistir não é uma opção!"

LEILIANE ROCHA é psicóloga, escritora, formada em administração, especialista em sexualidade humana, educadora parental e criadora do método Esepas — Educação Sexual, Emocional e Prevenção ao Abuso Sexual. CEO da Rocha Cursos e Treinamentos, forma profissionais para atuarem em Esepas.

Instagram **@LEILIANEROCHAPSICOLOGA**
YouTube **YOUTUBE.COM/@LEILIANEROCHAPSICOLOGA**

Sou a 14ª filha da minha mãe. Caçula de uma família numerosa, nascida no sertão de Pernambuco, em Petrolina. Cresci cercada de dificuldades. A pobreza era real, o básico nos faltava muitas vezes. Houve dias em que não sabíamos o que teríamos para comer, e outros dias em que simplesmente não havia nada. Mas, ao contrário do que se pode imaginar, minha infância não foi marcada apenas pela escassez. Foi marcada pela força de uma mulher: minha mãe.

Dona Brígida Rocha foi e sempre será a maior referência de fé, força e gratidão que conheci. Mulher nordestina, trabalhadora da roça, ela acordava todos os dias orando, buscando em Deus a força que o mundo não dava. Nunca a vi reclamar. Nunca a vi se lamentar. Ela nos dizia que éramos ricos — ricos das graças de Deus. E, por incrível que pareça, a forma como ela via o mundo fazia com que, de fato, eu acreditasse nisso.

Ela dividia o que tinha, mesmo quando era pouco. Ajudava os outros, mesmo quando ainda faltava para nós. Foi com ela que aprendi que o que se tem se compartilha. Que não é o excesso que nos torna generosos, mas a decisão de servir mesmo quando o mundo nos convida só a guardar. Minha mãe enxergava abundância onde qualquer pessoa via falta. E isso moldou quem eu sou. Essa mulher que quase nada tinha transbordava o seu tudo. E esse transbordar foi minha primeira escola sobre missão. Infelizmente ela se foi aos 61 anos, com problemas de saúde decorrentes da vida sofrida.

Cresci, estudei, casei. Em 2003 comecei a estudar sobre sexualidade humana e em 2005 iniciei uma jornada de palestras sobre sexualidade em igrejas, e anos depois em empresas, escolas e outras instituições.

Algo em mim se acendeu de forma irreversível: a paixão por esse tema. Quanto mais eu estudava, mais percebia o quanto a sexualidade era mal compreendida, mal ensinada, silenciada.

Durante essas palestras, relatos impactantes de mulheres começaram a surgir: elas diziam que nunca haviam conseguido sentir prazer sexual, que tinham aprendido sobre sexo em revistas, filmes ou conversas distorcidas com amigas. E, como uma enxurrada, uma frase começou a se repetir nos bastidores das minhas palestras, como um grito abafado: "Eu fui abusada na infância".

Essas palavras me atravessaram como uma espada. Repetidas por tantas vozes, em tantos contextos, começaram a revelar uma ferida profunda, comum, que fazia parte da infância dessas mulheres e que havia marcado drasticamente a vida delas. Foi nesse momento que minha trajetória mudou de eixo. Percebi que não adiantava tratar só da sexualidade adulta. A raiz do problema estava na infância. E mais: estava no silêncio e no segredo.

Decidi então me aprofundar. Estudei abuso sexual infantil, educação sexual, desenvolvimento emocional, neurociência. Fiz psicologia, pós-graduação em sexualidade, li compulsivamente, dia e noite, pois sou amante da ciência.

Comecei a entender que deveria levantar uma causa de proteção à infância contra o abuso sexual. Comecei a dar cursos presenciais. A primeira turma tinha cinquenta pais e profissionais. Em pouco tempo, as salas lotaram. Dez turmas se formaram, e os depoimentos me mostravam que algo novo estava nascendo. Mas eu ainda estava dividida entre duas paixões: a clínica e a causa.

No consultório, que ocupava a maior parte do meu tempo, eu me realizava. Era meu espaço seguro, meu sonho antigo. Mas era limitado. Atendia seis a oito pessoas por dia. Enquanto isso, milhares de crianças eram abusadas diariamente no Brasil. E eu sentia que precisava fazer mais.

Tinha um consultório com fila de espera em Pernambuco, uma carreira de palestrante e já realizava outros projetos na área da sexualidade.

Foi então que decidi dar o primeiro passo rumo ao desconhecido. Me mudei para Goiás e, no lugar de abrir outro consultório imediatamente, fui para a rede social. O que aconteceu depois foi um divisor de águas. Em menos de quarenta dias um dos meus posts viralizou. De 2.782 seguidores, passei para 25 mil em três dias. O tema do post que viralizou? Abuso sexual infantil. Os comentários? Milhares de relatos de abuso, de adultos com infâncias marcadas pela dor e por traumas.

Eu chorei. Chorei muito. Percebi que, ali, eu não era só uma psicóloga falando. Era uma voz dando nome a dores escondidas. Mas foi a mensagem impactante de uma mãe, em especial, que selou minha decisão.

Ela me escreveu e me enviou um áudio chorando. Disse que viu meu post sobre toque bom e toque ruim, segredo bom e segredo ruim, aplicou as dinâmicas com sua filha e, ali, a criança de cinco anos revelou que estava sendo abusada pelo próprio avô. "Se não fosse seu post, minha filha teria sido abusada por anos", ela disse. Naquela noite, eu dormi pensando naquela menina. Acordei com ela na mente. E entendi, de uma vez por todas: o meu lugar não era mais entre as quatro paredes do consultório. Era nos quatro cantos do mundo.

Não só aquela mãe, mas outras pessoas queriam se aprofundar no tema, proteger suas crianças, e me pediram cursos. Eu, que poucos dias antes mal sabia postar no Instagram, decidi lançar meu primeiro curso on-line. E quando ouvi de pais e profissionais do Brasil e de outros países que nunca tinham visto um conteúdo tão valioso e prático sobre assuntos tão delicados e tabus como educação sexual infantil e abuso sexual, algo se confirmou mais fortemente dentro de mim: a minha profissão deve servir à minha missão.

A partir dali eu não parei mais. Mergulhei em estudos, me tornei uma pesquisadora incansável. A ciência se tornou aliada da minha missão. Busquei mentores, me organizei, entendi que não se sustenta uma grande missão sem estratégia clara, sem rotina firme, sem estrutura, sem habilidades de comunicação. Entendi que vender era parte importante do processo — porque vender meus cursos era, na verdade, multiplicar vidas salvas. Passei a investir em marketing, vendas, comunicação. Porque entendi que um propósito sem voz não alcança quem precisa.

E mais: quando li dados divulgados pela Interpol relatando que os pedófilos investem de 3 a 5 bilhões de dólares por ano para destruir infâncias, pensei: "Os maus investem tempo e dinheiro. Os bons precisam fazer o mesmo". Então, sim, nós precisamos de recursos para salvar. Não basta ter intenção. É preciso ter ação. E ação exige estrutura e recursos.

Hoje, com redes sociais com mais de 1,3 milhão de seguidores, alcançamos cerca de 19 milhões de pessoas com a mensagem e os conhecimentos da causa. Somos referência nacional em Esepas: Educação Sexual, Emocional e Prevenção ao Abuso. Quase todos os dias, literalmente, recebemos mensagens de pessoas salvas do abuso através do nosso conteúdo e do nosso projeto em geral.

É impossível mensurar o que isso representa. Posso afirmar que sou multibilionária emocionalmente. Meu salário emocional é grandioso, pois saber que tudo o que faço junto com a minha incrível equipe capacita pais, profissionais, escolas, prefeituras e tantas instituições para que crianças tenham um desenvolvimento saudável da sexualidade, um desenvolvimento emocional adequado e sejam salvas do abuso TEM UM VALOR IMENSURÁVEL.

Um assunto pouco falado, uma psicóloga nada conhecida, mas com muito trabalho. Quebramos barreiras e estamos alcançando outros lugares, como a TV. Já demos entrevistas no *Fantástico*, na *Record News*, em podcasts. Já demos palestras e fizemos projetos dentro e fora do país. Estar na mídia também é estratégico. Mas o que mais me move ainda é a mensagem daquela mãe. Porque eu já entendi: a mensagem não é sobre mim. Ela passa através de mim. A mensagem sempre será maior que o mensageiro.

Hoje, não estou sozinha. Lidero o exército de embaixadores da proteção à infância Master Esepas, formado por psicólogos, professores, líderes, médicos, assistentes sociais e tantos outros profissionais que atuam com o método o Esepas e que estão transformando sua atuação e unindo missão à profissão.

Vejo vidas impactadas em várias partes do mundo. E isso me emociona profundamente. Porque tudo começou lá, em Petrolina. Com uma mãe grata, uma roça árida e uma fé inabalável.

O que me sustentou até aqui foi a clareza da missão. Amor pela causa e pela ciência. Força para lutar. Entendimento de que, quando você se conecta com a missão que Deus colocou em você, tudo começa a fazer sentido. E tudo começa a florescer — inclusive dentro de você.

A você que me lê agora, eu digo: existe uma missão dentro do seu peito. Algo que só você carrega. Algo que o mundo precisa ouvir, sentir, viver. Você não é pouco. Seu pouco pode ser o extraordinário na vida de alguém. Seu "quase nada" pode ser o "tudo" de alguém. Não subestime ou menospreze o que Deus colocou dentro de você. Tudo que Ele faz é muito bom. E você é!

Acredite em quem acredita em você. Pare de dar ouvidos a quem te diminui e duvida dos seus projetos e sonhos. Chegou a hora de se conectar com a sua missão, pois ela é o principal motivo da sua vinda aqui para a Terra. Ela é quem vai te colocar em lugares altos, não para inflar o seu ego, mas para alcançar e transformar quem precisa se conectar com a mensagem que você carrega. E isso pode ser feito através da sua profissão, da sua empresa.

Estude muito, escolha um mentor, seja estratégico, ative o modo saber-fazer (aprendeu, aplicou), tenha coragem e desejo de servir, seja interessado por pessoas, e não um interesseiro, entregue o seu melhor e prepare-se! Porque a missão que pulsa em você vai te levar muito além do que você pode imaginar.

Pois quando missão e profissão andam juntas, você se torna IMPARÁVEL!

Eu sou Leiliane Rocha, filha da dona Brígida. A menina que saiu do sertão de Pernambuco para o mundo. E se você me perguntar hoje se valeu a pena renunciar a tanta coisa, enfrentar tudo, eu direi: sim. Pela causa, pela missão, pela proteção das crianças, nada — absolutamente nada — foi em vão.

ALÉM DA DOR, O PROPÓSITO

"A dor existe, mas sofrer é opcional.
A superação é escolha, constância e fé."

LUCAS AUGUSTO RODRIGUES DE OLIVEIRA é médico, empresário e especialista em emagrecimento com foco em transformação de vida. Comanda equipes, clínicas e projetos que impactam milhares de pessoas, unindo medicina, disciplina e propósito.

Instagram **@DRLUCASAUGUSTO**

Nasci em Goiânia e logo fui morar no interior, em Turvânia, numa casa em que o amor era a riqueza mais abundante. A escassez material era real, mas nunca foi definidora. Tínhamos fé, presença, uns aos outros. A dor era comum, mas o espírito de rendição nunca foi convidado a ficar, pois desde cedo entendi que a vida não nos deve nada. Ela apenas nos permite escolher o que faremos com o que temos.

Cresci entre os gestos silenciosos de meus pais. Meu pai, com sua postura firme e seu olhar de quem carrega o mundo, me ensinou que responsabilidade não se ensina com palavras. Minha mãe, com joelhos dobrados e orações sussurradas na madrugada, me mostrou onde mora a verdadeira força. Não éramos ricos, mas fui educado com os princípios de um império.

Por amor, tentaram me proteger dos riscos, mas sonhos não sobrevivem em estufas. Eles precisam do vento, do sol, das tempestades. E eu queria voar, sempre quis e sabia que não bastava desejar — era preciso agir. E agi com fé, disciplina, renúncia e coragem para não esperar o tempo certo, porque o tempo certo é agora.

Minha clínica nasceu dessa urgência. Um encontro entre gerações: meu pai trouxe a base e eu, a missão. Ela cresceu como tudo que nasce da verdade: de forma rápida, intensa, transformadora. Mas junto com o crescimento, vieram os atritos. A tensão entre profissionalismo e vínculo familiar quase nos afastou por completo. Por um tempo, a clínica parecia mais um campo de batalha do que um espaço de cura. Foi no limite que enxergamos o essencial: empresas se reconstroem; famílias, não. E, naquele reencontro, renasceu algo maior que qualquer estrutura: o amor que nos sustentava desde sempre.

A medicina, essa vocação que me escolheu, me ensinou que não trato sintomas. Eu trato histórias. Meus pacientes não são fichas, são vidas em carne viva, são vozes cansadas, olhares perdidos, esperanças em ruína. E, para curar, preciso estar inteiro, presente. Preciso olhar nos olhos e enxergar além da balança, além do corpo. Eu trabalho com emagrecimento, mas o que ofereço é reconexão. O que entrego é vida na vida.

Houve um tempo em que quase me perdi. Atendia sem parar, vivia para os outros e esquecia de mim. Esgotamento silencioso, cruel e quase irreversível. Foi aí que compreendi que viver sem intenção é uma forma elegante de morrer por dentro. Desde então, renasci, reescrevi minha rotina e comecei a acordar às quatro da manhã! Não mais para capinar ou tirar leite, como meus avós faziam. Acordo para plantar saúde, para cultivar propósito, para regar disciplina. Enquanto muitos ainda dormem, eu me movimento. Corrida, natação, ciclismo. O Ironman virou meu novo Everest.

Um desafio que não tem a ver com performance, mas com superação. Não quero troféu, quero consistência, quero ser meu próprio ponto de virada.

Assim como meu treinador, que me inspira todos os dias, quero ser esse ponto de luz para meus pacientes. Quero que me olhem e percebam que constância é maior que vontade. Que saúde não tem a ver com castigo, mas com liberdade. Que emagrecer não é punição, é redenção. O corpo que desejam começa na mente que cultivam.

A terapia me devolveu perguntas que eu evitava havia anos. Quem sou eu além dos resultados? Quem sou eu sem os aplausos, sem as metas batidas, sem a armadura do profissional bem-sucedido?

Foi numa noite silenciosa, diante do espelho da alma, que entendi que meu maior valor não está nos títulos. Está na minha capacidade de me transformar e, através disso, transformar os outros.

Nunca vou esquecer de um paciente alfaiate que chegou até mim sem dinheiro, mas com uma decisão inabalável. Pediu três meses, disse que faria tudo. Tudo mesmo. Era dezembro. Época de fugas, de excessos, de desculpas. Mas ele escolheu o foco, tinha dificuldade até para levantar do chão enquanto fazia ajustes nas roupas de seus clientes. Em semanas, sua vida se transformou.

A questão dele não era a estética, era viver. Sua história inspirou tantas outras! E me lembrou de que, quando há verdade, nada nos impede.

Hoje, meu trabalho é com emagrecimento, mas o que entrego vai além de quilogramas perdidos. Entrego clareza, energia, direção. Ajudo pessoas a se olharem de novo, a se reconhecerem, a se reconstruírem. Não quero que todos virem atletas. Quero que sejam livres, que caminhem ao lado da sua melhor versão. Que parem de brigar com o corpo e comecem a dialogar com ele.

Se você chegou até aqui e sente que está distante de si mesmo, saiba: nunca é tarde para voltar. É preciso mais do que vontade. É preciso ação. É preciso um passo, depois outro, porque o que transforma não é o desejo. É a escolha repetida todos os dias.

A vida me ensinou que não há atalhos e que não existe fórmula mágica, mas existe um caminho. E eu posso caminhar com você. Não como herói. Mas como alguém que já tropeçou, já caiu, e que hoje escolhe levantar todos os dias.

Hoje, mais do que nunca, eu sei: nada foi em vão.

O BOM É INIMIGO DO ÓTIMO

"Persistir 63 vezes não é teimosia.
É acreditar antes de todo mundo."

LUCAS MELLO, casado, pai, é empreendedor, fundador da Agência VOA e da Iszi Cosméticos.

Instagram **@LUCASMELLO10**
LinkedIn **LINKEDIN.COM/IN/LUCAS-MELLO-0501A22A/**

Nasci em Porto Alegre, Rio Grande do Sul, em 25 de março de 1986. Meus pais eram separados e fui criado pela minha mãe. Ela sempre trabalhou muito, mas nunca deixou de estar por perto. Mais do que mãe, sempre foi minha amiga. Até hoje nos falamos uma ou duas vezes por dia. Nossa relação sempre foi de confiança e parceria, mesmo nos momentos de dificuldade. Cresci em uma casa simples, com valores tradicionais e uma rotina que, apesar dos desafios, me ensinava diariamente que vencer não era uma escolha, era um caminho inevitável.

Eu era um menino criativo, inquieto e pouco ligado aos estudos formais. Gostava de estar na rua, pedalando pelo bairro, jogando futebol com os amigos ou passando horas imaginando histórias enquanto brincava com meus carrinhos. Desde cedo, os carros chamavam minha atenção. Era fascinado pela forma, pelo som, pelo que eles representavam. Não sabia ao certo qual profissão queria seguir, mas tinha uma certeza: queria trabalhar, ser independente, conquistar meu próprio espaço. Sempre fui questionador. Não aceitava respostas prontas e gostava de entender o porquê das coisas. Essa inquietação me diferenciava, mas também me colocava em rota de colisão com a forma como o mundo queria que eu me encaixasse.

Meu pai, embora presente em alguns momentos, era uma figura distante. Lembro-me de visitá-lo de vez em quando, sentir o cheiro do cigarro no ar, ter conversas rápidas. Ele sempre foi casado com a mesma mulher, mas não participou ativamente da minha criação. Essa ausência acabou me ensinando algo que carrego até hoje: se eu quisesse alguma coisa, teria que contar comigo mesmo.

Anos mais tarde, na faculdade, enfrentei um dos maiores desafios da minha vida: manter a concentração. O TCC (trabalho de conclusão de curso) se transformou em um obstáculo quase intransponível. Lia Kotler, lia Aaker, mas as ideias não fluíam. As palavras não se organizavam no papel. A sensação era de estar preso em um quarto sem portas ou janelas. Não sentia vergonha, mas havia um desconforto profundo. Como alguém que sempre quis fazer, produzir, entregar, poderia se ver paralisado assim? Foi um golpe no meu orgulho.

Nessa fase, uma pessoa me levou até a médica Maria Sonia Goergen. Ela me receitou um medicamento chamado Concerta. Pela primeira vez, consegui sustentar o foco por horas. Sentei, escrevi e finalizei meu TCC, um estudo sobre a adoção de um espaço público na minha cidade natal. Mais do que concluir a faculdade, aquela experiência me ensinou a buscar ajuda quando necessário e a ouvir mais as pessoas ao meu redor. Saí dali com uma frase que se tornaria meu lema: "Sete para mim é dez". Era a minha forma de dizer que o importante era avançar, mesmo que o resultado não fosse perfeito.

Mas a grande virada veio em 2012. Eu trabalhava na Sinergy, uma empresa de mídia OOH (Out Of Home, ou "fora de casa" em português), e acompanhava à distância o trabalho dos executivos de São Paulo. Eles fechavam negócios gigantescos, movimentavam valores impressionantes e, consequentemente, recebiam comissões que mudavam vidas. Aquilo despertou em mim uma mistura de fascínio e inquietação. Eu sabia que queria estar naquele jogo.

Em junho daquele ano, a empresa havia contratado um novo diretor, Guilherme Moraes. Até então, nosso contato era apenas por reuniões on-line. Até que um dia ele foi a Porto Alegre. Aproveitei a oportunidade. Chamei-o para uma sala e disse: "Gui, quando tiver uma vaga em São Paulo, me considere. Não conheço ninguém lá, mas não vou te decepcionar". Era um pedido, mas também uma promessa.

Em dezembro, o telefone tocou. Era ele. "Arruma tuas malas. O executivo daqui pediu para sair." Era a minha chance.

Cheguei a São Paulo em janeiro de 2013. Passei duas semanas em um hotel na rua Funchal. Na época, o shopping JK e as torres gêmeas nem existiam. A cidade era um mundo novo, imensa, barulhenta, cheia de possibilidades e de incertezas. Eu conhecia pouquíssimas pessoas. Voltei a Porto Alegre para comprar um carro e, no dia 5 de fevereiro, peguei a estrada de volta. No caminho, parei na Praia do Rosa, em Santa Catarina, para surfar e respirar antes de mergulhar de vez nessa nova vida.

A empresa alugou um flat para mim na rua Alvorada. O primeiro ano foi difícil. Muito trabalho, muitas reuniões, mas poucos resultados concretos. A solidão era real. Eu viajava com frequência para Porto Alegre, tentando equilibrar a saudade com a necessidade de estar presente em São Paulo. Ainda assim, havia algo dentro de mim dizendo que eu estava exatamente onde precisava estar.

Para manter a sanidade, criei rotinas. Comprei uma bicicleta e comecei a pedalar à noite. Entrei no grupo de ciclismo Bike Night, puxava o pelotão e, aos poucos, fui formando novas amizades, no pedal e no trabalho. Foi nesse período que vivi um dos episódios mais marcantes da minha carreira: visitei o mesmo cliente, a Net (hoje Claro), *63 vezes* antes de fechar um contrato. Sessenta e três visitas. Persistência, para mim, nunca foi teimosia. Era acreditar antes de todo mundo.

Essa fase mudou completamente meu modelo mental. Percebi que era possível correr sozinho, crescer em um ambiente hostil e encontrar caminhos mesmo sem ter um mapa. Minhas maiores vitórias não foram financeiras. Foram pessoais. Cresci como homem, como amigo, como filho. Olho para trás e sinto orgulho da consistência e da coragem que construí.

Em 2017, ainda na Sinergy, conheci minha esposa, Bruna Mileo. Nos casamos no ano seguinte. Hoje temos uma filha de cinco anos e um cachorro de seis, que completam nossa família. Nesse mesmo período, deixei a empresa e, junto com meu amigo Otto Frossard, fundei a Agência VOA. O nome carrega um sentido que sempre me acompanhou: velocidade, otimismo e atitude.

Na VOA, já fizemos de tudo. Servimos pizza em eventos do Banco Votorantim, produzimos lives durante a pandemia, criamos uma marca de álcool em gel (Meugel), desenvolvemos uma linha de cosméticos e, atualmente, atuamos com força no universo dos esportes. Cada projeto, cada virada e cada risco assumido reforçaram em mim a certeza de que empreender é voar, mesmo quando o céu está nublado.

Se pudesse deixar um recado para quem está começando ou enfrentando um desafio enorme, eu diria: o bom é inimigo do ótimo. Faça as coisas certas que as coisas certas vão acontecer. E siga com fé.

Hoje entendo que cada pedalada solitária, cada reunião frustrada, cada "não" e cada visita repetida foram mais do que etapas de trabalho. Foram quilômetros de uma estrada que me transformou. Quando olho para trás, não vejo atalhos, não vejo arrependimentos. Vejo apenas a rota que me trouxe até aqui. O que parecia insistência era, na verdade, a construção silenciosa de tudo o que tenho. E é por isso que digo, com toda a certeza: nada foi desperdiçado. Nada foi em vão.

CORAGEM PARA VENCER

"O sucesso é uma decisão."

LUIS FERNANDO JANUARIO é CEO e fundador da Avanti Open Banking, um marketplace de crédito criado para facilitar a vida de quem empreende com clareza, velocidade e relações que duram. Host do podcast Avanti Talks, transforma estratégia em execução para fazer do crédito uma alavanca real de crescimento.

Instagram **@FERNANDOJANU.CEO**

Eu tinha dez anos quando minha mãe me entregou um isopor cheio de picolés e disse: "Vá conquistar o que deseja". Naquele instante, aprendi que o universo recompensa quem oferece valor. Cada porta em que bati, cada sorriso recebido em troca de um sorvete mostrava que o trabalho abre caminhos onde não existem atalhos.

Foi assim que comecei a vender, negociar, ouvir "não" e transformá-lo em "sim". Minha mãe não me deu mesada, me deu propósito. Cada moeda que ressoava no fundo da latinha improvisada lembrava que meu futuro dependeria das minhas escolhas.

Quando cheguei à maioridade, troquei a rua tranquila do bairro pelos corredores movimentados de uma grande instituição financeira. A vaga inicial parecia modesta, mas para mim era trampolim. Eu enfrentava conduções lotadas, fazia faculdade à noite e ainda ia à academia antes de voltar para casa. Disciplina tornou-se minha linguagem de amor-próprio.

Internet era luxo; rede social, ficção científica. Mesmo assim, eu via oportunidade onde colegas viam rotina. Estudava produtos, entendia clientes, antecipava objeções. Em pouco tempo, estava na linha de frente assinando contratos que pareciam inalcançáveis para alguém tão jovem. Aquela ascensão não surgiu de genialidade, mas da mesma garra que me fez percorrer ruas do bairro equilibrando um isopor de sorvetes.

Apesar dos aplausos, um incômodo crescia. Eu admirava quem criava algo do zero: o padeiro que dobrava a produção da padaria de bairro, a mecânica que ampliava a própria oficina, o casal que abriu uma pequena fábrica de doces artesanais. Eu colhia resultados que nunca seriam totalmente meus. Percebi que jogava o campeonato certo, mas no time errado.

Estabeleci um limite de idade para virar a chave. Quando a pandemia colocou o mundo em pausa, meu relógio interno disparou. Trancado em casa, mergulhei em artigos, lives e fóruns sobre futuro financeiro e tecnologia. Numa madrugada de abril, escrevi em três colunas num caderno: "Problema, Solução, Receita". Na coluna do problema, escrevi "empresas sem acesso a crédito inteligente". Na solução, anotei "plataforma ágil, multibanco, educação financeira". Na receita, rabisquei porcentagens, cenários e setas. Fechei o caderno com a sensação de ter encontrado meu próximo endereço profissional.

Foi aí que descobri a possibilidade do Open Banking. Era um cenário ainda pouco explorado, mas soava como um mar inteiro por desbravar. Rascunhei tudo em folhas de papel, testei hipóteses e convidei dois colegas para trabalhar comigo. Com orçamento enxuto, aluguei uma sala pequena, simples e muito bem montada. O letreiro da porta parecia singelo, mas a crença era inquebrável. Começamos a vender antes mesmo de o escritório ficar totalmente pronto. Sem crédito abundante, a única fonte de oxigênio era faturamento.

Então veio o primeiro grande contrato. Nosso espaço de trabalho ainda cheirava a tinta fresca. Eram quase seis e meia da tarde, eu estava na rua, pronto para correr, celular na mão. A notificação chegou — aprovação concedida. Algumas horas depois, depois de uma expectativa que parecia não ter fim, o cliente assinou digitalmente. Vibrei, comemorei alto na calçada vazia e senti o coração acelerar. De volta à sala, o som frenético dos teclados marcava o início de uma nova fase. Ali, tive certeza de que o sonho era possível.

As primeiras vendas renderam histórias marcantes. Uma delas foi de um comerciante do interior que hesitava em modernizar o fluxo de caixa. Passei quarenta minutos explicando cada linha da proposta pelo WhatsApp. Quando ele finalmente disse "vamos tentar", percebi que não havia apenas aderido a um produto — confiara em mim. Dias depois, enviou mensagem dizendo que o crédito tinha chegado no momento exato para salvar a folha de pagamento. Outra venda veio de indicação: um ex-colega apresentou um empresário de logística desesperado por capital. Fechamos tudo em dois dias; ele retornou meses depois para contar que a frota tinha dobrado. Esses relatos me lembram diariamente de que cada contrato carrega vidas, empregos e futuros.

A coragem passou a ser testada todos os dias. Houve mês em que o saldo bancário raspou no vermelho e a proposta empacou na burocracia. Mesmo assim, eu acordava decidido a vencer: eu decido, eu ajo, eu insisto.

Para crescer, abracei o conhecimento como alavanca. Participei de imersões, contratei mentores, li compulsivamente. Descobri que um negócio evolui apenas até o limite do seu gestor. Se eu quisesse uma empresa gigante, precisaria ampliar minha visão. Cada conceito aprendido virava processo ajustado, abordagem refinada ou decisão mais estratégica. Deixei de ser o sonhador que vendia bem e me tornei o empresário que entende sobre fluxo de caixa, cultura e, principalmente, gente.

Nessa busca, encontrei o Clax. O ecossistema elevou meu padrão de jogo. Três lições ficaram gravadas:

Conexões de reciprocidade — relações que geram parceria e propósito de servir. Comecei a marcar cafés semanais oferecendo ajuda antes mesmo de pedir algo em troca.

Pensar grande economiza anos — metas que causam frio na barriga empurram a equipe para patamares mais altos. Redefini objetivos que pareciam ousados demais, mas aceleraram o caminho.

Ambiência transformadora — o ambiente certo molda comportamento. Passei a me cercar de pessoas melhores do que eu e a cultivar energia positiva no escritório.

Esses princípios moldam minhas decisões diárias. Se tivesse acessado isso antes, teria evitado erros e avançado mais rápido, mas honro todos os tropeços: eles me ensinaram lições que livro nenhum traz.

Os frutos chegaram. Financeiramente, dei passos além do que imaginava. Realizei a primeira viagem internacional da família, não para ostentar, mas para abrir horizontes e colecionar memórias. Conquistei uma qualidade de vida mais ampla para quem amo. A verdadeira riqueza, porém, está na mentalidade que se expandiu.

Entendi que saúde é ativo estratégico. Treino diariamente para garantir energia ao negócio e à família. Cultivo leitura constante e momentos de reflexão para manter o norte. Aprendi que liderar é servir — meu papel é nutrir um ambiente fértil para que a equipe floresça. Empresa forte é reflexo de gente forte; gente forte nasce de confiança, conversas claras e propósito compartilhado.

Quando converso com aspirantes a empreendedores, vejo nos olhos deles o mesmo anseio que me acompanhou por anos. Reforço que a coragem é, antes de tudo, uma escolha.

Coragem é necessária porque antecede qualquer grande movimento. Sem ela, a visão morre na intenção. É a coragem que empurra o primeiro passo quando não existem garantias, que transforma planos em ação e ação em aprendizado. Toda vitória exige atravessar um território de dúvida, e só o corajoso persiste até o outro lado.

E por que o sucesso é uma decisão? Porque ele começa muito antes do resultado. Ele nasce no momento em que escolhemos a disciplina quando o cansaço convida à desistência, a persistência quando o "não" parece definitivo, a humildade de buscar conhecimento quando o ego pede descanso. Decidir vencer não garante atalhos, mas redefine a rota mental: substitui o "se der certo" pelo "quando der certo", orienta cada pequena escolha diária na direção do propósito.

Quando essas duas forças se unem — a coragem que move e a decisão que direciona —, o impossível passa a ser apenas questão de tempo. Busque conhecimento de forma quase obsessiva: você só não faz aquilo que não sabe fazer. E, acima de tudo, não desista cedo. O túnel parece interminável segundos antes de a luz aparecer.

Minha jornada continua em construção, mas encaro cada etapa com gratidão. Cada sorvete vendido na infância, cada condução lotada rumo ao trabalho, cada contrato fechado na última hora, cada curso noturno, cada proposta adiada, cada madrugada trabalhando em silêncio — nada foi desperdício.

Todo acerto, todo erro e toda curva inesperada serviram para lapidar a versão mais valente de mim. Se amanhã surgirem novos desafios, não perguntarei se terei força — apenas renovarei a decisão de agir com coragem, porque é nela que o sucesso encontra caminho.

Olho para trás sem arrependimentos: das moedas na latinha ao primeiro contrato, dos ônibus lotados aos cafés com parceiros, cada passo construiu alicerces invisíveis que hoje sustentam meu propósito.

Por isso afirmo, com o coração em paz e o olhar adiante: nada foi em vão. Cada instante me trouxe até aqui e me prepara para o que ainda virá.

DO ESPIRITUAL AO MATERIAL

"Buscai primeiro o Reino de Deus, e a sua justiça, e todas estas coisas vos serão acrescentadas."

MATEUS 6:33

MARCOS RAMOS é um profissional versátil, guiado pelos pilares da fé, família e propósito. Casado com Mônica Sandrina e pai de João Marcos e Mariana, ele construiu uma carreira sólida e diversificada. Com formação em economia e direito, e atualmente cursando um mestrado em inovação e modelos de negócios, sua jornada é marcada pela busca contínua por conhecimento. Com mais de 27 anos de experiência no setor educacional à frente do Colégio Maanaim, ele também se destaca como advogado especialista em gestão de passivos tributários, oferecendo soluções estratégicas para empresas em busca de regularidade fiscal. Como empresário e investidor, atua no segmento de distribuição de produtos químicos, com operações na Bahia, São Paulo e Pernambuco. Sua missão é integrar espiritualidade, educação e negócios para transformar vidas e compartilhar aprendizados em sua jornada.

Instagram **@MARCOS.OLIVERRAMOS**

A frase que abre este texto não é apenas uma citação bíblica; é a bússola que guiou minha vida, a promessa que me sustentou e o pilar sobre o qual construí tudo o que tenho. Meu nome é Marcos Ramos, filho do Deus vivo, advogado, empresário, esposo da minha amada Monica Sandrina e pai de dois filhos maravilhosos e vitoriosos. E minha jornada, do espiritual ao material, começa e termina com essa verdade fundamental.

Cresci entendendo que a força de um homem não reside no que ele acumula, mas no que ele carrega por dentro. Fé, família e propósito. Esses foram os alicerces invisíveis que me deram a coragem para sonhar e a resiliência para construir.

Quando me deparei com a instrução de buscar primeiro o Reino, uma pergunta ressoou em meu coração: "Isso é uma ordenança, um conselho ou uma orientação?". Com o tempo, entendi que é tudo isso e muito mais: é uma chave divina. Deus, em Sua infinita sabedoria, não nos oferece um atalho para a riqueza, mas um mapa para a vida abundante. Ele nos criou para governar, como está escrito em Gênesis 1:28, nos dando domínio sobre a Terra. No entanto, a condição para exercer esse governo com plenitude é alinhar nosso coração ao d'Ele.

Muitos buscam a prosperidade material de forma desenfreada, esquecendo que a maior de todas as riquezas é a salvação e a paz de espírito. Meu propósito com estas palavras é alertar e inspirar: a verdadeira independência financeira não é um fim em si mesma, mas uma consequência natural de uma vida espiritualmente próspera. Quando você coloca Deus no centro, as demais peças do quebra-cabeça encontram seu lugar.

A caminhada nunca foi reta. Como advogado e empresário, enfrentei curvas, buracos e subidas íngremes. Houve momentos de incerteza e desafios que testaram minha fé. Mas, em cada um deles, encontrei força em três pilares inegociáveis:

1. *Fé inabalável:* a convicção de que não estou sozinho. Sou filho de um Deus perfeito que cuida de mim e me capacita. Essa entidade divina firma meus pés nos dias de tempestade e me dá a certeza de que, mesmo nos vales, estou sendo preparado para os picos.

2. *Família como alicerce:* minha maior riqueza não está nos meus negócios, mas na minha casa. Minha esposa, Monica, é a rainha do meu lar e minha maior incentivadora. Meus filhos são a extensão da minha história e o motivo de tudo. Aprendi que a forma como um homem trata sua família é o mais fiel reflexo de seu caráter. Só me associo com aqueles com quem posso me sentar à mesa com minha esposa e meus filhos para conversar de verdade.
3. *Foco no propósito:* entendi que liderança não é uma posição, é uma transformação contínua. Para que meus negócios crescessem, eu precisei crescer primeiro. Mergulhei no desenvolvimento pessoal, busquei sabedoria e aprendi a não confundir circunstâncias com identidade. A escassez pode ser um momento, mas a abundância é uma mentalidade que se escolhe cultivar.

A independência financeira que alcancei não foi fruto de uma busca incessante por dinheiro, mas o resultado de uma vida dedicada a servir a Deus, a honrar minha família e a desenvolver os dons que Ele me deu. A prosperidade material se tornou uma ferramenta para abençoar, para gerar oportunidades e para viver o governo que me foi confiado.

Se eu pudesse deixar uma mensagem final, seria esta: não inverta a ordem. Não coloque a carroça na frente dos bois. A paz de espírito, a alegria de um lar unido e a certeza da salvação são tesouros que dinheiro algum pode comprar. Busque-os primeiro.

Respeite sua fase, mas acredite no seu potencial. Toda vitória exige esforço e toda conquista vem com renúncia. Permita-se viver, errar, recomeçar e, finalmente, vencer.

Porque, no fim das contas, a jornada do espiritual ao material prova que, quando se vive com um propósito maior, nada foi em vão.

NÃO ACREDITAR É TÃO LOUCO QUANTO ACREDITAR

"Já que não acreditar é tão louco quanto acreditar, eu escolhi acreditar."

MARCUS VARANDAS FILHO é empresário, investidor e mentor de negócios. É fundador da Menew, empresa de tecnologia para o *food service* vendida para a Stone, e criador do programa EquityClub, que ajuda empreendedores a escalar negócios e gerar valor de equity. Sua história de fé e superação com seu filho Gabriel inspirou o livro e o filme *Inexplicável*, levando uma mensagem de esperança e ação para milhares de pessoas.

Instagram **@MARCUSVARANDAS**
LinkedIn **LINKEDIN.COM/IN/MARCUSVARANDAS**
Site **WWW.MARCUSVARANDAS.COM.BR**

Minha história começa antes do Gabriel, mas é impossível contá-la sem que ele esteja no centro. Desde cedo, aprendi a programar com meu pai, Marcus. Foi ao lado dele que, em 1997, abri meu primeiro negócio, a MVarandas Tecnologia. Eu não imaginava onde aquilo me levaria, mas já sentia o que era viver com o coração no risco e os olhos no futuro. Anos depois, meu irmão Daniel entrou no negócio. Nós três — eu, ele e meu pai — formamos um time que parecia imbatível, movido por confiança e trabalho.

Em 2013, fundamos a Menew, uma empresa de tecnologia para restaurantes que nasceu de uma decisão ousada: abandonar um negócio que já faturava para criar algo mais focado e escalável. Pivotamos três vezes, mudamos modelos de negócio, abrimos e fechamos filiais, até transformar o software em um hub que conectava restaurantes a todo o ecossistema do food service. Não tínhamos medo de errar, apenas medo de ficar parados.

Eu me casei aos 22 anos com minha amiga de infância e amor da minha vida, Yanna, e juntos construímos nossa família. Ela se tornou a base de tudo que dá sentido a cada decisão.

Eu era visionário, inquieto, mas via até onde meus olhos alcançavam. Trabalhava muito, faturava, conquistava clientes, mas sacrificava o tempo com minha família. Vivia acelerado, sempre no "próximo passo", e via meus filhos quase sempre na hora de dormir.

Foi então que, em outubro de 2013, minha vida mudou de um jeito que nenhum plano poderia prever. No dia 22, recebemos a notícia: Gabriel, meu filho, tinha um tumor cerebral. Dois dias depois, enquanto minha equipe estava no evento de lançamento oficial da Menew, eu estava no hospital, vendo meu filho entrar em um bloco cirúrgico. O contraste era doloroso: de um lado, o sonho de escalar a empresa; do outro, a luta mais importante da minha vida.

A cirurgia foi só o começo. Vieram meningite, uma parada cardiorrespiratória, dias em coma. Fomos desenganados mais de uma vez. Os médicos nos prepararam para o pior, mas eu e Yanna tomamos uma decisão: se não acreditar é tão louco quanto acreditar, escolheríamos acreditar. E acreditar, para nós, não era esperar sentados. Era agir.

Visualizamos Gabriel saindo dali para jogar futebol. Não havia plano B. Onde houvesse 1% de chance, colocaríamos 99% de fé e 100% de movimento. E assim foi. A fé sem ação não transforma. Então assumimos responsabilidades, engajamos a equipe médica, sugerimos caminhos, participamos de cada decisão, cuidamos dos detalhes. Percebemos que médicos também são pessoas, com dores e medos, e decidimos ser combustível, não peso. E não caminhamos sozinhos: família, amigos, grupos de oração, igrejas... e Deus, acima de tudo.

Quando Gabriel saiu do hospital, estava em estado vegetativo. Para muitos, aquilo seria um fim. Para nós, foi o início de outra batalha. Foram meses de fisioterapia, estímulos, pequenas vitórias que celebrávamos como títulos. Até que, um dia, ele jogou futebol. Aquela cena que projetamos no momento mais sombrio estava diante de nós.

A partir dali a vida mudou. Gabriel retomou os estudos, conquistou independência, entrou na faculdade, dirige. Rafael e Davi cresceram saudáveis. Yanna seguiu com sucesso na carreira de psicóloga. E eu passei a ver o mundo com outras lentes: negócios existem para servir à vida e à família, e não o contrário.

A Menew cresceu, se tornou referência e, anos depois, fizemos a venda para a Stone. Lá, me tornei líder de grandes times, integrei empresas recém-adquiridas, participei de operações de M&A (do inglês Mergers and Acquisitions, ou Fusões e Aquisições em português) e vivi a experiência de unir culturas, alinhar estratégias e transformar sinergia em resultados. Aprendi que liderar centenas de pessoas exige mais escuta do que discurso e mais exemplo do que ordem.

Hoje, minha missão vai além de empreender. Trabalho assessorando empresários que querem vender suas empresas ou se preparar para isso. Mostro como organizar a casa, aumentar o valor percebido e contar a melhor história de equity. Também mentoro empreendedores para que cresçam de forma consistente, com visão de longo prazo e geração de caixa real, porque acredito que o sucesso não é ser grande por vaidade, mas ser valioso de verdade.

Ao mesmo tempo, sigo levando a mensagem que nasceu no leito da UTI de um hospital. O livro *Inexplicável*, que conta nossa história, virou filme e chegou ao Top 3 mundial da Netflix. Ficou semanas no Top 1 e alcançou o Top 10 nos dezenove países em que estreou, multiplicando o alcance do nosso testemunho. No caminho, recebemos mensagens de pessoas que mudaram decisões, casamentos que foram reconstruídos, famílias que escolheram lutar mais um dia, gente que desistiu de desistir — vidas tocadas e, sim, vidas salvas a partir da nossa história. Hoje, relançado por uma editora nacional, o livro continua abrindo portas onde a esperança parecia ter sido trancada.

Se eu pudesse deixar algumas palavras para quem vive o seu próprio vale, eu diria: tenha fé, acredite, mas aja. O medo vai aparecer, mas a fé precisa ser maior. Deus pode mudar diagnósticos, histórias e destinos. Ele fez isso com o Gabriel. E pode fazer com você.

Hoje, olho para trás e vejo uma linha que conecta cada dor, cada vitória, cada decisão difícil. O empreendedor que criou, expandiu e vendeu sua empresa, o mentor que ajuda outros a crescerem, o filho que empreendeu com o pai, o irmão que construiu junto, o marido que se casou com o amor de sua vida, o pai que acreditou e batalhou para o impossível acontecer... tudo isso é fruto de uma jornada em que nada foi desperdiçado. Porque, no fim, não acreditar é tão louco quanto acreditar. Eu escolhi acreditar — e, por isso, nada foi em vão.

FAROL NA TEMPESTADE: A JORNADA DE QUEM NUNCA DESISTIU

"Quando o propósito é maior que o desconforto, o preço se torna irrelevante."

MARÍLIA HAIK ANDRIOLLI é casada, mãe, cristã, atleta, empresária, mentora, palestrante e estrategista de posicionamento e marca pessoal. Fundadora e CEO da Specchio Brand (marca de calçados femininos) e do MV Club (Club de mulheres empresárias), com mais de quinze anos de experiência em branding, posicionamento e desenvolvimento de pessoas e equipes de alta performance. Palestrante em eventos nacionais e programas corporativos voltados à presença, comunicação e construção de influência genuína.

Instagram **@MA.ANDRIOLLI**

Eu tinha nove anos quando perdi meu pai. Meu irmão tinha seis — exatamente as idades que meus filhos têm hoje. Essa conexão entre passado e presente mexe comigo todos os dias. Olho para eles e inevitavelmente me lembro de tudo que vivi naquela época, de tudo que senti e aprendi.

Naquele momento, me disseram que meu pai havia morrido num assalto. Por muito tempo, acreditei nisso. Só depois descobri a dura verdade: ele tirou a própria vida. A notícia abriu uma ferida que, por muito tempo, eu não sabia como fazer cicatrizar. Senti raiva, muita raiva. Raiva dele por nos abandonar, por deixar minha mãe sozinha, por deixar a nós, seus filhos, numa dor que parecia sem fim.

Mas o tempo, a maturidade e a fé me mostraram algo maior. Entendi que Deus tinha um propósito, mesmo que fosse difícil enxergar naquela hora. Em vez de me afundar na vitimização, escolhi crescer. Escolhi honrar aquele homem que foi um pai exemplar enquanto esteve conosco e, acima de tudo, honrar minha mãe — que, com força e coragem incomparáveis, assumiu o papel de pai e mãe.

Por mais que tenhamos passado por dificuldades financeiras, nossa base familiar sempre foi forte. Nunca faltou amor, nunca faltou união, nunca faltou compreensão. Eu, minha mãe e meu irmão éramos um time. E essa base sólida foi o que me deu chão para seguir.

A perda e as circunstâncias me fizeram amadurecer muito cedo. Minha mãe passou por fases difíceis, inclusive uma depressão severa. Não quero entrar nos detalhes disso, porque esta história é sobre mim — mas o fato é que eu precisei assumir responsabilidades que muitas meninas nem imaginavam. Aos dez anos, já fazia coisas de adulto. Aos doze, tive meu primeiro emprego, com a minha avó, ajudando no caixa. Aos treze, já dirigia, fazia supermercado, pagava contas no banco.

Eu sabia que não queria viver aquela vida para sempre. Não sonhava com uma profissão específica — sonhava em ser feliz, ser independente, ser realizada. Observava minha mãe, vendo seus esforços para nos dar o melhor possível, e entendia que precisaria fazer minha parte.

Lembro-me de uma virada de chave: no colegial, quando fomos para uma viagem de formatura em Porto Seguro. Minha mãe parcelou o valor daquela excursão em inúmeras vezes para que eu pudesse ir, mas o pacote de festas era caro. Foi aí que percebi que minha habilidade podia se transformar em dinheiro. Sempre fui vaidosa e tive bom gosto e facilidade para criar. Então, ofereci às meninas a customização dos abadás. Cobrei um valor acessível e, com aquele trabalho, paguei todas as festas. Aquilo me ensinou duas coisas: que o que para mim era simples podia ser valioso para outros, e que talentos, quando usados com estratégia, abrem portas.

E assim foi minha vida: sempre focando no que eu sabia fazer bem e usando isso para criar oportunidades. Do caixa da minha avó, virei vendedora de balcão. Depois, gerente. Depois, consultora de imagem, dona de loja, dona de marca de calçados. Uma verdadeira empresária, forjada no dia a dia, com a régua sempre alta para mim mesma.

Enquanto outras meninas passavam as tardes brincando ou fazendo aulas de tênis (aliás, algo que hoje faço questão de oferecer aos meus filhos, porque na minha época não havia essa possibilidade), eu estava trabalhando. E ali aprendi algo essencial: para mudar de vida, você precisa ser uma pessoa do bem, cultivar valores inegociáveis e ter coragem para se expor a ambientes maiores que você.

Trabalhando com vendas e imagem, tive acesso ao íntimo de clientes que viviam realidades muito diferentes da minha. Longe de sentir inveja, eu absorvia e modelava: como elas se comportavam, como falavam, como se tratavam. Isso me ajudou a me lapidar e a entender que tudo era possível para quem estivesse disposto a trabalhar e aprender.

Até que conheci o homem com quem construiria minha família. Não escolhi o mais rico. Escolhi o mais íntegro, o mais trabalhador, o que respeitava a mãe, o que tinha valores firmes. Crescemos juntos, construímos juntos, erramos e acertamos juntos. Nossos filhos chegaram como o elo sublime que nos une ainda mais.

O esporte também me transformou. A corrida me deu disciplina, foco e resiliência. Neste ano, corri minha primeira maratona. No quilômetro 28, minhas pernas travaram e senti uma dor como nunca havia sentido. Não venci aquela prova pelo meu condicionamento físico — venci pela força da minha mente, construída desde os meus nove anos. Se eu já me sentia forte, após pegar aquela medalha, me senti imparável.

E quando profissionalizei minhas mentorias, percebi que a força da minha história podia inspirar outras mulheres a não desistirem — de si mesmas, da família ou dos sonhos.

Hoje, vivo uma fase intensa e transformadora. Entendi que o que mais importa é servir, iluminar e puxar outras para cima. Minha jornada, que começou por causa da minha mãe e do meu irmão, hoje tem como maior motivo a família que construí.

Se eu pudesse deixar uma mensagem para quem enfrenta desafios parecidos, seria esta: o mundo não te deve nada. Troque o "por que eu?" pelo "por que não eu?". A vida é dura para todos. É quando aprendemos a lidar com o que não controlamos que nos tornamos fortes de verdade.

Não se prenda ao passado, nem à dor, nem aos erros. Olhe para a frente, busque soluções e faça acontecer. A vida não é só um "look do dia" — é um preparo diário para enfrentar um mundo que quer te derrubar. Mas não deixe. Prepare-se, lute, agradeça e siga firme.

Nada foi em vão.

O seu lugar é onde você quer estar, e não onde os outros acham que você deve ficar.

ONDE A CORAGEM ENCONTRA O FUTURO

"O sucesso é treinável."

JOEL JOTA

MARLI BARROS DE OLIVEIRA ALENCAR, conhecida como Marli Oliveira, é empresária, palestrante e mentora. Fundadora e CEO da Unia, é especialista em comércio exterior e referência nas importações de produtos para saúde e medicamentos, apaixonada por gastronomia e viagens ao redor do mundo.

Instagram **@EUMARLIOLIVEIRA7**
LinkedIn **LINKEDIN.COM/IN/MARLI-OLIVEIRA-1A893194**
Site **WWW.UNIABR.COM**

Minha história começa muito antes de eu me tornar empresária, mentora e palestrante. Ela começa em uma casa simples, onde os sonhos pareciam maiores do que as paredes que nos cercavam. Eu tinha apenas catorze anos e, como toda adolescente, nutria aspirações que, aos olhos de muitos, eram grandes demais para mim. Fazia balé, amava dançar em frente ao espelho, ensaiava passos, sonhava com palcos, desfilar, e poder ser modelo um dia. Mas sabia que precisava trabalhar para ajudar em casa e, quem sabe, transformar aqueles desejos em algo concreto. Uma amiga da minha mãe comentou sobre uma vaga de recepcionista na empresa onde trabalhava. Eu, ainda menina, vi naquela oportunidade um meio de conquistar minha independência.

Comecei a trabalhar cedo, naquela época, com vontade de aprender e a coragem de quem não se intimida diante do desconhecido. Quando uma colega do departamento deixou a empresa, fui chamada para assumir funções que nunca tinha executado. Lembro-me de dizer ao meu chefe: "Mas eu nunca fiz isso". E a resposta dele foi simples e marcante: "Se vira, aprende". Ali entendi que, muitas vezes, a vida não pergunta se estamos prontos; ela apenas exige que a gente avance.

No ano seguinte, quando eu tinha quinze anos, a vida me tirou o chão. Meu pai, meu herói, foi assassinado em um assalto. Até hoje, a lembrança daquele dia me corta por dentro. Lembro-me dele trazendo para mim pequenos potinhos de iogurte. Ele nunca chegou em casa. Os potinhos caíram, se quebraram, e aquela cena ficou gravada em mim. Perder meu pai foi perder parte do meu mundo.

Minha família era humilde. E com o falecimento do meu pai, as coisas ficaram muito difíceis. A situação ficou tão precária que me mudei de casa pelo menos seis vezes e, em determinado período, chegamos a morar de favor em uma casa com apenas dois cômodos, onde sete pessoas dividiam o mesmo espaço e o meu guarda-roupa era uma caixa de papelão. Agradeço, do fundo do meu coração, às pessoas que nos acolheram e nos concederam moradia naquela fase difícil.

Minha mãe, apesar de forte, ficou abalada. Meu irmão também. Eu, tão jovem, olhei para a dor e decidi que ela não me definiria. Disse a mim mesma que construiria uma vida, que traria orgulho para minha família e que nada nos faria sucumbir. Abandonei o sonho de ser modelo e decidi que iria construir meu caminho.

Aos quinze anos, passei a trabalhar em uma outra empresa, que importava produtos químicos. Lá, comecei a aprender sobre importação, ajudava no setor, executava tarefas simples, mas absorvia cada detalhe. Fiquei três anos nessa empresa e, quando percebi que não era reconhecida pelo que entregava, busquei novos horizontes. Fui contratada por uma multinacional farmacêutica suíça que fabricava hormônios para reprodução humana. Os produtos eram cem por cento importados, e o setor de comércio exterior era essencial para que toda a operação funcionasse.

Com dezoito anos, assumi o cargo de analista de importação. Pouco tempo depois, o gerente do departamento foi dispensado e o CEO me disse que eu ficaria responsável pela área. Eu me desafiei, aprendi e me destaquei. Era uma jovem mulher em um setor dominado por homens, mas tinha algo que ninguém podia me tirar: a vontade de aprender e o compromisso com resultados. Com o tempo, me tornei gerente responsável por importação, exportação e compras.

Entre 1990 e 1995, concluí a faculdade de administração de empresas com especialização em comércio exterior, me casei e me tornei mãe de duas meninas, tudo isso enquanto mantinha o desafio de entregar o meu melhor dentro da empresa. Nesse meio-tempo, tive muitas conquistas e alegrias, mas também muitas contrariedades, decepções e frustrações. Nem tudo foram flores.

Foi nesse período que comecei a lidar com prestadores de serviços aduaneiros. O serviço era ruim, sem visibilidade, sem apoio. Sugeri ao CEO que internalizássemos a operação. Contratei uma pessoa, treinei, organizei o processo e mostrei que podíamos ser muito mais eficientes.

Há uma foto de 1996 que guardo com carinho. Estou sentada ao lado dos diretores, com o CEO ao centro, todos homens, e eu, a única mulher, liderando aquela função. Eu sabia que precisava me destacar, que precisava provar que era capaz.

Quase dez anos depois, percebi que minha capacidade poderia ir além daquela empresa. Propus ao CEO abrir minha própria empresa, oferecendo meu conhecimento como consultora e prestadora de serviços terceirizada, com a excelência que eu acreditava ser possível. Ele aceitou, e, em 1998, nasceu a Unitrade Assessoria em Comércio Exterior, que em 2024 se tornou a Unia.

Nossa primeira sede ficava em cima de uma padaria. Um espaço simples, mas limpo e organizado. Ali construímos a base da empresa e, apesar das dificuldades, essa fase nos fortaleceu imensamente.

O maior desafio foi começar do zero. O ambiente aduaneiro era hostil, pouco organizado, com burocracia excessiva, e um ambiente bastante autoritário e dominado por homens. Algumas pessoas preferiam resolver os procedimentos com atalhos, mas eu me recusava a seguir esse caminho. Com o tempo, os responsáveis na alfândega passaram a me conhecer e saber que, comigo, nada seria resolvido pelo caminho errado. Eu era firme: processos de importação e exportação eram feitos corretamente, com segurança e idoneidade.

Optei pelo caminho da ética, da honestidade e do estudo. Passei a ler tudo, a me especializar e a planejar cada etapa para que meus clientes tivessem processos mais eficientes e seguros. Eu sabia que, como mulher e jovem, só seria respeitada se apresentasse resultados sólidos.

O reconhecimento veio em 2015, quando fomos indicados ao Prêmio Sindusfarma de Qualidade, que destaca as melhores empresas prestadoras de serviços aduaneiros de São Paulo para a indústria farmacêutica. Vencemos naquele ano e repetimos a conquista em 2016, 2017 e 2018. Quatro anos consecutivos no topo. Depois disso, colocamos nosso foco e nossa energia na expansão da Unia para o segmento de produtos para saúde, ampliando nossa atuação e entregando ainda mais valor aos nossos clientes.

Ser reconhecida por indústrias farmacêuticas que auditam e votam é algo que jamais esquecerei. Cada vitória reforçava que o caminho ético e planejado era o certo.

Os anos se passaram, minha empresa cresceu e levei comigo jovens dispostos a aprender, formando pessoas e transformando vidas.

Hoje, a Unia está localizada em outro bairro, em um escritório de trezentos metros quadrados, planejado e finamente decorado. Tenho muito orgulho da minha trajetória, de onde vim e de onde cheguei.

Ao longo dos anos, aprendi que ser empresária não tem a ver apenas com conquistas. É também passar noites em claro e ter preocupações, perdas e superações diárias. Perder um cliente é como perder um emprego. É preciso rever, corrigir, aprender. Essa jornada é, muitas vezes, solitária.

Em 2023, encontrei uma rede que mudou minha perspectiva: o ClaxClub. Liderado por Flávio Augusto, Joel Jota e Caio Carneiro, esse grupo reúne empresários que compartilham experiências reais, dores e estratégias. Ali encontrei apoio, motivação e aprendizado contínuo. Descobri que ser CEO vai muito além de comandar; é liderar a si mesmo, aprender sempre e nunca se acomodar.

Em 2025, fui reconhecida e premiada como destaque no EWI Global Awards ("Empowering Women for Integration"), no Castelo de Chillon, em Montreux, representando o reconhecimento ao meu legado, à minha visão e à minha coragem de construir com propósito. A premiação aconteceu imagine onde: na Suíça, país que interagia havia mais de 25 anos com a multinacional farmacêutica em que eu tinha decidido empreender.

Hoje, além de mãe e esposa, sou empresária, CEO da Unia, palestrante e mentora, e sigo apaixonada por tudo que faço. Amo gastronomia, pois nela encontrei uma forma de também me conectar comigo mesma e, com minhas mãos, poder servir às pessoas. Estudo na Le Cordon Bleu, onde aprendo técnicas da culinária francesa. Acredito que a vida deve ser vivida com intensidade em todas as áreas, sempre me desafiando a ser melhor a cada dia. Amo viajar, conhecer culturas e ampliar horizontes.

Os valores que me trouxeram até aqui são simples e inegociáveis: comprometimento, disciplina, dedicação, honestidade, transparência e visibilidade. Aprendi que servir é o maior ato de liderança. O crescimento financeiro sempre foi consequência, nunca o objetivo.

Quero deixar como legado o desejo de inspirar jovens a olharem para o futuro e serem encorajados a buscar seus sonhos, estudar e se comprometer. Também quero ampliar a visão dos empresários sobre como é possível ter uma expansão internacional com visibilidade e resultados.

Se eu pudesse deixar uma mensagem, diria: estude, entregue além, seja presente em tudo que fizer. Divida seu tempo com sabedoria. Esteja cem por cento em cada momento. A excelência nasce da presença, do foco e da entrega.

Minha caminhada mostrou que o que importa não é vencer para ter reconhecimento financeiro. É vencer as limitações da vida, encontrar minha própria força e com conhecimento transformar as pessoas para encorajá-las a trilharem seus caminhos e conquistarem suas vitórias. Que coragem não é ausência de medo, é seguir apesar dele.

Olho para trás e vejo uma menina de catorze anos que sonhava diante do espelho. Ela não sabia, mas estava prestes a construir algo muito grandioso e que a realizaria muito além dos seus sonhos. Hoje, olho para cada passo, cada lágrima, cada alegria, cada vitória e entendo que NADA FOI EM VÃO.

O IMPOSSÍVEL SE RENDEU QUANDO NINGUÉM ACREDITOU NELE

"O sucesso não está nos fins, mas nos meios."

MAURO A. N. SANTOS FILHO é marido, pai, pastor, empresário e investigador.

Instagram **@MAUROSANTOS1984**

Minha história começa na cidade de Lajeado, no Rio Grande do Sul, em 1984. Meus pais eram muito jovens: seu Mauro e dona Ivanir, minha mãe com apenas dezessete anos e meu pai com vinte. Cresci no bairro Moinhos, uma região simples onde morávamos em uma casa modesta, de 45 metros quadrados, pelo programa Cohab. Lá vivíamos eu, meu pai e minha irmã mais nova, Gabriela. Fui alfabetizado na escola Fernandes Vieira, a sete quilômetros de casa, uma distância que eu percorria de bicicleta diariamente porque não havia vaga no meu bairro. Estudei até o ensino fundamental nessa escola, e lembro com carinho da minha infância. Joguei futebol na rua, brinquei com amigos na praça, vivi uma infância saudável, marcada pelo esporte e pela presença constante dos meus pais.

A vida nunca foi fácil para mim. Desde cedo, enfrentei desafios que pareciam maiores do que eu. O trajeto até a escola, os treinos de futebol, em que eu precisava me esforçar mais do que todos os outros para acompanhar o ritmo — tudo era um teste diário. Aos dezenove anos, comecei a trabalhar com vendas na empresa da minha família, liderada pelos meus pais, que aliás foram os meus professores. Tive que desbravar o interior do Rio Grande do Sul. Era uma época sem GPS, sem contato fácil com clientes; eu batia de porta em porta, carregando um mapa físico, vendendo para garantir minha sobrevivência. Sem vendas, não havia dinheiro para hotel ou comida. Foi um aprendizado duro, que me colocou frente a frente com a realidade e a necessidade de persistir.

Mais tarde, ao ampliar meu negócio, enfrentei a dor do crescimento. Nunca havia contratado ninguém, lidado com bancos ou crédito. Surgiram dívidas, quase quebrei, e meu nome ficou sujo. Junto a isso, veio a dor da separação do meu primeiro relacionamento, quando meu filho tinha apenas dois anos. Foi um período sombrio, em que precisei recomeçar do zero, entender quem realmente estava comigo e provar minha força diante do mundo. Foi nesse momento que Deus falou mais forte comigo, mostrando que não havia me levado até ali para ver minha queda, mas para uma segunda chance maior que a primeira.

A virada aconteceu quando assumi as rédeas da minha vida, reconhecendo meus erros e pedindo perdão. Foi quando o Espírito Santo começou a agir em mim e a Palavra de Deus guiou meus passos. Conheci minha esposa, Débora, que trouxe esperança e aliança verdadeira para minha caminhada. Decidi que não seria mais um varejista comum, mas teria minha própria marca, minha fábrica, construindo um ecossistema maior do que eu poderia imaginar. A Medical Sun nasceu desse sonho, crescendo de um negócio regional para alcançar o cenário nacional e internacional. Esse projeto foi maior que meu coração, um desafio tão grande quanto minha fé.

O que me sustentou foi a mudança de mindset, a passagem de uma visão de curto prazo para uma mentalidade de longo prazo. Entendi que a vida é uma maratona e que não se vence o tempo, mas se passa por ele. Valorizei as pessoas certas, aprendi a proteger a semente da minha fé, dos meus dons, dos meus projetos. Compreendi que nem todos estão destinados a caminhar conosco para sempre, que agradar a todos é impossível e que honrar a Deus, minha família e meus princípios era o caminho para seguir adiante. Essa mudança me fortaleceu para enfrentar os testes do tempo e preservar o que é essencial.

Os frutos dessa jornada são claros. Hoje sou pai do Jeremias e do Abel, filhos incríveis, e valorizo acima de tudo as pessoas certas. Sou alguém que abre portas servindo primeiro, que entende o poder da comunicação e da credibilidade. Conquistei autoridade para falar sobre perseverança, família, empreendedorismo em casal e liderança no setor da saúde estética. Construí a credibilidade, o respeito e a confiança daqueles que caminham comigo e acreditam nas minhas ideias.

Meu recado para quem enfrenta desafios parecidos é simples e poderoso: acredite no seu projeto antes de todo mundo. Cerque-se de pessoas melhores do que você, honre sua família e sua fé. Saiba que o sucesso não está nos fins, mas nos meios. É no dia a dia, na construção lenta e constante, que encontramos a força para seguir. E, quando tudo parecer impossível, lembre-se de que nada foi em vão.

O PODER DA CORAGEM EM SILÊNCIO

"Nenhum problema aguenta um abraço."

MAX JEFFERSON é empresário, educador de líderes e investidor com mais de trinta anos de atuação em diversos setores. Natural do interior do Ceará, expandiu seus negócios para diversos estados no Brasil e nos Estados Unidos, impactando centenas de vidas e empresas com sua visão prática, estratégica e humana. Pai de quatro filhos e apaixonado pela cultura empresarial, Max lidera com base em valores sólidos, ensinando líderes a desenvolverem negócios lucrativos e sustentáveis. Sua trajetória é marcada pela coragem de inovar, formar pessoas e transformar ambientes, do Brasil para o mundo.

Instagram **@MAXJEFFERSONOFICIAL**
LinkedIn **LINKEDIN.COM/IN/MAXJEFFERSONOFICIAL**
YouTube **YOUTUBE.COM/@MAXJEFFERSONOFICIAL**

Nasci no interior do Ceará, em um ambiente de escassez. Mas o curioso é que, apesar de toda a limitação material, éramos profundamente felizes. Tínhamos fé, humildade e coragem — três pilares invisíveis, mas tão sólidos quanto qualquer alicerce físico. Cresci entendendo que a força de um homem não está no que ele tem, mas no que ele carrega por dentro. E isso eu recebi desde cedo.

Aos nove anos, já vendia lenha e água no lombo de um jumento. Para muitos, isso seria o retrato da pobreza. Para mim, foi a faísca da liberdade. Foi nesse cenário bruto que descobri o desejo de empreender. Não sabia a palavra "empreendedorismo", mas já entendia de coragem, já sentia na pele o que era esforço, responsabilidade, vontade de vencer. E isso foi se acentuando ainda mais quando, aos treze, deixei minha cidade natal para estudar em outra região. Ali, sozinho, descobri o peso da autonomia e a necessidade de me tornar homem antes da hora. Criou-se a "casca". E essa casca me acompanharia para o resto da vida.

A caminhada nunca foi reta. Cheia de curvas, buracos, subidas íngremes. Meu início como empreendedor foi repleto de dificuldades. Uma das maiores era a falta de apoio. As pessoas mais próximas, aquelas que a gente mais ama, nem sempre acreditam de primeira. E não é por mal. É por medo. Medo de nos ver cair. Mas isso também nos empurra a desenvolver outro músculo: o da autoconfiança. A vida me ensinou que é possível crescer mesmo quando ninguém aposta em você.

Aos dezessete, tive meu primeiro emprego. Primeiro dia: me entregaram um rodo. Segundo dia: uma vassoura. Eu varria lojas enquanto mentalizava que, um dia, teria algo maior. Não me vitimizei. Varrer era parte do processo. Resolver pequenos problemas foi me preparando para os grandes. Mas então veio o baque: fui demitido. A dor foi intensa. Ali, achei que tivesse perdido tudo. Mal sabia eu que estava ganhando o mais precioso presente: o impulso para iniciar meu próprio negócio.

Comecei pequeno. E quando faturei meus primeiros 100 mil reais, pensei que já tinha "chegado lá". Mas foi aí que a vida sorriu, virou a esquina e me mostrou: você ainda não sabe de nada. Essa consciência me levou a um novo ciclo — o ciclo do conhecimento. Descobri que nenhuma empresa cresce se o dono não cresce primeiro. Empresa nenhuma é maior do que sua liderança. Por isso, mergulhei fundo no desenvolvimento pessoal, e entendi que liderança não é posição, é transformação contínua.

Tive outro insight poderoso: crescer sozinho é perda de tempo. Decidi trazer colaboradores para a sociedade. Dei parte das empresas para quem vestia a camisa junto comigo. Resultado? A empresa que faturava X passou a faturar 5X. Riqueza se multiplica com confiança. E eu carrego uma filosofia de que não abro mão: prefiro dividir riqueza a reclamar da pobreza.

Fui avançando. O negócio que atendia o bairro passou a atender a cidade. Depois a região. Até que um dia entendi que o Brasil era o meu campo de jogo. E fui. Hoje, nossos projetos são nacionais, com braços na China e em outros países. Saí do interior do Ceará para operar em escala global. E mais: entendi que a diversificação é um método. A pandemia confirmou isso. Enquanto alguns negócios caíam, outros subiam. A variedade de setores me blindou e me ensinou a ser estratégico. Hoje, lidero dezoito CNPJs, cada um com sua dor, seu sonho, seu impacto.

Mas não se vencem grandes batalhas sem grandes convicções. A principal delas é a frase que me acompanha como um escudo: "Nenhum problema aguenta um abraço". E não é um abraço de carinho — é de enfrentamento. É olhar para o problema nos olhos, enxergá-lo e dizer: "Vamos resolver isso juntos". Porque problema que a gente finge que não existe cresce no escuro. Mas problema que a gente encara desmonta. Um pedaço por vez. Uma conversa por vez. Uma atitude por vez.

Fé, honestidade, humildade, coragem — esses valores me guiaram nos piores dias. E um dos aprendizados mais fortes que tive foi não confundir escassez com humildade. A escassez é uma circunstância. A humildade é uma escolha. E a minha origem, a verdadeira, é divina. Eu não sou fruto apenas da história dos meus pais. Sou um sonho de Deus com as minhas ações aqui na Terra. Isso me dá identidade. E identidade firma os pés nos dias de tempestade.

Hoje, o que mais me emociona não é o que conquistei. É quem eu me tornei. É o pai que sou. O esposo que escolhi ser. A forma como valorizo minha família. Mabelli, minha esposa há 22 anos, é minha rainha. Minha filha Mayane, meu filho João Pedro, Yan e agora Mariah, que está a caminho, são as minhas maiores riquezas. Eles são a extensão da minha história, o motivo de tudo.

Nos negócios, também colhemos frutos importantes. A Max Distribuidora, nossa empresa mãe, foi reconhecida como a segunda melhor empresa para se trabalhar no Brasil, segundo o selo GPTW (Great Place To Work). Mas sabe o que isso significa para mim? Que estamos no caminho certo. Que estamos colocando pessoas no centro. Que estamos transformando ambientes. Que estamos cuidando. E cuidar, para mim, é uma estratégia de crescimento.

Hoje, só me associo àqueles em quem posso confiar. E minha régua é simples: quero ver como a pessoa trata a própria família. Só ando com aqueles com quem posso me sentar à mesa com minha esposa e meus filhos, e conversar de verdade. Convivência é uma inteligência. E conviver com gente que eleva a mentalidade é o que faz a gente ir mais longe.

É por isso que, se eu pudesse deixar uma mensagem para você agora, ela seria: respeite a sua fase, mas acredite em você. Toda conquista vem com esforço. Toda vitória vem com restrição. As fases da vida vão exigir coisas diferentes de você. Se você tiver entre quinze e vinte anos, saiba: você ainda não sabe tudo. Escute mais. Viva experiências. Se tiver entre vinte e trinta, cuidado: você acha que pode tudo. Mas a vida vai testar você. E isso é bom. Se estiver entre os trinta e os quarenta, talvez ainda não tenha criado casca. Ela virá. E com ela, vem a maturidade. A partir dos quarenta, você precisa virar uma esponja de sabedoria. Sugue o melhor das pessoas. Intensifique a convivência com mentes que te elevam. E nunca pare de aprender.

Quer mudar sua realidade? Mude sua mentalidade. Quer mudar sua mentalidade? Viva novas experiências.

Experiência muda mentalidade. Mentalidade muda realidade. E tudo isso só acontece quando você se permite. Permita-se viver, errar, recomeçar, vencer.

Porque, no final das contas, tudo — absolutamente tudo — teve um propósito. Nada foi em vão.

O IMPROVÁVEL

"Histórias são fatos carregados de significados."

MOISÉS MEIRELES SALLES BRUNO é empresário, eterno estudante e apaixonado pelo progresso.

Instagram **@MOIENERGIA**

Nasci em Belo Horizonte, em uma família de classe média baixa. Meus pais se separaram quando eu tinha cerca de dez anos, e cresci ao lado da minha irmã mais velha, sob os cuidados de uma mãe que se desdobrava para nos oferecer educação de qualidade.

Apesar das dificuldades, ela acreditava que o conhecimento seria a chave para uma vida mais estável, mais digna. Lembro-me nitidamente das brigas constantes entre meus pais antes da separação. Discutiam por dinheiro, por dívidas, por promessas não cumpridas. Mesmo com os dois trabalhando, o descontrole financeiro era uma presença constante em casa. Essas cenas ficaram gravadas na minha memória como cicatrizes emocionais, e foi ali, ainda menino, que tomei minha primeira decisão: minha vida adulta seria diferente daquela. Eu teria controle, estabilidade, segurança.

Anos depois, já adulto, me vi envolvido em um relacionamento intenso com uma mulher de outro estado. Nos apaixonamos e tomamos a decisão de morar juntos. Mesmo sem ter uma vida financeira estruturada, tive a coragem de sair da casa da minha mãe e assumir responsabilidades de um homem. Foi um passo grande, não só por amor, mas pela chance de construir algo novo. Durante quase um ano, dividimos a vida sob o mesmo teto, até que uma discussão nos afastou. Ela voltou para sua cidade e, semanas depois, descobri que havia retornado para o ex-marido, alguém que oferecia a ela conforto e estabilidade financeira — uma vida sem preocupações.

O que ficou em mim não foi apenas a dor da perda. Foi o significado que atribuí a ela: que não fui escolhido porque não tinha dinheiro suficiente. Foi como se a minha falta de recursos fosse uma sentença de rejeição. Essa crença me rasgou por dentro. Foram dias difíceis. Eu me refugiei na presença da minha mãe, buscando colo, escuta, direção. A dor era profunda, e a aceitação, lenta. Só depois comecei a perceber: a ferida estava menos no que ela havia feito e mais no que eu acreditava sobre mim mesmo.

E foi aí que a vida mudou. Não num estalo, mas num voto silencioso que fiz comigo mesmo: eu me tornaria um homem — não só financeiramente rico, mas emocionalmente completo. Decidi crescer e comecei por mim. Estudei como nunca, trabalhei como nunca, mergulhei em treinamentos de inteligência emocional, desenvolvimento pessoal e espiritualidade prática. Queria entender minha mente, minha dor, meus comportamentos. O que começou como uma tentativa de provar meu valor a alguém virou um encontro com a minha identidade. Descobri ali que minha real força não estava no que eu podia mostrar, mas no que eu podia sustentar. E essa mudança foi silenciosa, mas revolucionária.

Minha primeira atitude foi cuidar de mim: do meu corpo, da minha mente, da minha rotina. Comecei a empreender com fome de progresso. Não era só dinheiro — era criar valor, construir algo meu, ser alguém que eu respeitasse. Eu me conectei com pessoas que tinham aquilo que eu desejava: visão, disciplina, liberdade. E passei a nutrir uma nova crença: que primeiro eu precisava SER para depois TER. Essa virada de chave mudou tudo. Eu repetia para mim: "primeiro eu, depois o mundo". Organizei meu tempo, minha energia, meus pensamentos. Me tornei prioridade. E quanto mais eu me priorizava, mais a vida respondia: nos resultados, na saúde, nas relações. A realidade externa mudou quando a interna foi reconfigurada.

A transformação foi total. Minha vida financeira cresceu e, com ela, vieram possibilidades que antes pareciam distantes. Mas o maior ganho foi nas relações. Reencontrei meus pais de outro lugar. Antes distantes, nos aproximamos. Havia um muro invisível entre nós, feito de mágoas, cobranças e silêncios. Mas quando mudei, tudo ao meu redor também mudou. Perdoei. Aceitei. Entendi que eles tinham feito o melhor que podiam, e que aceitar isso era a chave para a liberdade emocional. Passei a enxergar a vida por outro ângulo.

Aquilo que eu não podia controlar, eu aceitava com mais rapidez. Passei a ser procurado, admirado, ouvido. Tornei-me inspiração para pessoas que estavam onde um dia eu estivera. Converter a minha história em ponte para outras pessoas talvez seja uma das minhas maiores conquistas.

Se eu pudesse dizer algo para quem está sofrendo hoje, seria: mude o seu olhar. A dor, muitas vezes, nasce da resistência, e a resistência nasce da não aceitação. Você não controla o mundo, mas pode transformar sua forma de enxergá-lo. Imagine duas pessoas no mesmo avião chegando ao Rio de Janeiro. Uma vê os perigos, as favelas, os problemas. A outra vê o mar, o Cristo, a beleza divina. O lugar é o mesmo. O que muda é o olhar — e o olhar muda tudo. Foi isso que eu fiz, mesmo sem perceber: mudei o meu olhar, e o meu sentimento mudou. E quando o sentimento muda, a vida muda. Porque tudo começa dentro de nós.

Hoje, olhando para trás, entendo que cada detalhe da minha jornada — até os mais dolorosos — fez parte da construção do homem que sou. Nada foi em vão.

QUAL É O SEU PAPEL NO MUNDO?

"Já me sentei à mesa com importadores chineses em Xangai, banqueiros suíços em Zurique, diplomatas em Berna e pequenos empreendedores na Mauritânia. O segredo? Nunca entrar para vender; sempre chegar para entender."

NATÁLIA MONDELLI é filantropa, empresária, professora de empreendedorismo, consultora, mestre em negociações internacionais e palestrante internacional. CEO da B-Long Business School e autora do livro *O mundo é seu: Negócio fechado!*, Natália alia uma sólida formação acadêmica a uma ampla experiência prática em mercados globais, combinando vivências multiculturais com uma abordagem estratégica que impulsiona empresas a prosperarem no cenário internacional. É também presidente do Grupo Mondelli de Educação, um ecossistema de empresas comprometidas com a educação e a capacitação empresarial. Além disso, integra o seleto e mais influente grupo de empresários do Brasil, o ClaxClub, reunindo líderes que transformam ideias em legados.

Instagram **@NATMONDELLI**
LinkedIn **LINKEDIN.COM/IN/MSC-NATÁLIA-MONDELLI-401774209**

Minha história tem raízes em Bauru, interior de São Paulo, onde cresci entre sacas de café, tratores e a força silenciosa de um frigorífico que meu avô Vangélio e meu pai Braz conduziam com mãos firmes e coração generoso. Ainda menina, eu ficava em pé diante da enorme porta de aço, esperando a chegada dos rabinos israelenses para a inspeção kosher. Eu lhes servia café, fascinada pelo ritmo das orações em hebraico e pelo cuidado com cada detalhe. Foi ali que aprendi, antes mesmo de entender o mundo, que cada cultura carrega um universo inteiro de valores — e que respeitá-los era muito mais que um gesto de educação: era a minha conexão com o mundo.

Aos onze anos, fiz minha primeira viagem internacional. Vi o mar pela janela de um avião e senti, pela primeira vez, que havia um universo a ser explorado. Aos dezesseis, viajei sozinha para fazer parte do ensino médio em San Diego. O choque cultural foi avassalador — do calor das praias californianas ao silêncio respeitoso dos corredores de escola. Mas, de imediato, percebi que a sensação de ser estrangeira era um superpoder: minha curiosidade me abria portas, minha insegurança gerava empatia.

Não parei mais. Escolhi turismo e demografia em Buenos Aires para entender fluxos de pessoas e oportunidades. Trabalhei em uma agência de intercâmbio até que protestos derrubaram nosso escritório. Aquela crise de 2002 me ensinou que planos podem ruir sem aviso. Voltei ao Brasil para concluir a faculdade, mas trouxe na bagagem a certeza de que toda tempestade carrega um bilhete para um novo começo.

Aos 22 anos, abri minha primeira empresa, financiada pelo Banco do Brasil em suaves 24 parcelas. Foi o primeiro grande salto, e o medo de falhar me acompanhou de mãos dadas com a empolgação. Abri uma franquia de uma agência de intercâmbio cultural, vendi sonhos de intercâmbio e trabalhei dia e noite para provar que, quando se nasce mulher em uma família de tradição patriarcal, é possível forjar um caminho próprio sem jamais levantar a bandeira de vítima.

Ainda assim, o maior embate vinha pela frente. Aos 29, mudei-me para a Suíça, fiz inclusive um mestrado em negócios internacionais. Carregava na mala cinco idiomas e um currículo recheado de vivências, mas encontrei portas fechadas por causa do meu “sotaque brasileiro”. Em entrevistas, sorri diante do preconceito. Em noites de insônia, questionei meu lugar no mundo. Muitas vezes, sentir que não pertencia rasgou meu peito, mas também me deu combustível para não aceitar rótulos.

O ponto de virada veio quando decidi transformar cada “não” em oportunidade concreta. Nascia então a ONG Empowering Women for Integration (EWI). Em vez de esperar o momento ideal, aluguei um café por hora e convidei imigrantes para conversar. Ali, eu oferecia acolhimento e informações práticas: como abrir conta bancária, como validar diplomas, como lidar com o idioma e a saudade.

O choque veio quando recebi ameaças de morte por ajudar pessoas resgatadas do tráfico internacional de pessoas. Foi aí que descobri o valor do medo, não como prisão, mas como guia para a ação. Convoquei minha coragem, organizei oficinas de empreendedorismo e elaborei cartilhas de proteção. Em poucos meses, o EWI ganhou corpo: mesas-redondas, workshops, parcerias com empresas suíças. Foi o primeiro “sim” genuíno da sociedade local, o reconhecimento de que a inclusão econômica é a chave para a dignidade de qualquer imigrante.

A virada de chave se consolidou quando escolhi investir em mim. Separei um capital modesto de 25 mil francos suíços para formalizar a abertura da EWI e garanti recursos para comunicação, estrutura e primeiros eventos. Mapeei as diferenças culturais e legais entre Brasil e Suíça. Montei um cronograma de ações regulares, mesmo sem verba garantida, e convidei voluntários. Adaptei todo o material institucional a quatro idiomas e inseri práticas culturalmente sensíveis.

Na rotina intensa, equilibrei papel de mãe, líder e visionária. Lancei mão de organização: defini metas mensais, monitorei indicadores de impacto e troquei fórmulas engessadas por flexibilidade. O medo de falhar me lembrava diariamente de honrar minhas raízes e transformar crises em curvas de aprendizado. A cada desafio vencido, eu reescrevia minha história, provando que perseguir um propósito é a alavanca mais poderosa que existe.

Os frutos apareceram rapidamente. Em 2023, recebi o Prêmio Conecta de Empreendedorismo Social na Europa. Em 2025, o ClaxClub me concedeu o troféu "Destaque em Ecossistemas e Esteiras Estratégicas". Mas o prêmio mais valioso estava nos olhos de quem conquistava sua própria autonomia: milhares de imigrantes abriram suas empresas e eu me conectei com parceiros de negócios estratégicos.

Paralelamente, dei vida à B-Long Business School, uma plataforma educacional. Nela, empreendedores aprendem habilidades práticas alinhadas a missões empresariais e aulas "hands-on". Criei um ecossistema integrado:

- A EWI identifica talentos e necessidades.
- A B-Long forma e capacita líderes.
- Os eventos (EWI Summit, EWI Global Awards, EWI Talks e EWI Global Fair) projetam trajetórias e consolidam redes.

Essa tríade mantém o ciclo vivo: identificação, formação e visibilidade. Meu legado se desdobra em três pilares:

1. *Transformação de narrativas*: em quase duas décadas como palestrante, troquei slides por experiências sensoriais. Minhas palestras misturam storytelling, dinâmicas culturais e até um ritual do chá, que ensina etiqueta global e conexão emocional.
2. *Passaporte coletivo*: o livro *O mundo é seu: Negócio fechado!* nasceu em 2025 como guia de inteligência intercultural. Com prefácio de Flávio Augusto e posfácio de Alexandre Assis, ele traduz 65 países em histórias vivas. A imprensa internacional me chamou de "cidadã do mundo, destemida e inquieta".
3. Pontes em vez de muros: ao fundar o EWI Global Awards, no Château de Chillon, redirecionei olhares para trajetórias de superação. Ao organizar o EWI Summit, bati um recorde, com 4.500 participantes. Em cada frente, promovi o protagonismo feminino e a mudança de mentalidade sobre imigrantes na Suíça.

Hoje, acompanho com orgulho ex-alunas que lideram startups, voluntários que fundaram suas próprias empresas e empreendedores que expandiram negócios além do horizonte. Essa rede viva carrega meu propósito: provar que cada crise, cada porta fechada, cada lágrima e cada riso valem a pena.

Se me perguntam "Qual é o seu papel no mundo?", respondo que é ser a ponte entre pessoas, culturas e oportunidades. Minha história prova que, quando o propósito guia, não há limites — apenas caminhos a serem desbravados. E, acima de tudo, enseja uma certeza que pulsa em cada capítulo desta jornada. E você, já descobriu o seu papel no mundo?

CONEXÕES QUE MUDAM VIDAS

"Seja o agente transformador da realidade de outras pessoas."

NATALLY GEORGIA AZEVEDO GATIS é mentora de negócios, palestrante, CEO e conselheira empresarial. Especialista em formação de ecossistemas com múltiplas fontes de renda, já reestruturou mais de setecentas empresas ao longo de quase vinte anos de experiência. Participa de ecossistemas como PagSeguro, Cappta, Gespag, Vila Construções, MLS, entre outros.

Instagram **@NATALLYAZEVEDO**
LinkedIn **LINKEDIN.COM/IN/NATALLY-AZEVEDO-ESPECIALISTA-EM-MODELODE-NEGÓCIOS-E-ECOSSISTEMA-2255A829B/**
YouTube **YOUTUBE.COM/@NATALLYAZEVEDO**

Carrego em minhas raízes a força de gerações. Minha história começa em Olinda, município de Pernambuco. Sou a quinta de seis filhos, filha de um metalúrgico com uma professora da rede pública. Desde cedo, aprendi dois fundamentos que minha mãe fazia questão de ensinar: a fé em Deus e o poder transformador do conhecimento. Para ela, Deus cuidava do que não podíamos resolver, enquanto o conhecimento era ferramenta para obter o que estivesse ao nosso alcance, abrir portas e construir oportunidades.

Ainda pequena, aos nove anos, comecei a trabalhar com minha mãe, uma mulher determinada e incansável. Sua força de vontade e sua visão firme marcaram profundamente quem eu sou e o caminho que escolhi seguir. Foi com ela que entendi que ninguém pode parar alguém com determinação genuína, capaz de colocar todo o esforço e a energia em seus objetivos.

Com dezesseis anos, ingressei na universidade de psicologia com total clareza sobre meu propósito: cuidar de pessoas. Logo nos primeiros meses de faculdade, fui selecionada para o Programa Institucional de Bolsas de Iniciação Científica (Pibic), devido à minha paixão por servir. Consciente do alto índice de autismo em Pernambuco, concentrei meus estudos nesse tema e desenvolvi o primeiro projeto da universidade voltado para crianças autistas, garantindo a bolsa de estudos que me permitiu seguir em frente. Percebo que desde muito cedo desenvolvi um olhar inquieto e em busca de resolver os problemas à minha volta. Sempre fiz das minhas dificuldades trampolins para meu sucesso.

Mesmo assim, os desafios financeiros permaneciam. Foi então que dei meus primeiros passos como empreendedora. Atenta às necessidades dos colegas na universidade, criava soluções para atendê-las. Oferecia bolsas, blusas, sandálias — tudo aquilo que era demandado. Sem perceber, comecei a estruturar meu primeiro ecossistema, usando a demanda ao meu redor como guia. Essas experiências formaram as bases do trabalho que desenvolvo atualmente com empresas e comunidades.

Minha trajetória foi marcada, desde o início, por barreiras intensas. Enfrentei dificuldades financeiras e demográficas, além do preconceito por ser mulher. Não tinha como comprar livros e, frequentemente, sentia que não fazia parte do padrão das pessoas que estudavam comigo. Mas isso nunca me impediu de saber aonde queria chegar.

Quando entrei no setor de carteiras de pagamento, o ambiente era dominado por homens. Precisei demonstrar resultados constantes e excepcionais para ganhar respeito e alcançar cargos de liderança. Esse período foi decisivo para moldar minha resiliência e fortalecer minha capacidade de superar desafios. As dificuldades não me derrubavam. Pelo contrário, me motivavam a buscar ainda mais.

Foi assim que me tornei referência no setor de meios de pagamento, ajudando empresas a se adaptarem estrategicamente e conquistando espaço nesse mercado tão desafiador.

Algumas situações mudaram totalmente o rumo da minha vida. A primeira foi o câncer, que trouxe uma travessia dolorosa e desafiadora. Encarar os efeitos físicos e emocionais do tratamento me levou ao limite, especialmente quando a doença atingiu minha aparência. Perder os dentes foi extremamente difícil, e vi minha força sendo constantemente testada.

Anos depois, enfrentei uma recaída ainda mais intensa. Estava grávida de gêmeos e, ao mesmo tempo, realizando sessões de quimioterapia. A escolha entre continuar o tratamento e priorizar a saúde dos meus filhos foi uma das decisões mais dolorosas que já vivi. Mas algo que minha mãe me ensinou me manteve firme: a fé em Deus e o conhecimento como fonte de libertação.

Nesse período, decidi que precisava de alguém que pudesse me ajudar a direcionar minha vida e me reconectar com meu propósito. Foi então que encontrei Joel Jota. Sua visão e seus ensinamentos criaram um movimento que me transformou. Por mais de um ano, ele foi meu guia e ajudou a moldar uma decisão que mudaria tudo: minha mudança para São Paulo em busca de um sonho maior: viver para educar e impactar vidas.

Romper barreiras exigiu mais do que esforço: exigiu valores bem definidos. O maior deles é o servir, que considero o fundamento de toda ação transformadora. Guiada por essa base, desenvolvi a habilidade de enxergar os problemas e criar redes de soluções, sempre colocando as pessoas no centro.

Aprendi a construir conexões poderosas e a transformar essas conexões em ecossistemas, criando ambientes com múltiplas fontes de renda que prosperam financeira e humanamente. Esse aprendizado é o coração do meu trabalho e do impacto que gero nas vidas que cruzam meu caminho. Tudo isso me ensinou que é possível construir comunidades e redes que transformam realidades profundamente.

Hoje, meu propósito se reflete nos números e nas conquistas que alcancei. Já impactei mais de 17 mil pessoas, reestruturei mais de setecentas empresas e ajudei empresários e empreendedores a saírem do caos por meio de processos claros e estratégias inteligentes.

Minha experiência de quase duas décadas me levou a trabalhar com grandes ecossistemas, como Pagseguro, Cappta, Gespag, Vila Construções e MLS, além de ter aprendido em comunhão com líderes como Joel Jota, Flávio Augusto e Caio Carneiro. Esses marcos foram construídos por meio de trabalho árduo, visão clara e fé.

Todo esse impacto não veio somente das estratégias que desenvolvi, mas também da força de um propósito maior. Meu foco sempre foi gerar movimento, conectar pessoas e criar soluções mediante os princípios bíblicos que me foram ensinados desde cedo. Quando aprendi a unir visão, conhecimento e servir, o resultado foi extraordinário: redes que mudam vidas.

Se há algo que posso transmitir a quem enfrenta desafios, é o aprendizado de toda essa trajetória: tenha uma visão clara e busque o conhecimento necessário para concretizá-la. Alinhe isso com o servir, porque é desse ponto que surgem os movimentos mais transformadores.

Tenha clareza sobre o que é inegociável para você e torne isso uma base sólida na sua vida. E, acima de tudo, entenda que o impacto duradouro vem da construção de comunidades, redes e ecossistemas que se apoiam em princípios verdadeiros.

Nada do que vivi foi em vão. Cada desafio que enfrentei moldou não só quem eu sou, mas o impacto que consigo gerar no mundo. Quando você transforma sua vida, cria a oportunidade de transformar milhares. Redes poderosas e guiadas pelo propósito são capazes de mudar realidades.

VOCÊ É A SOLUÇÃO

"Não seja a vítima, seja a solução."

NELIZA JUNQUE é formada em farmácia e bioquímica, com pós-graduação em gestão de negócios pela FGV, e concluindo um MBA Executivo Internacional no Insper. Neliza possui mais de doze anos no desenvolvimento de cosméticos, exportação, qualidade e processos industriais tendo inclusive experiências em negócios internacionais e startups em Vale do Silício e Israel. Possui um amplo conhecimento no mercado mundial de cosméticos, tendo vivenciado 39 culturas diferentes de países. Atualmente, lidera a R.A Consultoria e exporta produtos cosméticos para doze países distintos. Iniciou um novo projeto para abertura da primeira filial internacional no continente africano. Casada com Aryon Xavier, eles administram juntos um negócio de sucesso.

LinkedIn **LINKEDIN.COM/IN/NELIZA-JUNQUE-98589A96/**

Nasci em Santa Bárbara d'Oeste, uma cidade pequena do interior de São Paulo. Minhas raízes são fincadas no chão simples de uma família trabalhadora. Meus avós por parte de pai eram cortadores de cana. Por parte de mãe, um pedreiro e uma costureira modular. Essa herança de esforço moldou profundamente o olhar dos meus pais sobre a vida e, por consequência, o meu. Eles vieram de uma realidade de privações e criaram-se com as ferramentas que tinham: firmeza, sobrevivência e a crença de que o básico já era uma vitória.

Meu pai conseguiu estudar e se formou técnico em eletrônica. Minha mãe permaneceu dona de casa, inteiramente dedicada ao lar. Juntos, viveram suas próprias batalhas e, quando eu nasci, buscaram romper com alguns dos ciclos que tinham vivido. Fizeram o melhor que podiam. E isso, para mim, já era muito. Eles me ofereceram aquilo que, para eles, era um luxo: estudo de qualidade.

Primeiro o Sesi, depois o Colégio Dom Pedro, uma escola particular. Por fim, a faculdade de farmácia e bioquímica. Cinco anos de dedicação financiados com muito esforço. Cresci com o suficiente. Nunca faltou, mas também nunca sobrou. E, embora meus pais tenham me dado oportunidades que eles mesmos não tiveram, havia um limite: o exemplo deles nunca foi o de empreender.

E foi justamente por onde escolhi começar.

Sem nenhuma experiência ou conhecimento em gestão, resolvi abrir uma drogaria. Era o meu sonho, e também o retrato da minha ingenuidade. Eu sabia de fórmulas, medicamentos, atendimento. Mas não fazia ideia de como funcionava um fluxo de caixa, um DRE, uma folha de pagamento. Não sabia lidar com finanças, nem com as dores de um negócio próprio. Era como pilotar um avião em pleno voo, sem nunca ter aprendido a decolar.

O resultado? Quebrei.

Fechar a farmácia foi doloroso. Eu me via atrás do balcão, tentando sorrir, enquanto por dentro carregava frustração e medo. A pressão era maior porque meus pais eram meus sócios. O que era para ser um sonho virou um conflito diário entre a razão, o coração e o sangue. Eu tinha apenas 23 anos e não fazia ideia do que fazer com aquilo tudo. Fracassar tão cedo, tão exposta, foi o meu primeiro grande teste.

Mas a virada viria logo depois. Aos 25 anos, decidi sair da casa dos meus pais. Sem planejamento, com a coragem que só a necessidade nos dá, fui morar temporariamente na casa de uma funcionária da própria drogaria. Um mês depois, me mudei com meu namorado da época, que hoje é meu marido: Aryon. Começamos nossa vida juntos num apartamento simples, sem muita estrutura, mas com uma promessa silenciosa de recomeço.

Ali, tudo começou a mudar.

Fechei de vez a drogaria. Honrei cada centavo investido por meu pai, pagando-lhe aos poucos. Consegui um emprego formal, me tornei CLT. Trabalhei por quatro anos nesse novo ciclo, enquanto meu marido tocava o negócio da família dele. Era 2010, e aquele pequeno apartamento virou o chão firme onde começamos a reconstruir nossos sonhos.

Eu sabia que, se queria fazer diferente, teria que ser outra pessoa. Tive que reaprender a pensar. E foi aí que começou minha jornada de superação. Busquei conhecimento de forma implacável. Fiz duas pós-graduações em negócios. Primeiro, um MBA em direção empresarial na FGV. Depois, o MBA executivo internacional no Insper, uma das melhores escolas de negócios do Brasil.

Mas não parei por aí.

Participei de programas intensivos de desenvolvimento de startups em duas das regiões mais inovadoras do mundo: Stanford, no Vale do Silício (EUA), e Tel Aviv, em Israel. Estudei comportamento humano, fui atrás de coaching, aprendi programação neurolinguística, estudei liderança, gestão e produto. Entendi que, antes de entender de empresas, eu precisava entender de mim.

Foi um processo profundo. Duro. Precisei tomar decisões difíceis. Romper com padrões. Dizer "não" quando era mais fácil dizer "sim". Aprendi que liderar é, antes de tudo, liderar a si mesmo. E isso passa por desconstruir crenças, abrir mão do ego e aceitar que o caminho só aparece para quem está disposto a andar, mesmo no escuro.

Aos poucos, as coisas começaram a acontecer.

Hoje, vivo uma realidade que antes parecia impossível. Eu e meu marido construímos juntos duas empresas: uma indústria de cosméticos voltada para terceirização e uma exportadora que já alcançou 38 países e comercializa ativamente para doze. Recentemente, reinauguramos a nossa fábrica. Foram dois anos de obra, noites em claro, decisões de alto risco e muita fé. Mas conseguimos. Estamos também iniciando planos para internacionalizar de vez a operação: abrindo uma nova unidade fora do Brasil, com estrutura e mentalidade global. Ambos temos cidadania europeia e queremos construir lá uma segunda base forte.

Nos próximos cinco anos, temos como objetivo realizar uma fusão ou aquisição que amplie ainda mais nossa atuação. E, enquanto isso, seguimos firmes no propósito de servir. Eu acredito profundamente nisso. Acredito que empreender só faz sentido quando transforma realidades, inclusive a nossa.

Nosso estilo de vida é simples. Escolhemos não ter filhos, mas temos quatro gatos e um lar com amor, música e cuidado. Eu sou bailarina e nunca abandonei meu gosto pelo balé, pela arte, pela leveza. Aryon ama tudo que envolve movimento, corpo e mente. Cuidamos um do outro e da nossa empresa com zelo e respeito. Chegamos até aqui com os pés no chão e o coração no propósito.

E se eu pudesse deixar uma mensagem para quem está agora no mesmo lugar onde um dia eu estive, eu diria: não se vitimize. Busque o autoconhecimento. Entenda por que você pensa como pensa. De onde vêm suas escolhas. Por que certas atitudes se repetem. A educação que você recebeu não precisa ser a prisão que te impede de ir além.

Você não é uma sentença. Você é uma possibilidade.

Estude. Compreenda a mente humana. Entenda como funcionam os negócios. Não desperdice tempo nem dinheiro com o que não tem retorno. Se você não nasceu herdeiro, o caminho é entender profundamente como gerar valor. Não arrisque tudo em um sonho cego. Planeje. Conheça. Teste. Cresça.

O sucesso não é só para quem tem sorte. Ele é para quem se compromete. Você é a solução.

No fim das contas, tudo o que vivi, dos fracassos às conquistas, das dores às danças, das noites em claro aos dias de celebração, me ensinou algo poderoso: nada foi em vão.

OUÇA OS SINAIS

"Saúde, família e trabalho — não inverta a ordem."

NELSON TERRES NAIBERT é esposo e pai, empresário, professor, mentor, escritor e investidor. Formado em economia e contabilidade, com mestrados em economia de empresas e em gestão pública. Especialista em inovação em modelos de negócios, finanças, gestão de empresas e direito tributário.

Instagram **@ONELSONNAIBERT**
LinkedIn **LINKEDIN.COM/IN/NELSONNAIBERT**

Minha história começa na infância, no coração de uma favela, onde a vida era medida pela sobrevivência. Filho de mãe solo, cresci sabendo que dinheiro não era sinônimo de luxo, mas de comida na mesa e contas pagas. Cada moeda tinha peso, e não apenas no bolso. Ela carregava a responsabilidade de ajudar a sustentar a casa. Desde cedo, entendi que esperar as coisas acontecerem não era uma opção.

Aos oito anos, já tinha o instinto de quem busca soluções. Juntava sucata pelas ruas para vender ao ferro-velho. Era um trabalho pequeno, mas com um propósito enorme: ajudar minha mãe e sentir que eu podia contribuir. Logo, dei meu primeiro passo no que, mais tarde, chamaria de empreendedorismo. Com o dinheiro economizado, comprei doces. Guardei-os em vidros e potes, improvisei uma tábua como balcão no porão de casa e comecei a vender. Meu objetivo era simples: vender, reinvestir e ver o negócio crescer.

Nos dois primeiros dias, as vendas foram um sucesso. No terceiro, cedi à tentação infantil. Comi parte do estoque e usei o dinheiro que restava para comprar um ioiô. Poderia ter me sentido fracassado, mas não foi o caso. A semente estava plantada. A lição, embora precoce, ficou: resultados pedem disciplina, e a liberdade de fazer escolhas traz responsabilidades. Mais tarde, voltaria a empreender, dessa vez com mais maturidade — e com resultados muito mais duradouros.

O maior desafio da minha vida não foi apenas a pobreza ou a falta de oportunidades, mas o vazio de referências. Não tinha um networking, nem um portfólio para mostrar. Do ponto de vista técnico, me sentia pronto. Sempre fui curioso e dedicado aos estudos, mas sabia que precisava de algo a mais para ser reconhecido. Comecei a prospectar clientes de forma quase artesanal. Lia jornais e revistas para identificar empresas que planejavam expandir ou mudar de sede e que, por isso, precisariam de um projeto de viabilidade econômico-financeira.

Era um trabalho de garimpo. Consultava listas telefônicas, anotava nomes e ia para o orelhão fazer ligações. De cada trinta contatos, conseguia marcar cinco reuniões. Dessas, três realmente aconteciam. Em duas, o interesse era real. A pergunta inevitável vinha: "Quanto você cobra?". Foi aí que percebi que precisava construir credibilidade antes de pensar em lucro. Propus fazer o trabalho em troca apenas do valor da passagem e do almoço, deixando o pouco dinheiro que tinha com minha esposa e nossas duas filhas. Minha moeda de troca era uma carta de referência assinada pelo cliente, atestando a qualidade do meu trabalho.

Essa estratégia funcionou. Ganhei as primeiras cartas e, com elas, a confiança para começar a cobrar — primeiro pelo resultado entregue, depois pelo valor do meu tempo e conhecimento. Mas foram necessários dez anos para consolidar um nome. No caminho, enfrentei um dos momentos mais duros da minha vida. Em 2007, o excesso de trabalho e a negligência com minha saúde me levaram a um burnout extremo. Entrei em coma. Fiquei quinze dias entre a vida e a morte, e noventa dias em recuperação. Quase quebrei financeiramente.

Paradoxalmente, esse foi o divisor de águas da minha história. Ao acordar do coma, enxerguei o mundo com outros olhos. Decidi reposicionar minha vida e meus negócios. Criei uma área tributária, resgatando minha experiência como auditor. Passei a aceitar apenas desafios que realmente valiam o esforço. Expandir para fora do Rio Grande do Sul tornou-se uma meta, e o Rio de Janeiro foi meu primeiro grande campo de trabalho.

O reconhecimento veio rápido. Meus projetos no RJ me renderam prêmios e até o título de cidadão do estado. A marca que eu havia construído começou a ser lembrada, respeitada e associada a resultados sólidos. Vieram convites para programas de rádio, televisão, entrevistas em jornais e revistas. O que antes era um esforço diário para ser notado agora era uma procura espontânea.

Nessa jornada, aprendi que meu maior valor é a família. Sou casado com minha primeira namorada há 32 anos e pai de três filhas. Elas são meu alicerce. Aprendi também que todos temos limites e que a vida nos dá sinais claros quando estamos prestes a ultrapassá-los. O corpo fala, a mente grita, e as pessoas próximas tentam nos alertar. O problema é que, muitas vezes, escolhemos não ouvir.

Passei a ter mais atitude para iniciar as coisas, disciplina para continuar e consistência para sustentar os resultados. Descobri que cuidar de si não é egoísmo, é uma responsabilidade — porque não podemos cuidar de outros se estamos quebrados por dentro ou por fora. Entendi que saúde não espera encaixe na agenda.

O resultado disso tudo foi uma mudança profunda. Hoje, não apenas me sinto feliz, eu sou feliz. Tenho clareza das minhas prioridades, e minha família está sempre em primeiro lugar. A velocidade com que as coisas acontecem e a forma como lido com elas também mudou. Aprendi a dominar minhas emoções e a proteger minha essência, mesmo em meio ao crescimento profissional.

Se pudesse deixar um conselho para quem enfrenta um desafio parecido, diria: ouça os sinais, especialmente os que vêm de quem está ao seu lado. Tenha atitude para começar — tudo precisa de um primeiro passo. Coloque o pé, e Deus colocará o chão. Cultive disciplina para continuar, mesmo nos dias em que a vontade falhar. E mantenha consistência para gerar resultados, porque tanto na vida quanto nos negócios, o jogo é de médio e longo prazo. Tenha fé, mas não espere milagres sem ação.

Olhando para trás, vejo que cada passo, cada queda e cada vitória fez parte de um mesmo caminho. E, nesse caminho, aprendi que o sucesso não está apenas nos resultados financeiros ou nos títulos conquistados, mas na transformação que acontece dentro de nós.

Tudo o que vivi me trouxe até aqui. E, por mais que algumas fases tenham sido duras, por mais que eu tenha sentido o peso da luta, entendo hoje que cada experiência teve um propósito. Eu não mudaria nada. Porque, no fim, nada foi em vão.

CONSEGUI SER ALGUÉM

“O impossível é apenas um sonho que ainda não foi realizado.”

NIDAL AHMAD é mestre e especialista em direito. Professor de direito penal e processo penal. Ex-assessor jurídico do Ministério Público do Rio Grande do Sul. Advogado, escritor e palestrante. Sócio fundador do Ceisc.

Instagram **@PROF.NIDAL**
Facebook **FACEBOOK.COM/PROFNIDAL**
YouTube **YOUTUBE.COM/@PROFNIDAL**
Podcast **PENALPLAY**

Nasci na Jordânia, mas não tenho lembranças de lá. Com dois anos de idade, minha família decidiu recomeçar no Brasil, e foi na pequena cidade de São Luiz Gonzaga, no interior do Rio Grande do Sul, que minha história começou de fato. Cresci em meio a valores muito rígidos, onde a ideia de sucesso era única e imutável: tirar boas notas, ser disciplinado, seguir o caminho certo e, acima de tudo, "ser alguém na vida". Mas esse "alguém" já vinha pronto, predefinido, embalado e imposto. Nunca tive a oportunidade de construir por mim mesmo o significado disso. Apenas aceitei.

Tenho poucas lembranças da infância. Na adolescência, minha rotina se resumia a estudar. O esporte escolar era uma das raras fontes de prazer. Eu era o típico "cara certinho", aquele que fazia tudo como mandavam. Não havia espaço para erros ou desvios de rota. O dinheiro era escasso, economizado com uma precisão quase cirúrgica. Ainda assim, nunca foi suficiente para acompanhar os poucos amigos que tinha. Sempre à margem, mas sempre dentro do esperado. Até que um grupo mudou tudo.

Conheci, já na adolescência, um conjunto de pessoas que transformaria minha maneira de ver o mundo. Era o grupo de amigos do bloco de Carnaval "Energia", formado por adolescentes que sabiam aproveitar a vida com leveza e alegria — com responsabilidade (ou nem tanto, como todo adolescente), mas com uma união verdadeira. Pela primeira vez, percebi que era possível sonhar fora da caixa em que haviam me colocado. Eles me mostraram que viver não precisava ser apenas cumprir regras. Até hoje, mantemos contato diário por meio do grupo "Boas lembranças", no WhatsApp. Esse nome não poderia ser mais apropriado.

Foi a partir deles que entendi que a vida não precisava ser moldada unicamente pelo medo ou pela obrigação. Mas essa consciência, embora poderosa, ainda teria que enfrentar uma muralha construída por anos de imposições: a expectativa de passar em medicina. Aquilo era visto como a única rota possível para "ser alguém". E como eu era competitivo — não por vaidade, mas porque odiava perder —, me entreguei por completo aos estudos. Fiz tudo o que estava ao meu alcance.

Mas não deu.

Não passei. E o peso disso foi brutal.

Não era apenas a frustração de não alcançar um objetivo. Era a vergonha, a sensação de falhar diante dos olhos de quem esperava tanto de mim. A vida ficou sem rumo. Eu estava à deriva. Trabalhei numa lojinha simples, vendendo roupas antigas. Não havia condições financeiras para renovar o estoque, muito menos para expandir. Mas eu me dedicava, claro. Fazia o possível para mantê-la viva. Mas aquilo não era vida. Era sobrevivência. E nem sempre com dignidade. Cada despesa era um desafio, cada final de mês, uma batalha.

Foi então que a vida me entregou uma resposta onde eu menos esperava: Nathalie. Conheci minha esposa quando ela ainda tinha apenas quinze anos. Jovem, sim. Mas com uma maturidade que já naquela época me desconcertava. Foi ela quem me apresentou o outro lado da vida. Sua família me acolheu com carinho e respeito. Com ela, vi que o amor podia ser porto e impulso. Foi ela quem me convenceu a tentar direito. E isso mudou tudo.

Passei no vestibular. E embora o alívio da aprovação tenha sido grande, o problema agora era outro: como pagar as mensalidades? A vida financeira continuava apertada, então precisei aprender — mais do que nunca — a fazer gestão. Cada centavo contava. Evitar gastos desnecessários virou obsessão. E mesmo com atrasos aqui e ali, nunca deixei de honrar minha responsabilidade com o curso. O direito passou a ser minha tábua de salvação.

Em 1996, comecei oficialmente o curso de direito. Não havia grandes expectativas. Mas havia uma fagulha. Algo me dizia que aquele era o início da virada. Eu estudava intensamente, com uma força que não sabia que tinha. Queria me formar, abrir um escritório, sair da lojinha, ter uma vida mais digna. Apenas isso. Parecia pouco, mas era tudo.

Dois anos depois, em 12 de setembro de 1998, me casei com Nathalie. Foi um dos dias mais felizes da minha vida. Muitos disseram que era uma loucura. Talvez fosse. Tirar uma jovem criada em uma casa estruturada e levá-la para morar comigo nos fundos de uma loja, onde tínhamos que afastar móveis das goteiras e dividir o espaço com lesmas em dias úmidos... não parece o começo ideal de um casamento. Mas, mesmo assim, ela foi. Sem hesitar. E isso só reforçou o que eu já sabia: juntos, venceríamos.

Ainda durante a faculdade, veio o terceiro ponto de inflexão. Nathalie me inscreveu, por conta própria, em um concurso público de servidor do Tribunal de Justiça. Sem curso preparatório, com base apenas no que havia aprendido até ali, fui fazer a prova. E, inacreditavelmente, fui aprovado. Tomei posse no dia 27 de outubro de 2000. Costumo dizer que foi nesse dia que realmente nasci. Tenho 25 anos desde então.

A partir dali tudo mudou. Percebi que meu maior inimigo era eu mesmo. Que a limitação não estava nas circunstâncias, mas na minha cabeça. Comecei a entender que, se eu me superasse, nada me impediria de avançar. Foi o início de uma nova mentalidade. Não mais de escassez, de conformismo, de medo. Mas de crescimento, de ação, de transformação.

Formei-me em dezembro de 2000. E pouco tempo depois, em 2003, fui aprovado em outro concurso público — agora como Assessor Jurídico do Ministério Público. Na mesma época, nasceu minha filha Nicole. A vida já não era mais só Nathalie e eu. Era hora de construir algo maior.

Nathalie também se formou em direito, mesmo sem ser sua paixão. E, em 2004, ela me disse que queria mudar de área. Queria, finalmente, seguir seu verdadeiro sonho: odontologia.

Não havia faculdade de odontologia na nossa cidade. Mas eu sabia — do fundo da alma — que ela merecia essa chance. Ela tinha acreditado em mim. Agora era a minha vez de acreditar nela. Incentivei, apoiei, insisti. Ela foi para Santa Cruz do Sul estudar, e eu fiquei com a Nicole, que tinha apenas dois anos. Meses depois, consegui minha remoção. Mudamos todos.

Em 2008, por sugestão de uma estagiária, dei minha primeira aula de direito penal em um curso preparatório. Uma experiência que, até então, eu jamais tinha imaginado viver. Mais tarde, iniciei meu mestrado e comecei a dar aulas na universidade. A sala de aula se tornou extensão do meu propósito.

Em 19 de dezembro de 2012, nasceu minha segunda filha, a Belle, trazendo ainda mais luz e propósito à nossa jornada familiar. Foi mais um marco de amor e responsabilidade, que me motivou ainda mais a seguir construindo um futuro de realizações e legado.

E então veio o quinto e decisivo ponto de inflexão.

Eu ministrava aulas gratuitas para alunos que iriam prestar a segunda fase da OAB. Alguém sugeriu gravar uma aula e postar no YouTube. Relutei. Mas aceitei — com uma condição: o operador de câmera teria que agir como um aluno. Montamos um quadro improvisado sobre cavaletes e gravamos. A repercussão foi impressionante.

Nasceu, naquele momento, o Ceisc.

No dia 23 de fevereiro de 2015, fundamos oficialmente o curso. Começamos pequenos, com aulas presenciais para algumas dezenas de alunos. Mas o propósito sempre foi gigante: transformar vidas por meio da educação. As revisões de véspera se tornaram um fenômeno. Começaram tímidas, cresceram em Santa Cruz, foram para Porto Alegre, depois São Paulo. Hoje, alcançam o Brasil inteiro.

O Ceisc virou referência. Cresceu. Expandiu. Mas nunca perdeu sua essência. Seguimos oferecendo conteúdo de qualidade, com uma equipe apaixonada, acolhedora e comprometida com resultados reais. Fomos além da OAB. Avançamos para concursos públicos, pós-graduações, práticas jurídicas. A cor azul da nossa marca passou a representar mais que um curso. Representa esperança. Representa transformação.

Com o crescimento da missão, novos desafios surgiram. E, em 2021, tomei uma das decisões mais difíceis da minha vida profissional: pedi exoneração do Ministério Público. Não conseguia mais conciliar minhas atribuições institucionais com o ritmo intenso de professor, escritor, palestrante e gestor do Ceisc. Era hora de me dedicar integralmente ao propósito que havia florescido — e que já impactava milhares de pessoas em todo o país.

Hoje, quando olho para trás, vejo cada ponto de inflexão como parte de um plano maior. Cada lágrima, cada goteira, cada "não" disfarçado de fracasso, serviu como base para o que construí. Para quem me tornei. E, acima de tudo, posso dizer com orgulho, com amor, com verdade: consegui ser alguém.

Porque descobri que ser alguém não é corresponder à expectativa dos outros. É descobrir o que te move, o que te forma, o que te transforma. É ser inteiro, apesar de todas as partes que faltaram no caminho.

E hoje eu sei, com todas as fibras do meu ser: nada foi em vão.

O DIA EM QUE A CHAMA NÃO SE APAGOU

"Eu só acredito em milagres.
Do resto, eu tenho dúvidas."

PAULO ARLINDO BADDINI JUNIOR é curioso, pragmático, aventureiro, sistemático e original. Apaixonado por sua família, é fundador da Combina, mentor e guardião de uma cultura que une propósito, tecnologia e gente.

Instagram **@BADDINI**
LinkedIn **LINKEDIN.COM/IN/PAULOBADDINI**
Site **WWW.COMBINA.COM**

Algumas histórias começam com uma ideia brilhante; outras com boas oportunidades ou grandes desafios. A minha se traduz num conjunto disso tudo, uma história de superação e fé com algo muito valioso: uma verdade vivida.

Essa travessia mostra que é possível viver com coragem, construir com ética e vencer com leveza. Quando tudo parece ter sido em vão... é justamente aí que a chama se acende.

Sou o mais velho de quatro irmãos: eu, Tatau, Chico e Fer. Cresci em uma família tradicional de Sorocaba, interior do estado de São Paulo, liderada por meu pai, Paulo, um engenheiro civil respeitado, professor da Faculdade de Engenharia de Sorocaba (Facens). Ele foi uma grande referência para mim, tanto como profissional quanto como ser humano. Minha mãe (Marília), como tantas mulheres admiráveis, dedicou-se integralmente a cuidar dos filhos, com amor, firmeza e presença.

Meus primeiros contatos com tecnologia vieram do meu pai. Em 1985, ele já usava um TK-85, um computador em "preto e branco". Foi nesse mesmo ano que ele me deu um presente que mudaria o curso da minha vida: uma viagem para os Estados Unidos. Aos quinze anos de idade fui pela primeira vez para Miami e Orlando e, de lá, trouxe o meu primeiro computador, um Timex Sinclair 2000. Ele tinha quatro cores!

Mal sabia eu que aquele era o primeiro passo de uma longa jornada que ainda estava sendo desenhada até chegar a 16 milhões de cores.

Dois anos depois já usava um IBM PC-XT e programava em "Clipper Summer '87" com banco de dados DBase. Um amigo me lançou o primeiro grande desafio: criar um software para distribuir os comerciais da Rádio Clube de Sorocaba, evitando conflitos entre anunciantes do mesmo setor. Foi assim que nasceu o meu primeiro ERP. Comecei com o módulo de veiculação e logo incluí cadastros, faturamento, comissionamento dos agentes e controle financeiro, que foi utilizado por dezessete anos na Rádio Clube.

Nesse mesmo ano, entrei para a faculdade de Engenharia Elétrica na Facens. Em 1991, um professor me convidou para apresentar meu software à Rede Metropolitana de Rádios e TV. Eles adotaram a solução em dezoito emissoras.

Em 1992 surgiu um novo desafio: migrar o sistema ERP de um grupo de concessionárias Volkswagen e Mercedes-Benz para uma plataforma de microinformática. De 1992 a 1994, atuei como responsável pela TI e gerente financeiro, e foi lá que conheci o Eliseu, que era o diretor financeiro.

Em 1995, ao lado do Eliseu, fundei a Konsultec, no Shopping Sorocaba. Uma loja de produtos de informática que foi um sucesso imediato. Em 1997, abrimos a segunda unidade, no Shopping Esplanada. Em 1998, expandimos com televendas e assistência técnica. Em 2000, a terceira loja surgiu, no Shopping Comper. Foi também o ano em que me casei com a Paula, após dez anos de namoro. Ela é o meu alicerce e minha companheira de vida. Este ano completamos 35 anos de namoro.

Mas, como todo ciclo, aquele também precisou chegar ao fim. Em 2002, os grandes fabricantes de TI fortaleceram as vendas através de supermercados e magazines. O canal das lojas especializadas perdeu espaço. Decidimos fechar as três lojas. Foi um dos momentos mais difíceis da minha vida.

Apesar disso, honramos todos os compromissos com nossos colaboradores. Não tivemos uma única ação trabalhista. Isso diz muito sobre os nossos valores.

Com 34 anos, endividado, mas com muita bagagem e um nome limpo no mercado, fundei a Combina.com. Comecei sozinho, apostando no modelo de vendas B2B, com faturamento direto dos distribuidores e fabricantes para os clientes. Isso me permitiu escalar sem precisar de capital de giro para estoque e também me possibilitou pagar todas as dívidas em dois anos. A estabilidade financeira voltou.

Enquanto reerguia a empresa, eu também vivia desafios pessoais profundos. Em 2004, após quatro anos de casados, eu e Paula iniciamos uma longa jornada de fertilização in vitro (FIV). Ela tinha endometriose. Em 2008, depois de muitas tentativas de FIV, ela ficou grávida de gêmeos: Heitor e Artur. Mas, com 26 semanas, por um problema no colo do útero, os perdemos. O mesmo ano que me levou meu pai me tirou também os nossos filhos.

Foi nesses momentos de perda e reconstrução que compreendi: liderar não é ter todas as respostas, é estar presente — de coração aberto — e ter coragem de aprender junto. E assim seguimos. Continuamos tentando.

A Paula foi uma guerreira silenciosa em cada etapa desse processo. Ela não só enfrentou com coragem todas as dores físicas e emocionais como também manteve a fé viva quando eu mesmo já vacilava. Nunca desistiu de nós, nunca desistiu da possibilidade de sermos pais. Sua força foi a chama que manteve acesa a esperança nos dias em que a minha quase se apagou. Estar ao lado dela nesses anos me ensinou que amor verdadeiro não é só estar junto — é sustentar o outro com leveza, mesmo quando tudo pesa. Depois de dezoito tentativas frustradas de FIV no Brasil, decidimos buscar uma alternativa que, na época, parecia improvável — quase loucura para alguns: fazer uma gestação por substituição na Índia. Lá existia uma estrutura legal e médica preparada para receber casais do mundo todo. Levamos nossos embriões e, com o apoio de uma clínica respeitada, vivemos o milagre da gestação por barriga de aluguel — uma escolha feita com ética, respeito e um amor incondicional. Não foi um atalho. Foi um caminho duro, ousado e cheio de fé.

No réveillon de 2014 para 2015, embarcamos para a Índia com um sonho e muita fé. Em abril, a gravidez foi confirmada. Em janeiro de 2016, voltamos à Índia para buscar a nossa filha, Sofia, que nasceu no dia 13 de janeiro. Um milagre. Um dia antes do aniversário da Paula. Essa etapa é uma história para outro capítulo, ou um filme, cheio de desafios e aventuras.

A Sofia mudou tudo. Ela trouxe uma luz, uma nova energia. Era como se toda aquela dor tivesse sido transformada em um novo começo. Como diz meu amigo Joel Jota: "O trabalho devolve". E a Sofia devolveu alegria, foco e um novo sentido para tudo.

A Sofia me ensinou mais sobre liderança do que qualquer curso. Aprendi que liderar é cuidar, é escutar, é dar colo e dar chão. Assim como fizemos por ela, comecei a fazer pela minha equipe.

Ao longo desses anos, mantive uma busca constante por conhecimento. Fiz o Empretec do Sebrae em 1998. O MBA da FGV em 2002. O curso de atitudes empreendedoras do Ciesp em 2004. A formação em MBTI em 2005. E muitos outros cursos. Em 2017, iniciei um processo de mentoria com a Metanoia, que transformou minha forma de liderar. A partir dali, tornei-me um líder educador, um mentor da minha equipe.

Nesse mesmo ano, o caso de sucesso da Combina na implementação do Microsoft 365 foi um dos cinco escolhidos, entre mais de quinhentos projetos de parceiros no Brasil, para ser apresentado por Satya Nadella, CEO global da Microsoft, durante sua visita ao Brasil. Foi uma virada — e um reconhecimento que destacou a força do nosso propósito em cada entrega.

Vendemos tecnologia, sim — mas com foco em escuta, diagnóstico e impacto real. Usamos metodologia BANT para análise das oportunidades com ROI para os clientes, para garantir o impulso no seu negócio ao adotar as tecnologias que a equipe propõe. Trabalhamos com Microsoft, Dell, Business Intelligence, inteligência artificial, mas, acima de tudo, com gente que valoriza a positividade, a coragem, a curiosidade, a disciplina, o essencialismo e a intenção verdadeira.

Hoje, a Combina é uma empresa com alma. Um lugar onde cultura, ética e resultados caminham juntos. A equipe trabalha com significado. Não são "tarefeiros". Eles sabem o "porquê" e se conectam com o "para quê". Somos uma empresa que impulsiona os negócios dos clientes conectando pessoas e tecnologias. Mas, mais do que isso, impulsionamos os colaboradores dos nossos clientes. E este ano vamos além! Vamos inaugurar a Combinação — uma escola para formar profissionais que desejam atuar em negócios de TI com alma. Um espaço onde resultado e significado coexistem.

A Combina não é feita por máquinas ou processos. Ela é feita de gente. E gente, quando inspirada, move montanhas. Nós acreditamos que cada pessoa tem uma chama dentro de si. Nosso papel é alimentar essa chama. Por isso, na Combina, todos são sujeitos da história, nunca objetos. Criadores, nunca criaturas. Com vocação viva e pulsante, conectando o que só o humano pode entregar.

A cultura que semeamos na Combina não é um quadro na parede. É um jeito de ser. É minha bandeira fincada — não na lua, mas no coração de cada pessoa que passa por aqui.

O que fazemos não é só vender tecnologia. É transformar realidades com propósito. O lucro, nesse modelo, é apenas uma consequência. O resultado é o reflexo de uma cultura que funciona. Uma cultura onde fazemos porque somos — e, ao praticar, nos tornamos ainda mais aquilo que escolhemos ser.

A Metanoia me ensinou que liderar não é ocupar um cargo, é ser um gestor de percepções, é elevar consciências. Aprendi a cuidar do invisível, a escutar sem consertar, a inspirar sem impor.

Se eu pudesse deixar uma mensagem, seria esta: eu só acredito em milagres. Do resto, tenho dúvidas. Portanto, sempre deixe uma linha em branco na sua planilha de apuração dos resultados. Deus pode preenchê-la com algo que você não imaginava. Acredite: os desafios são professores disfarçados. Quanto maior o desafio, maior o aprendizado.

Busque um propósito. Não se distraia. Não desista. O dia em que a chama não se apagou foi aquele em que tudo parecia ter desmoronado. Mas a fé, o trabalho e o amor acenderam algo maior. E por isso, posso dizer com toda a convicção: nada foi em vão.

Se a vida te der um incêndio, seja a chama que não se apaga. Porque quem tem propósito, arde — mas não queima.

DA DOR AO PROPÓSITO

"O que a dor molda, a fé revela."

PAULO BUONO é empresário, marido da Carol Barbieri, pai do Gael. Cristão, fundador e CEO da Vettrus Soluções Internacionais, é mentor de importação, palestrante e colunista da Revista *Ecommerce Brasil*.

Instagram **@PAOLOBUONO**
Site **WWW.VETTRUS.COM.BR**

Nasci em Santos, no bairro do Embaré. Cresci por aquelas ruas, entre altos e baixos, sombras e algumas luzes. Desde cedo, aprendi que a vida não seria fácil para mim. Fui o quarto de cinco filhos, fruto de um segundo casamento, e minha infância foi marcada por uma dor que eu jamais esquecerei: a perda da minha mãe. Eu tinha apenas seis anos quando ela partiu, vítima da aids.

Naquela época, eu ainda não sabia o que era luto, mas sentia um vazio tão grande que nenhum brinquedo, abraço ou palavra poderia preencher. Fiquei com meu pai, mas ele também não estava bem. A dor da perda da esposa o arrastou para os vícios — bebida e drogas passaram a fazer parte da nossa rotina. Por dois anos, vivi com ele. Dois anos que pareceram décadas, até que a situação ficou insustentável e eu fui morar com meus avós, junto com meus irmãos.

Ali começou uma nova fase. Uma casa pequena, dois quartos e uma missão quase impossível: cinco netos sendo criados por um avô e uma avó, sustentados com apenas uma aposentadoria de trezentos reais. A escassez era nossa realidade. Muitas vezes, não tínhamos o que comer. As roupas, quando vinham, eram doadas. As opções nunca estavam no cardápio — a vida nos servia o que tinha, e era pouco.

Foi nesse lar, marcado pela luta, que conheci uma das maiores referências da minha vida: meu avô, Domingo Buono. Ele foi, sem dúvida, a minha figura paterna. O homem da casa. Um exemplo de honestidade, dignidade e força silenciosa. Ele não falava muito, mas seu olhar e suas atitudes me ensinaram mais do que qualquer discurso. Mesmo com tão pouco, ele nunca se curvou, nunca trapaceou, nunca perdeu a integridade.

Ele me dizia: “Se você deixa alguém te sustentar, essa pessoa vai achar que tem o direito de mandar na sua vida. E um dia vai jogar isso na sua cara”. Ele falava com firmeza, mas com amor. E também dizia algo que nunca esqueci: “Para quem não tem destino, qualquer caminho serve”. Meu avô sabia exatamente onde queria chegar com os netos dele. Ele queria formar homens de caráter. E formou. Muito da minha integridade hoje é herança dele.

Ele me levava para pescar, brincava comigo, cuidava de mim. Ele e minha avó, que hoje está com 89 anos, foram os verdadeiros pilares da minha vida. Ela nos criou como filhos, mesmo tendo perdido a própria filha. Hoje, sou eu quem cuida dela. A vida devolve.

Eu me lembro bem da feira que acontecia em frente à nossa casa. Ainda criança, eu ia até lá tomar conta de carros, ajudar senhoras a carregar sacolas, tudo para tentar levar algum trocado para casa. Aquilo não era trabalho infantil — era sobrevivência. Enquanto outras crianças brincavam, eu contava moedas e carregava sacolas mais pesadas que meus braços.

Dentro de casa, os problemas se multiplicavam. Discussões, brigas, agressões. Meu irmão mais velho se envolveu com drogas e acabou preso. Meu pai, vez ou outra, surgia em casa alterado, bêbado, tentando me levar embora. Eram cenas que deixariam qualquer um com o coração pesado — mas para mim, era apenas a vida como ela era.

Cresci rápido, muito antes do tempo. Aos treze anos já trabalhava, já buscava um lugar no mundo, já sabia que se eu quisesse algo diferente, teria que lutar com tudo o que tinha. A dor virou combustível. Eu via o caos em casa, a destruição ao redor, e dizia para mim mesmo: "Eu não vou ser assim. Vou ser diferente".

Mas, por mais que eu quisesse fugir do ambiente, ele ainda estava dentro de mim. Aos dezoito, dezenove anos, acabei me envolvendo com drogas. Comecei a repetir os padrões que eu tanto odiava. Carregava comigo traumas não tratados, feridas abertas, caráter fraturado por tudo que vivi. Tive problemas com amigos, atitudes erradas, caminhos tortos. Era como se a sombra do passado me puxasse de volta, sempre.

Foi então que, aos 23 anos, um amigo me fez um desafio que parecia simples, mas que mudaria tudo: "Faz um propósito com Deus. Ora por trinta dias. Se Deus não mudar a tua vida, eu paro de ser cristão". Eu aceitei.

Ali comecei um propósito com Deus. E Ele me mostrou que é real. Mas foi em um dos momentos mais difíceis, já dentro da igreja, que eu realmente entendi quem Ele era. Estava desanimado, desacreditado, achando que Deus era um juiz cruel, pronto para me punir. E então, conversando com um amigo que hoje é pastor, ele me pediu: "Paulo, defina Deus em uma palavra". Eu disse: "Deus é tudo". Então ele me corrigiu com firmeza e amor: "Não. Deus é seu Pai. Antes de você nascer, Ele já te esperava. Antes de você errar, Ele já te amava".

Aquelas palavras quebraram algo dentro de mim. Pela primeira vez, eu entendi o que era ser amado de verdade. E entendi que antes de Deus ser Deus... Ele é Pai.

A partir dali tudo mudou. Eu já trabalhava, já era batalhador desde os treze, mas agora tinha direção, tinha propósito, tinha princípios. Deixei os velhos caminhos. Reescrevi meus valores. Decidi ser um novo homem.

Hoje, minha vida é reflexo dessa transformação. Sou casado há dez anos com a mulher da minha vida, Carolina Barbieri. Juntos, temos o Gael — meu filho, meu orgulho. Conquistei aquilo que mais desejei: uma família sadia. Aquilo que eu não tive, eu construí.

Sou fundador e CEO da Vettrus Soluções Internacionais. Em apenas dois anos, nossa empresa está prestes a alcançar 8 milhões de reais em faturamento anual. Temos mais de 25 colaboradores, dois escritórios fora do país — na China e em Hong Kong — e nossa sede em Santos. Mas o que mais me orgulha não são os números. É o impacto.

Tenho mentorados como o Rubem, que nunca tinha importado e hoje faz entre seis e oito contêineres por mês. Vai fechar o ano com mais de oitenta. Ou o Igor, que começou comigo em 2022 e no ano seguinte já movimentou mais de quatrocentos contêineres. Mas não é só isso.

Hoje, a Vettrus apoia o projeto Missão Além das Possibilidades, liderado pelo pastor Alex no interior do Piauí. Alimentamos mais de 150 crianças por dia. Aos domingos, distribuímos cestas básicas, roupas, banho, corte de cabelo. Já construímos uma casa para uma mulher que morava em condições desumanas. Tudo isso porque Deus nos confiou uma missão.

E o mais bonito? Meu filho já entendeu isso. Outro dia, ele me disse, sem ninguém ensinar: "Pai, o meu filho vai dizer que o pai dele foi um grande homem". Isso, para mim, é o maior prêmio. É saber que a história continua, melhor do que começou.

Se você chegou até aqui, eu quero te dizer: Deus é a resposta. Não só uma oração. Não só uma ajuda. Ele é Pai. Ele te ama. Ele tem planos para você. E mesmo que hoje tudo pareça quebrado, Ele é especialista em reconstruções.

Plante fé, mesmo na dor. Plante alegria, mesmo no deserto. A vida devolve. E Deus transforma.

Hoje, olho para trás e entendo: cada lágrima, cada noite sem dormir, cada prato vazio, cada grito dentro de casa... tudo isso me trouxe até aqui. Me ensinou a ter compaixão, a valorizar o que tenho, a estender a mão a quem precisa.

Nada foi em vão.

EDUCAÇÃO COMO NEGÓCIO: O ÚNICO CAMINHO

"Como transformar o sonho romântico de 'mudar o mundo pela educação' em impacto real e altamente lucrativo."

PAULO LÉPORE é empresário, escritor e criador de empresas de educação digital escaláveis. Tem pós-doutorado pela Universidade Federal de Santa Catarina (UFSC), publicou 285 livros autorais, tem mais de 114 mil alunos e mentorados e já faturou mais de 212 milhões de reais no mercado de educação digital. Cofundador da Brabo Concursos e sócio da Curseduca, é mentor de infoprodutores, creators e especialistas que desejam estruturar negócios robustos no meio digital e gerar alto impacto por meio da educação.

Instagram **@PAULOLEPORE**
YouTube **WWW.YOUTUBE.COM/@PAULO.LEPORE**
Site **WWW.PAULOLEPORE.COM**

Desde muito cedo, eu soube que minha vida seria atravessada pela palavra. Pela palavra dita, pela palavra escrita, pela palavra ensinada. Meu primeiro palco foi a sala de aula, mas a minha história começou bem antes disso, ainda quando eu era apenas um garoto tentando entender o mundo — e, talvez, tentando conquistar um lugar nele.

Comecei minha trajetória como professor universitário em 2008. Naquele tempo, ensinar era mais que uma profissão: era a forma que eu tinha de transformar o que sabia em ponte, em construção, em impacto.

Um ano depois, publiquei meu primeiro livro — que se tornaria um best-seller. Esse livro não foi só um feito editorial. Foi uma virada. Foi o sinal de que eu podia muito mais do que repetir fórmulas. Eu podia criar. E criar com potência.

Mas nem tudo foi linear. Entre a euforia de publicar meu primeiro livro e os grandes resultados que viriam anos depois, houve um período decisivo. Durante a primeira onda de democratização da educação no Brasil, tive o privilégio — e a responsabilidade — de participar de um movimento que mudou a forma de ensinar no país. Os cursos transmitidos ao vivo, via satélite, para todo o Brasil me colocaram diante de milhares de alunos simultaneamente. Eu falava e, do outro lado da tela, alguém se transformava. Isso me marcou profundamente. A partir dali, ficou claro: o conhecimento é a alavanca mais poderosa do mundo.

Mas o maior desafio ainda estava por vir. Por mais que eu ensinasse, publicasse e me mantivesse em movimento, existia uma limitação que me incomodava — o alcance. A sala de aula, física ou virtual, ainda era uma moldura pequena para o tamanho da transformação que eu sentia que poderia provocar. Foi aí que entendi: eu precisava empreender.

Em 2016, com a popularização da internet banda larga no Brasil, mergulhei no universo digital. Não foi um salto tranquilo. Empreender na educação digital naquele período ainda era considerado uma aposta arriscada. Mas a minha inquietação era maior que o medo. Tornei-me sócio da minha primeira empresa de preparação para concursos jurídicos em 2018. E aí, sim, a trajetória começou a escalar de verdade.

Foram anos de muito trabalho, estudo, execução meticulosa e riscos calculados. Aprendi a construir empresas que entregam transformação real. Que não apenas ensinam, mas mudam destinos. Ao longo dessa jornada, lancei 285 livros autorais, atingi mais de 114 mil alunos e mentorados, e faturei mais de 212 milhões de reais no mercado de educação digital.

Nada disso veio por acaso. Foram decisões duras. Foram dias sem dormir. Foram apostas corajosas. Mas foram, acima de tudo, escolhas conscientes baseadas em um princípio que me guia até hoje: a educação, quando bem embalada, escalada e posicionada, é o negócio mais ético e lucrativo que existe.

Essa convicção se fortaleceu ainda mais em 2022, quando fundei, junto com o youtuber Mateus Andrade, a Brabo Concursos. A empresa nasceu com a proposta de revolucionar a forma como concursos são preparados — e cresceu em ritmo acelerado, atingindo 28 milhões de faturamento em 2024. Não foi só um sucesso em números. Foi a prova de que é possível unir propósito e lucro sem abrir mão de nenhum dos dois.

Se teve uma coisa que consolidou essa virada foi entender que educação não se trata apenas de conteúdo. Trata-se de estratégia. De branding. De narrativa. De audiência. De experiência. De produto. De operação. De vendas. E principalmente: de visão de futuro. Eu deixei de ser apenas um professor e me tornei um criador de empresas de educação digital escaláveis. Hoje, ensino outros a fazerem o mesmo — com estrutura, com método, com consistência.

A superação veio quando abracei essa identidade por completo. Quando deixei de pedir licença ao mercado tradicional e criei meu próprio modelo. Quando entendi que não precisava mais ser validado por editoras, universidades ou instituições. Eu tinha meu próprio ecossistema. Minhas próprias alavancas. Minhas próprias métricas de sucesso.

Meus valores me sustentaram nessa travessia: integridade, excelência, execução estratégica, disciplina e propósito. Aprendi que não se trata de fazer tudo. Trata-se de fazer o certo. E fazer até o fim. Meu foco nunca foi ser o maior — mas ser o mais transformador. O mais coerente. O mais útil. E isso exige uma coragem que poucos estão dispostos a bancar.

Hoje, olho para trás e vejo uma trilha sólida. Mas, mais do que isso, vejo centenas de histórias que cruzaram a minha. Pessoas que mudaram de vida porque passaram por uma mentoria, por um curso, por uma aula minha. Isso, para mim, é o verdadeiro capital. O verdadeiro legado.

Eu sigo em frente com a clareza de quem sabe que ainda há muito a construir. A educação, para mim, não é um nicho. É uma missão. É uma causa. E é também um modelo de negócio robusto, inteligente e escalável. Continuo construindo empresas, ajudando outras a crescerem e ensinando infoprodutores, creators, professores, advogados e especialistas a criarem negócios digitais de educação com estrutura e potencial real de impacto.

Se você estiver enfrentando desafios parecidos com os que enfrentei — insegurança, estagnação, medo, cansaço —, quero te dizer o seguinte: não desista. Mas, mais do que isso, mude sua forma de jogar. Saia do improviso. Estruture. Empreenda com método. Use a educação como o trampolim, não como a âncora.

Porque o conhecimento, quando bem aplicado, não te prende. Ele te liberta. No fim das contas, minha história é sobre encontrar um caminho que unisse tudo o que eu era: professor, criador, estrategista, escritor, mentor, empresário. Foi uma jornada cheia de altos e baixos, mas que me trouxe exatamente aonde eu precisava estar. E por isso, posso afirmar com toda a certeza: nada foi em vão.

QUANDO O AMOR ME MOSTROU O CAMINHO

"Deixe que seu coração te guie. Ele tem as respostas para todas as perguntas que estão na sua mente."

RAPHAEL MARQUES BRAGANÇA MILAGRES é pai, crente em Deus e no amor, fisioterapeuta, empresário, palestrante e feliz por opção.

Instagram **@DOUTORMILAGRES**
LinkedIn **LINKEDIN.COM/IN/RAPHAEL-MILAGRES-1246A815A/**
Site **WWW.DOUTORMILAGRES.COM.BR**

Desde pequeno, cresci rodeado por amor. Não tive luxo, mas tive tudo o que era essencial. Meus pais, mesmo sem terem feito faculdade, sempre fizeram o melhor por mim, seu único filho. Foram eles que, com esforço, dignidade e muito trabalho, me ensinaram valores como respeito, verdade e empatia. Foi com base nesses princípios que caminhei até me formar em fisioterapia graças ao suor deles. Aquela conquista foi tanto deles quanto minha.

Durante a faculdade, passei por muitos estágios. CTIs, clínicas ortopédicas, ambientes de dor e superação. Até que, em um momento determinante, fui estagiar em uma clínica de neuropediatria. No meu primeiro dia, fui surpreendido por algo que mexeu profundamente comigo: uma criança com encefalopatia. Ela estava ali, frágil e forte ao mesmo tempo, vivendo uma condição que, na minha ignorância de então, parecia injusta demais para um ser tão pequeno. Aquela imagem me desestabilizou, e saí correndo da clínica. Disse que jamais voltaria ali. Não aceitava que crianças passassem por aquilo. E segui em frente.

Foquei na ortopedia, na traumatologia, nos esportes. Trabalhei na Marinha do Brasil como fisioterapeuta, atuei no futebol profissional do Vasco da Gama, acompanhei a seleção brasileira de handebol de praia. Tive a honra de cuidar de grandes atletas, de ver o corpo humano no seu limite e em sua recuperação. Me especializei. Fiz cursos, estudei muito. Até hoje, estudar é uma das minhas maiores paixões. Quando estudamos, aprendemos. E quando aprendemos, podemos ensinar. E, assim, todos crescem.

O tempo passou. Já casado e com dois filhos, recebi um presente inesperado: a notícia da chegada do nosso terceiro filho. Não havíamos planejado. Mas a vida tinha decidido. A gestação foi tranquila, mas os exames sinalizavam que poderia haver algum tipo de síndrome. Nada foi confirmado. Seguimos com fé.

No dia do nascimento do meu terceiro filho, minha vida deu uma nova guinada. Minha esposa teve uma eclâmpsia na sala de parto. Nosso filho nasceu cianótico (roxinho), sem chorar. A sala virou um caos silencioso. Ela, tendo uma parada cardíaca. Ele, sendo aspirado, estimulado.

E eu, no meio de tudo, em desespero. Fiz a única coisa que sabia e poderia fazer naquele momento: orei. Sou messiânico, pratico o Johrei, uma canalização da luz de Deus. Pedi, de todo o meu coração, que Deus cuidasse dos dois. E Ele cuidou. Minha esposa voltou. Nosso filho chorou. E ali soubemos que ele tinha síndrome de Down.

Foram dez dias na UTI neonatal, onde meu terceiro filho ficou internado. E também dez dias de CTI para minha esposa, ambos enfrentando um período delicado e intenso.

Antes disso, em 2021, outro momento havia mudado tudo. Minha esposa, terapeuta ocupacional, sempre trabalhou com neurorreabilitação infantil. Eu, com meu consultório, atendia no mesmo prédio. Um dia, desci para chamá-la para almoçar. Ela ainda estava em atendimento com um paciente autista e outros dois terapeutas. A criança estava desregulada. Eu me sentei no canto, respeitando aquele espaço, e aguardei. Foi então que algo inexplicável aconteceu.

A criança me viu, veio até mim, olhou nos meus olhos e me tocou. Sem dizer uma palavra. Mas com aquele gesto, algo mudou dentro de mim. Algo foi dito à minha alma. Era como se aquela criança estivesse me dizendo: "Este é o seu lugar. É aqui que você precisa estar".

Naquele momento, na sala de parto, entendi o que o universo tentava me mostrar havia anos. Entendi o motivo de tudo. Daquele estágio que eu tinha abandonado, do meu caminho profissional, da preparação para a futura vinda do meu terceiro filho. Tudo me conduzia para estar ali, naquela sala, vivendo aquele instante. Era como se aquela criança autista tivesse me guiado diretamente ao meu propósito.

Logo depois, eu e minha esposa decidimos abrir nossa própria clínica de neurorreabilitação infantil. Planejamos por mais de um ano. Estruturamos tudo com detalhe, amor, estudo e fé. Abrimos a clínica em junho de 2022. E ela cresceu de forma impressionante. No segundo ano, já faturava 1 milhão. No terceiro, 6 milhões.

Mas nem tudo foram flores. Fizemos sociedade com outros profissionais por necessidade financeira. Com o tempo, percebemos que nossos princípios e valores não estavam alinhados. O desgaste emocional foi profundo. Minha esposa entrou em depressão. Viver aquele ambiente, que deveria ser de cura, virou uma fonte de dor. E então veio o segundo grande desafio: abrir mão da nossa própria criação.

Vender a empresa foi como vender um pedaço de mim. Eu e minha esposa havíamos sonhado cada detalhe. Mas ali, naquele momento de ruptura, entendi que o propósito não estava preso a um CNPJ. Ele estava em nós. Na forma como tratávamos cada criança. No acolhimento às famílias. No amor com que fazíamos tudo. Nossa missão não dependia de uma parede, de um nome. Ela estava viva em nós.

Decidimos recomeçar. Ou melhor, continuar. Com novos sócios, alinhados aos nossos valores. Abrimos uma nova clínica. E já estamos crescendo novamente. Mais fortes, mais conscientes, mais íntegros. Ajudando crianças e famílias todos os dias. Agora, com uma fé ainda mais inabalável.

Hoje, olho para trás e vejo o quanto cresci. A maior conquista de tudo isso foi conhecer a mim mesmo. Saber quem sou. Saber por que estou aqui. Saber que estou cumprindo a missão que Deus me confiou. Trabalho com alegria, com leveza, com propósito. Não por status. Mas porque é impossível não fazer isso quando se tem consciência de que essa missão é maior do que você.

Meu nome é Raphael Marques Bragança Milagres. Sou pai, crente em Deus e no amor, fisioterapeuta, empresário, palestrante e feliz por opção. E, se posso deixar uma mensagem para quem enfrenta um momento de dor, dúvida ou perda, é esta: deixe que seu coração te guie. Ele tem as respostas para todas as perguntas que estão na sua mente. Acredite e aja. Entregue sempre a Deus. Quando é feito com amor, o impossível acontece. Faça o que for necessário fazer, sempre com ética, em busca de um mundo melhor. Quando os frutos começarem a aparecer, você vai perceber que nada foi em vão.

PRODUTIVIDADE FINANCEIRA: O LEGADO DE UMA ESCOLHA DIÁRIA

"Jamais deixarei meus filhos serem órfãos de um pai vivo, por isso escolho todos os dias ter produtividade financeira."

RENAN DIEGO é empresário, engenheiro, consultor financeiro especialista em investimentos, fundador da maior escola de produtividade financeira do Brasil e CEO do Grupo FAD.

Instagram **@RENANDIEGOOFICIAL**
LinkedIn **LINKEDIN.COM/IN/RENAN-DIEGO**

Nasci no coração do Rio de Janeiro, cercado por mares, montanhas e contrastes. Uma cidade vibrante, viva, intensa, mas também uma cidade com muita criminalidade e possibilidades de um jovem como eu ir para o caminho errado. Mas não foi esse caminho que escolhi seguir.

Crescer no Rio foi ser ensinado desde cedo a observar as entrelinhas da vida. Minha infância foi marcada por uma mistura de simplicidade e profundidade. Ao mesmo tempo que tive acesso a momentos de afeto e alegria, também fui confrontado com ausências momentâneas, com silêncios que exigiam reflexão, com realidades que amadurecem cedo.

Minha mãe foi uma fortaleza silenciosa. Um exemplo vivo de coragem sem alarde. Vi nela a capacidade de sustentar emocionalmente a família com dignidade, sempre presente e firme. Já meu pai, mesmo trabalhando muito e viajando com frequência, sempre foi uma presença marcante. Não era ausência por descuido, era presença à distância. Quando estava em casa, fazia questão de estar por inteiro. Seu esforço para prover, mesmo longe, me ensinou muito sobre responsabilidade, entrega e compromisso com a família.

Desde cedo entendi que o mundo não entregaria nada de bandeja. E mesmo assim, quis ir em frente. Por muito tempo, carreguei comigo a inquietação de provar que era possível fazer diferente. Comecei a trabalhar cedo, a buscar meus caminhos, a estudar, a observar. Eu queria entender o sistema — e, mais do que isso, queria entender como quebrá-lo com consciência. Como gerar valor, e não só dinheiro. Como viver com propósito e qualidade de vida, e não só sobreviver por necessidade.

Mas foi no auge de uma suposta estabilidade que tudo ruiu.

O maior desafio que enfrentei foi emocional, profundo, devastador. Perdi minha mãe. A dor veio em ondas. A ausência virou buraco. A saudade pesava tanto quanto a responsabilidade de seguir.

Quando minha mãe partiu, senti que uma parte essencial de mim havia ido junto. Ela não era apenas minha mãe — era minha referência de força, resiliência, amor incondicional. De repente, tudo em que eu acreditava — tudo que eu estava tentando estruturar — começou a desmoronar. A dor, silenciosa e densa, me obrigou a reavaliar prioridades, crenças e o próprio sentido da vida.

Eu me vi no escuro. E nesse escuro, tive que encontrar uma vela.

A virada aconteceu de maneira quase silenciosa, mas brutal. Foi quando entendi que precisava parar de apenas reagir à vida. Precisava tomar as rédeas. Não podia continuar sendo levado pelo medo, pela dor, pelas perdas. Ou eu me tornava o protagonista da minha história, ou ela se tornaria apenas uma narrativa de sobrevivência.

Nesse momento, fiz uma escolha consciente: iria transformar dor em produtividade. Iria usar tudo que vivi como combustível, e não como âncora.

Comecei a estudar mais sobre finanças, sobre comportamento humano, sobre produtividade real. Aquele tipo de produtividade que não é baseada em fazer mais tarefas, mas sim em gerar impacto.

Aprendi que a vida é muito mais que só correr atrás de dinheiro. O importante é ter qualidade de vida enquanto o dinheiro trabalha para você — isso é ter produtividade financeira. É construir uma vida na qual o dinheiro é meio, não fim. Na qual ele serve à vida, e não o contrário.

Criei um método, uma filosofia, uma prática de vida. E, mais do que isso, transformei essa vivência em um propósito: ajudar famílias a encontrarem essa mesma clareza. A pararem de viver no modo automático, escravas de boletos e expectativas alheias, e começarem a tomar decisões conscientes, com base em valor, propósito e qualidade de vida.

A superação veio através da ação — mas não de qualquer ação. De ações alinhadas com meus valores. Com honestidade, constância e fé.

Valorizei a presença. A escuta. A decisão. Aprendi a planejar com flexibilidade, a investir com sabedoria, a viver com leveza. Aprendi a conversar com minha esposa de forma mais profunda, a ouvir meus filhos com mais atenção, a colocar limites saudáveis no trabalho. Aprendi que minha missão não era salvar o mundo, mas começar salvando a minha própria história.

O resultado? Minha vida mudou por completo. Deixei de correr atrás de metas alheias e passei a construir a minha própria rota. Passei a atrair pessoas alinhadas com meu propósito, a ver famílias se transformando com o que ensino. Vi o impacto real da produtividade financeira na prática: pais mais presentes, mães mais leves, crianças mais felizes e famílias realizando sonhos!

E tudo isso reverberou. Comecei a ser convidado para palestrar, mentorar, ensinar. Vi o que era pessoal se tornar coletivo. O que era dor virar ponte. O que era silêncio virar voz. E a conclusão: hoje sou a maior referência em produtividade financeira do Brasil, então nada foi em vão!

Atualmente faço parte de um grupo onde estão os maiores e mais bem-sucedidos empresários do Brasil. Quem diria que aquele Renan que nasceu em uma família humilde, que morava em um apartamento de 47 metros quadrados com seu pai, Fernando, sua mãe, Graça e seus dois irmãos, Rogério e Renata, teria chegado até aqui.

Quem diria que aquele Renan, que sempre teve o sonho de ser pai, hoje seria casado com uma mulher incrível, a Jaque, e que seria não só um pai, mas acima de tudo um pai presente para a Maria Clara e a Alice.

Quem diria que aquele Renan, que só trabalhava para pagar contas, hoje seria sócio de três empresas que fazem a diferença na vida das pessoas: Produtividade Financeira, Agência FAD e Tia do Inglês.

O recado que quero deixar é simples e poderoso: você pode viver uma vida com produtividade financeira e ter os mesmos direitos dos ricos. Não importa o ponto de partida. O que importa é a escolha que você faz agora.

Se você está passando por dor, por dúvida, por crise, respire. Olhe para dentro. Volte ao essencial. O que realmente importa para você?

Tudo começa com uma decisão.

Hoje, ajudo pessoas e famílias a alcançarem a independência financeira com qualidade de vida. Mas mais do que isso: ajudo-as a enxergarem que seus sonhos não são bobagens. Que sua paz tem valor. Que sua vida é insubstituível. E que produtividade financeira é uma escolha diária!

Eu escolhi viver com propósito. E quero que você saiba: é possível.

Nada do que vivi foi em vão. Cada perda, cada noite em claro, cada lágrima. Tudo me trouxe até aqui. E hoje olho para trás com gratidão. Porque agora eu sei: nada foi em vão.

ENTRE DOIS MUNDOS: A ESCOLHA QUE TRANSFORMOU MEU DESTINO

“Nada é impossível. Tudo depende de seu desejo, foco e dedicação.”

RENATA BARBALHO é empreendedora, especialista em assessoria de imigração e fundadora da Espanha Fácil. Nascida em Recife, Renata trocou uma carreira promissora no setor público para viver o sonho de estudar na Espanha, onde reside atualmente. Formada em ciências contábeis, completou três mestrados na Espanha e mais de duzentos cursos, com destaque para sua formação em auditoria e análise empresarial pela Universidad Complutense de Madrid. Ela conquistou reconhecimento no mercado liderando a empresa que é a número 1 no Brasil e na Espanha em nacionalidade e vistos para a Espanha. Com uma trajetória marcada por resiliência, inovação e empreendedorismo, Renata segue transformando vidas e criando oportunidades para brasileiros na Europa.

Instagram **@RENATABARBALHO** | **@ESPANHAFACIL**

Nasci no dia 27 de julho de 1983, em Recife. Sou leonina, com aquele misto de força e intensidade que sempre me impulsionou a buscar mais do que o óbvio. Meu pai, também de Recife, herdou um pequeno negócio da família, comprou a parte dos irmãos e assumiu sozinho a empresa. Minha mãe, de Natal, vinha de uma família marcada pela tradição acadêmica e pelo serviço público. Meu avô materno foi juiz e desembargador, um homem respeitado e admirado, e minha mãe seguiu esse caminho, construindo uma carreira sólida como funcionária pública.

Cresci cercada por valores firmes: respeito, honestidade, integridade e, sobretudo, resiliência. Em casa, aprendi que qualquer conquista exigia dedicação absoluta. Não havia espaço para a mediocridade. O estudo e o trabalho eram pilares inegociáveis, e, desde cedo, parecia que meu destino estava traçado: seguiria a tradição familiar, prestaria concurso público e teria uma vida estável no Brasil.

Durante boa parte da faculdade de ciências contábeis, esse foi o meu objetivo. Passei anos me preparando para concursos, inclusive conquistando posições de destaque. Aos dezessete anos, entrei para o INSS como estagiária, um sonho para muitos, com salário certo e futuro previsível. Para mim, porém, algo não se encaixava. Eu olhava ao redor e via colegas confortáveis com aquela estabilidade, mas sentia uma inquietação profunda. Havia dentro de mim um chamado para algo maior, um desejo de romper padrões e desafiar o destino que parecia pronto e embalado para mim.

Foi no penúltimo ano da faculdade que tudo começou a mudar. Fiz uma viagem à Espanha e voltei transformada. Aquela terra, com suas ruas carregadas de história, sua energia, seu idioma melódico, acendeu uma chama que não se apagaria mais. Decidi que queria fazer um mestrado na Universidad Complutense de Madrid, uma das mais renomadas do país. A decisão não foi recebida com entusiasmo em casa. Pelo contrário, parecia uma loucura trocar um futuro garantido por uma aventura incerta do outro lado do oceano. Mas, no fundo, eu sabia que não poderia ignorar aquele chamado.

Ainda faltava um ano para concluir a faculdade. Para acelerar o processo, fiz uma proposta ousada ao reitor: concluir os dois últimos anos em apenas um. Ele me olhou com surpresa, mas aceitou. Com disciplina e planejamento, consegui. Ao mesmo tempo, intensifiquei meus estudos de espanhol no Senac, onde já havia feito inúmeros cursos — desde Excel, Word, PowerPoint e Dreamweaver até maquiagem e cabelo. Eu organizava meus dias como um quebra-cabeça: faculdade à noite, estágio de manhã e cursos à tarde. Não havia espaço para desperdício de tempo.

Quando finalmente embarquei para a Espanha, tinha dezenove anos, uma mala cheia de sonhos e um visto de estudante. Chegar a um país novo sem conhecer ninguém foi um choque. A teoria do espanhol aprendido no Brasil não se comparava à velocidade da fala nas ruas de Madrid. A saudade apertava, mas a determinação falava mais alto. Entrei para o mestrado em auditoria e análise empresarial e me vi entre apenas quatro estrangeiros na turma — eu, uma venezuelana, um mexicano e um colombiano. Era a única que não tinha o espanhol como língua materna, o que tornava cada aula um exercício extra de atenção e superação.

Durante o mestrado, consegui um estágio na PricewaterhouseCoopers (PwC), uma das maiores empresas de auditoria do mundo. Auditava gigantes como o Banco da Espanha e, mesmo como estagiária, aprendi lições valiosas sobre profissionalismo, estratégia e excelência. Poucos meses depois, fui efetivada como auditora financeira, com um visto de trabalho raro para estrangeiros. Parecia que tudo estava encaixado, até que recebi uma ligação do Brasil: havia sido aprovada em um concurso público com apenas uma vaga. Tinha 48 horas para decidir. Era o caminho "certo" me chamando, o que todos esperavam de mim.

Foi nesse momento que tomei a decisão que mudaria meu destino para sempre. Recusei a estabilidade e escolhi o desconhecido. Apenas meu padrinho, Pedro Cavalcante, médico de sucesso, compreendeu e apoiou a escolha. O restante da família achou que eu estava desperdiçando a oportunidade da minha vida. Mas eu sentia, no fundo, que precisava continuar na Espanha.

Continuei crescendo na PwC, chegando ao cargo de auditora 2. Paralelamente, comecei a ajudar, de forma espontânea e gratuita, brasileiros que sonhavam com um mestrado, doutorado ou mudança para a Espanha. Aquilo, que começou como uma gentileza, foi se transformando em propósito. Percebi que poderia transformar vidas com a minha experiência e o meu conhecimento.

Foi então que tomei outra decisão arriscada: largar a carreira promissora para empreender. Com poucas economias e um laptop, elaborei um plano de negócios e apresentei ao governo espanhol para mudar meu visto. A proposta foi aprovada e, aos 22 anos, nasceu a Espanha Fácil.

No início, eu fazia tudo: atendimento, criação de site, marketing, gestão financeira. Lembro-me com carinho do dia em que criei a primeira página da empresa usando o que aprendi no curso de Dreamweaver. Era simples, mas carregava minha alma e minha visão. Empreender como estrangeira na Europa exigia muito mais que coragem; era preciso entender profundamente a legislação, a tributação, o mercado. Cada obstáculo reforçava em mim a certeza de que eu havia escolhido o caminho certo.

Hoje, a Espanha Fácil é referência em assessoria de imigração para brasileiros. Já ajudamos mais de 150 mil clientes, com 99% de aprovação nos processos. Nossa equipe ultrapassa oitenta colaboradores diretos, espalhados entre Brasil e Espanha, e mantém viva a missão de abrir portas e criar oportunidades. Valorizamos a diversidade: temos mulheres, mães, imigrantes, todos com histórias únicas e inspiradoras. Promovemos o teletrabalho — 99% do nosso time atua remotamente — e cultivamos um ambiente pautado pelos princípios que guiam cada passo: autorresponsabilidade, foco no cliente, integridade, curiosidade, adaptabilidade, velocidade, aprendizado constante, iniciativa, frugalidade, praticidade, comprometimento, transparência, cordialidade e gestão das emoções.

Com o tempo, expandimos nosso leque de serviços. Hoje, oferecemos assessoria em cidadania espanhola e brasileira, vistos e autorizações de residência, assessoria imobiliária, traduções juramentadas, regularização documental, intercâmbio, seguros, relocation, consultoria educacional, contabilidade e fiscalidade, assessoria legal, apoio a ações cíveis e familiares, consultas de viabilidade para novos negócios, cursos on-line e consultoria para empresas. Também atuamos no turismo, facilitando a vida de quem deseja conhecer, morar ou investir na Espanha. Em 2025, estamos lançando nossa própria escola on-line de espanhol.

Recebemos prêmios, fomos destaque na revista *Exame* por dois anos consecutivos — fizemos parte do ranking Negócios em Expansão com faturamento entre 5 e 30 milhões de reais — e conquistamos o reconhecimento como a melhor empresa para se trabalhar, segundo o Prêmio Conecta, de Portugal. Mas, mais do que números, o que me emociona são as histórias de clientes que recomeçaram suas vidas aqui porque confiaram no nosso trabalho.

Minha vida hoje é uma fusão de culturas e experiências. Moro na Espanha, mas mantenho laços profundos com o Brasil, que visito com frequência para trabalho e lazer. Nas férias escolares, passo temporadas na Itália, integrando mundos na vida da minha família. Meu marido, italiano, e eu criamos um filho que fala cinco idiomas e carrega três nacionalidades.

Olho para trás e vejo que cada risco assumido, cada noite maldormida, cada "não" que precisei ouvir e cada desafio que enfrentei foram fundamentais para chegar até aqui. Não foi fácil. Houve momentos de medo, de incerteza, de solidão. Mas sempre houve também um propósito maior, que me impelia a seguir em frente.

Se pudesse deixar um conselho, eu diria para você nunca esperar pelo momento perfeito. Ele não existe. Comece com o que você tem, onde está, e melhore no caminho. Ouça conselhos, mas siga seu instinto. Arrisque-se. As maiores recompensas vêm das maiores ousadias. E lembre-se: o impossível não existe quando há foco, dedicação e comprometimento.

Hoje, sei que meu legado não está apenas nas conquistas empresariais, mas no impacto que causei na vida de milhares de pessoas. Ajudar alguém a realizar um sonho, a encontrar um novo lar, a começar de novo em outro país, é uma das maiores recompensas que a vida poderia me dar.

Entre dois mundos, construí a vida que sempre quis. E aprendi, acima de tudo, que nada, absolutamente nada, foi em vão.

DO PALCO PARA DENTRO

"Organizar eventos é fácil.
Difícil é organizar a si mesmo."

RODRIGO OLIVEIRA VITOR é empresário, fundador da Fito, especialista em *brand experience* e mentor de empresários do mercado de eventos.

Instagram **@ROVITOR**
LinkedIn **LINKEDIN.COM/IN/RODRIGOVITOR**

Desde cedo fui movido pela vontade de viver e fazer os outros viverem bons momentos. Não sabia dar nome para isso na infância. Era só uma inquietação gostosa, uma vontade de ver gente reunida, rindo, conectada por alguma experiência que fugisse da rotina.

Cresci entre dois mundos que me formaram: uma vida urbana confortável em São José dos Campos, com escola boa, esportes, clubes... e os retiros anuais para o interior de Goiás, onde a simplicidade ensinava sobre afeto, presença e criatividade. Ali, entre uma pescaria e uma pelada no campo, fui entendendo que as melhores memórias não vêm do luxo, mas da intensidade dos momentos vividos.

O que eu ainda não sabia era que essa sensibilidade para criar experiências e a minha inquietação com a vida no "modo automático" um dia se tornariam profissão, e depois, causa.

Essa virada começou por volta dos meus catorze ou quinze anos. Eu estava em um show do Natiruts e tive a chance de visitar o camarim da banda. Pela primeira vez, enxerguei o que havia por trás daquele momento de encantamento coletivo. Luzes, som, montagem, equipe, planejamento, bastidores. Tudo orquestrado para que milhares de pessoas pudessem sentir algo único. Foi ali que caiu a ficha: alguém organiza tudo isso para que outros vivam bons momentos. E aquilo despertou em mim uma curiosidade que nunca mais adormeceu.

Ao entrar na faculdade, logo nos primeiros meses, entrei para a Atlética, entidade estudantil responsável pelos esportes e pelas festas. Em um instante passei a observar eventos de um jeito diferente. Enquanto todo mundo se distraía, eu prestava atenção na estrutura, nos bastidores, nos detalhes. Era como se cada escolha, da música à luz, do tom da voz ao espaço entre as cadeiras, tivesse o poder de mudar o estado de espírito de alguém.

Mais tarde, esse instinto virou agência. Mas, mais do que isso, virou propósito: mostrar que viver bons momentos não é supérfluo. É urgente. Que a vida merece ser celebrada em todos os seus ciclos. E que, quando bem feito, um evento é capaz de marcar uma pessoa para sempre. Não só o convidado, mas quem cria também.

Meu maior desafio começou com um show, mas não era ele que importava. Era tudo o que aquele momento carregava. O ano era 2016. Eu ainda estava à frente da minha primeira empresa, e a gente ia fazer um grande evento para 10 mil pessoas. Estava tudo pronto, tudo vendido, tudo rodando, até que recebi a notícia de que a artista principal tinha vendido dois shows para a mesma data. Um deles era o meu.

Faltavam quinze dias. E a verdade era que ela provavelmente não viria.

Naquele momento, meu foco total foi resolver o problema. Era como ver um castelo inteiro ameaçado por uma única peça instável. Clientes, fornecedores, equipe, reputação. Tudo em jogo. Corri contra o tempo. Fui atrás de alternativas. Fretamos um avião. Fizemos o impossível virar possível. Ela chegou às cinco da manhã do dia do evento. Subiu no palco. Entregou o show. E encerramos às sete horas da manhã, com um leve atraso, mas com o público satisfeito e tudo tecnicamente salvo.

Mas o problema não acabou ali.

O desgaste foi tão grande que, dias depois, começaram os questionamentos. Sócios, números, decisões. A conta chegou. E, naquela altura, a questão não era mais apenas aquele evento. Era tudo o que tinha se acumulado nos últimos anos. Foram muitos sacrifícios, muita energia, muitas horas investidas naquele negócio. Era a minha identidade dos 21 aos 27 anos. E, de repente, aquilo tudo já não fazia mais sentido. Ou talvez não coubesse mais dentro de mim.

Rompi. De uma vez. Da noite para o dia, saí da empresa. Deixei tudo para trás.

Perdi a rotina, a estrutura, a referência, e principalmente a minha identidade. Foram meses de negociação para encerrar a sociedade e receber minha parte. Meses de incerteza, de angústia, de silêncio interno. Não havia planos nem destino certo. Éramos só eu, minhas memórias e um vazio enorme no lugar onde antes havia propósito.

Ali começou, de fato, o maior desafio da minha vida: recomeçar sem ter um ponto de partida. Reconstruir não só uma empresa, mas a minha própria visão de futuro.

Depois de meses difíceis, a decisão surgiu sem glamour, sem clareza e sem grandes estratégias por trás. O que existia era uma certeza crua: eu precisava continuar me movendo. E se havia algo que eu sabia fazer, era produzir eventos. Já tinha executado algumas ações no mercado corporativo e em projetos de live marketing, ainda que de forma muito pontual. Nada que representasse uma atuação consolidada, mas havia um chamado. Um instinto. Um novo território onde eu poderia aplicar tudo o que havia aprendido, de um jeito diferente, mais maduro, mais consciente.

Foi uma escolha baseada mais em verdade do que em plano de negócio. Uma escolha de vida. Porque eu não podia aceitar que todos aqueles anos de dedicação fossem descartados. Não fazia sentido jogar no lixo os eventos gigantes que eu havia produzido, as bandas nacionais que tinha levado para o palco, as milhares de pessoas que tinha visto sorrindo, vibrando, se conectando em experiências que ajudei a criar. Não fazia sentido ignorar isso só porque o ciclo anterior tinha acabado.

Então eu me propus a testar. Testar minha força. Meu nome. Meu know-how. Criar uma nova marca. Em outro mercado. Com outro posicionamento.

Foi um desafio pessoal. Quase íntimo. E, como todo bom desafio, também veio com uma provocação. Uma frase dita por alguém próximo, que ficou ecoando dentro de mim: "O Rodrigo, em pouco tempo, vai quebrar qualquer negócio que ele abrir sozinho".

Aquilo doeu. Mas também acendeu um fogo. Foi como se aquela sentença tivesse selado um pacto silencioso comigo mesmo. Eu não iria quebrar. Eu iria provar que era possível, sim, prosperar com a minha própria visão. Que eu sabia o que estava fazendo.

Que dava para começar do zero e fazer direito.

E foi assim que nasceu a Fito. Não como uma empresa qualquer. Mas como uma resposta. Uma afirmação. Uma reconstrução com propósito.

Recomeçar não significava só abrir uma nova empresa. Era me reconstruir por dentro. Rever o que eu queria, como queria fazer e, principalmente, por que queria fazer aquilo.

Decidi que não produziria mais eventos por produzir. A Fito nascia com uma proposta diferente. Mais do que montar estruturas, minha missão seria desenhar experiências que transformassem. Viver um evento não poderia ser apenas cumprir uma agenda. Precisava ser algo que as pessoas sentissem. Lembrassem. Levassem com elas.

Essa virada exigiu mais do que técnica, exigiu profundidade. Precisei abrir mão de muitas certezas, deixar o ego de lado, trocar o controle pelo processo e, principalmente, parar de tentar carregar tudo sozinho.

A primeira grande atitude foi me reposicionar. Escolhi atuar no mercado corporativo, com foco em experiências para marcas que quisessem criar conexões reais com seus públicos. Isso me exigiu mudar tudo: linguagem, discurso, tipo de cliente, estrutura, até o jeito de pensar cada projeto. Não dava mais para ser superficial. Precisava ter estratégia, narrativa, intenção.

O segundo passo foi estruturar um time. Gente boa, gente que acredita, gente que soma. Comecei a criar processos, cultura, rituais. Parei de ser o centro da operação para me tornar, de fato, um empresário. Saí do palco, mas ganhei visão.

E por fim, um valor que se tornou inegociável: autenticidade. Eu não queria seguir fórmulas. Queria criar a minha. Misturei tudo que aprendi com tudo que me movia. Planejamento, branding, produção, execução impecável. Mas tudo isso com alma. Com verdade. Com a leveza que um bom momento precisa ter.

A cada projeto entregue, eu voltava a acreditar. Não só no meu trabalho. Mas em mim. E naquilo que eu sempre soube, mesmo quando tudo parecia desmoronar: criar bons momentos ainda era o meu caminho.

O resultado desse movimento foi muito maior do que eu imaginava.

Sim, a minha empresa cresceu. Hoje tenho uma operação sólida, previsível, com grandes marcas no portfólio e projetos que cruzam o Brasil e vão para fora dele. Mas, acima de tudo, quem cresceu fui eu.

Ao longo do processo, mergulhei em livros, cursos, mentorias, terapia. Descobri feridas que eu carregava havia anos. Traumas que se escondiam atrás da pressa, da cobrança, da tensão. Passei a olhar para dentro com a mesma atenção que sempre dei para fora. E isso mudou tudo.

Entendi que, para ser um bom líder, antes eu precisava ser uma boa pessoa. E, para ser uma boa pessoa, eu precisava aprender a me escutar. A controlar meus impulsos. A transformar a explosão em presença. A ser mais firme sem ser duro. A ser mais claro sem ser agressivo. Aprendi a me comunicar com mais empatia, a ouvir mais e reagir menos.

Isso não transformou só a empresa. Transformou meus relacionamentos. Eu me tornei um melhor companheiro, um melhor marido, um pai presente. Alguém que consegue sair da operação e estar de verdade com o filho. Sem culpa, sem medo de que tudo desabe. Porque hoje existe um time, uma cultura, processos e valores que sustentam essa construção.

A empresa virou reflexo dessa evolução. Não só na estrutura, mas na alma. Atualmente, cada projeto que entregamos carrega intenção, sensibilidade, propósito. Não fazemos eventos. Ativamos sentimentos. Movimentamos pessoas. Criamos memórias.

O negócio cresceu. Mas, mais importante do que isso, eu cresci junto com ele.

Se eu pudesse deixar uma mensagem para quem está vivendo um desafio parecido com o que eu vivi, seria esta: o mundo é muito maior do que o seu próprio umbigo. A gente não é o centro. Nem eu, nem você. Existem bilhões de pessoas tentando acertar, tropeçando, recomeçando. E o ego, por mais barulhento que seja, não vai vencer essa concorrência.

A vida não é provar o tempo todo que você é capaz. É se tornar alguém com quem vale a pena dividir o caminho. Alguém que escolhe evoluir, mesmo quando ninguém está vendo. Que entende os próprios limites. Que não precisa gritar para ser ouvido. Que transforma a própria presença em algo leve, confiável, verdadeiro.

Acredito que é isso que sustenta tudo. Um bom pai. Um bom líder. Um bom dono de negócio. Uma boa pessoa. É tudo a mesma coisa no final.

A construção de uma empresa forte passa, obrigatoriamente, pela construção de um ser humano inteiro. Você não separa mais quem você é de como você lidera. Ou você se alinha por dentro, ou vai se perder por fora. E isso não tem a ver com perfeição. Tem a ver com presença. Com intenção. Com a disposição de, todo santo dia, melhorar um pouquinho.

Quando você serve, você é servido. Quando você inspira, você atrai. Quando você faz o certo, mesmo quando ninguém está olhando, o resultado chega porque a vida devolve.

Se existe um legado possível, talvez seja este: viver de um jeito que faça bem para você e para quem está por perto. Ser alguém que deixa um ambiente mais leve. Uma marca mais forte. Uma família mais amparada. Um time mais confiante.

A gente está aqui por pouco tempo. Que pelo menos esse tempo valha a pena para quem cruza o nosso caminho.

Nada foi em vão.

DA DOR À CONSTRUÇÃO

"Descobri que a vida só começa de verdade quando a gente decide criar a nossa própria história."

RUBENS KENJI KAWATA JUNIOR é empresário no setor de construção civil, membro do ClaxClub e participante do projeto A Ordem. Movido por valores, saúde, família e trabalho, busca impactar positivamente a vida das pessoas ao seu redor.

Instagram **@RUBENS_KAWATA**

Nasci no dia 11 de setembro de 1995, em Araçatuba, interior de São Paulo. Sou filho de Sueli Yassuko Sumida Kawata e Rubens Kenji Kawata, e irmão da Cíntia Kawata, que nasceu três anos antes de mim. Minha vida começou com um misto de doçura e dor. Cresci cercado pelo amor de uma família que sempre esteve ao meu lado, mas também aprendi muito cedo o que era perder alguém importante.

Meu pai faleceu em 19 de agosto de 1998. Eu era muito pequeno, mas o impacto da sua partida marcou toda a minha trajetória. A partir daquele momento, minha mãe precisou assumir dois papéis ao mesmo tempo: mãe e pai. E, mesmo diante das dificuldades, ela nunca deixou que nos faltassem amor, educação e oportunidades. Sou fruto da resiliência dela.

Minha mãe sempre trabalhou como secretária, e com o salário que recebia, sustentava a casa. O dinheiro era escasso, mas a dedicação dela era abundante. Ela nunca permitiu que sentíssemos um vazio material ou emocional. Se nossos amigos iam ao cinema, ela dava um jeito de nos dar dinheiro para que pudéssemos ir também. Estudamos a vida toda em escola particular, mesmo que isso significasse dever o semestre inteiro para depois negociar os pagamentos. Ela fazia o que fosse preciso para que o nosso futuro tivesse uma base sólida.

Esse esforço me marcou profundamente. Desde pequeno, entendi que a vida não seria fácil, mas que os valores que minha mãe e minha família me transmitiam seriam o que me sustentaria. Também aprendi algo sobre gratidão — não aquela palavra bonita que a gente usa para agradecer algo momentâneo, mas a gratidão que molda escolhas e caminhos. A gratidão que nos impulsiona a querer retribuir.

Minha infância, apesar das perdas, foi feliz. Fui uma criança ativa, que adorava brincar, jogar futebol, praticar judô e pescar. Sempre tive facilidade para fazer amigos, em qualquer lugar que estivesse. Eu era aquele que gostava de estar junto, que queria participar de tudo, que sentia prazer em ajudar — fosse arrumando a casa, ajudando numa mudança ou simplesmente estando presente. Desde pequeno, eu buscava me sentir útil.

E talvez tenha sido isso que definiu um dos capítulos mais importantes da minha história: o período em que cuidei dos meus avós.

Depois que meu pai se foi, meus avós foram fundamentais na minha criação. Enquanto minha mãe trabalhava, eles cuidavam de mim e da minha irmã. Mais do que avós, eles foram uma extensão dos meus pais. Por isso, quando eles envelheceram e passaram a precisar de cuidados, eu sabia que era a minha vez de retribuir.

Durante anos, dediquei boa parte do meu tempo a cuidar deles. Eu estudava, fazia faculdade e passava o restante do dia ao lado deles. Essa foi a minha rotina durante muito tempo. Pode parecer simples, mas viver para cuidar de alguém requer muito mais do que presença: exige paciência, empatia e amor.

Quando a pandemia chegou, tudo se intensificou. O mundo parou, mas a necessidade de cuidar deles continuou. Até que, em uma semana que mudou completamente a minha vida, eu precisei dizer adeus aos dois. Meu avô faleceu em uma quarta-feira. No sábado, minha avó partiu.

Essa dor foi um divisor de águas. Eles foram os pilares da nossa família, a base que mantinha tudo unido. Perdê-los foi como perder novamente parte de mim. Mas, ao mesmo tempo, foi também o momento em que senti que a minha missão com eles havia sido cumprida. Eu tinha feito tudo o que estava ao meu alcance por eles.

Foi então que eu percebi: era hora de criar minha própria história.

Quando eles partiram, algo mudou dentro de mim. Até então, minha vida girava em torno de cuidar deles, mas agora eu precisava cuidar de mim, dos meus sonhos, da minha trajetória. Foi quando recebi um convite que se tornaria um marco na minha vida. Meu primo, que tinha uma construtora na Praia Grande, litoral de São Paulo, me chamou para trabalhar com ele.

Era um mundo completamente novo. Eu nunca tinha pensado em trabalhar com construção civil. Para ser sincero, eu não tinha nenhuma afinidade com essa área. Mas decidi aceitar.

Essa decisão foi um divisor de águas.

Trabalhar com meu primo me abriu portas, me permitiu conhecer pessoas, aprender coisas novas e entender que, muitas vezes, precisamos abraçar oportunidades mesmo que elas pareçam distantes dos nossos planos. Foi essa experiência que me impulsionou a abrir meu próprio negócio no setor de construção.

Mas o mais incrível foi perceber que aquela mudança não era apenas profissional. Era uma mudança de vida.

Venho de uma família oriental. Cresci em um ambiente que valoriza honra, disciplina, caráter e respeito. Esses princípios sempre foram meu norte e, em momentos de decisão, foram eles que me guiaram.

Olhar para a história dos meus avós, que foram fazendeiros e ajudaram tantas famílias, sempre me inspirou. Eles impactaram vidas, e eu queria fazer o mesmo. Também carrego comigo a vontade de retribuir tudo o que minha mãe fez por mim. Ela me ensinou, na prática, que o amor verdadeiro é aquele que se transforma em ação.

Foram esses valores que me fizeram superar a dor, transformar desafios em oportunidades e me manter firme em cada passo que dei.

Quando decidi seguir minha vida, tudo mudou. A minha carreira começou a tomar forma. Eu trouxe para o meu trabalho aquilo que sempre fez parte de mim: lealdade, honestidade, dedicação e a busca constante por fazer o melhor.

E, como sempre gostei de estar com pessoas, levei isso para o mundo dos negócios. Adoro fazer novas conexões, conversar, trocar experiências. Aprendi que vencer sozinho não faz sentido. Como diz nosso mentor Joel Jota: se eu venço, quem mais vence? Carrego isso como um propósito — crescer para que todos ao meu redor cresçam também.

Essa mentalidade me levou ainda mais longe. Eu e minha esposa, Gabi, viajamos e, por acaso — ou providência —, conhecemos o Clax-Club. Ali, fomos apresentados pela Roberta a algo que mudaria nossas vidas. Entramos para o Clax, e isso me conectou a empresários incríveis, amizades valiosas e oportunidades que eu nunca teria imaginado.

Participar do projeto A Ordem foi outro marco. Transformou minha saúde, minha mentalidade e a forma como enxergo a vida. Esses encontros não foram coincidência. Foram parte do caminho que Deus desenhou para mim.

Se eu pudesse deixar uma mensagem para você, seria simples: permita-se. Não pense que tudo precisa estar perfeitamente planejado para dar certo. Muitas vezes, as melhores oportunidades vêm disfarçadas de imprevistos. Eu fiz faculdade de engenharia de produção sem nem saber se era aquilo que queria. Hoje, não uso diretamente essa formação. Mas foi parte da minha trajetória.

Eu aceitei trabalhar com algo que nunca esteve nos meus planos — a construção civil —, e isso me abriu portas para começar minha história profissional. Eu me permiti, e Deus me mostrou que era por ali.

Então, se a vida te der uma oportunidade, abrace-a. Mesmo que pareça distante do que você sonhou.

Talvez seja exatamente do que você precisa para brilhar.

Hoje, olho para trás e entendo: cada passo, cada dor, cada renúncia e cada vitória fizeram sentido. Tudo o que vivi me trouxe até aqui.

Cuidar dos meus avós me ensinou sobre amor, paciência e gratidão. Ver a luta da minha mãe me mostrou o valor do trabalho e da resiliência. Entrar no mundo dos negócios me permitiu transformar meus sonhos em realidade.

Nada disso foi em vão.

ENTRE BURACOS NEGROS E MILAGRES

"O sucesso não é quanto você venceu, mas quanto você aprendeu a sofrer na jornada, quanto você resistiu ao sofrimento da jornada."

SUELIO NUNES DE SOUZA CUNHA é empresário e mentor, fundador de diversas empresas em segmentos variados. Atua servindo empresários com menor nível de experiência, oferecendo orientação prática e estratégia baseada em vivências reais. Seu propósito é ver as pessoas ao seu redor alcançando sucesso pessoal e profissional por meio dos seus negócios e aprendizados.

Instagram **@EUSUELIONUNES**
Site **WWW.SUELIONUNES.COM.BR**

Nasci em Mossoró, no interior do Rio Grande do Norte. Eu me lembro como se fosse hoje da energia daquela cidade quente, viva, cheia de movimento. Mas o que pulsa mais forte na minha memória é o pequeno espaço onde comecei a me sentir gente grande: uma locadora de video game.

Eu era apenas um menino, estudava pela manhã e à tarde assumia o comando daquele espaço. Naquele tempo, eu ganhava o mínimo, mas me sentia no topo do mundo. Algo dentro de mim já despertava. Talvez fosse liderança, talvez fosse o senso de responsabilidade, ou talvez fosse só o desejo de organizar e fazer as coisas acontecerem. Mas o que eu sei, com toda a certeza, é que aquele menino que cuidava da locadora já sonhava em fazer algo diferente da vida. Eu não sabia como, nem por onde começar. Mas sentia. Sentia dentro do peito que nasci para estar à frente, para comandar com coração e para servir com propósito.

Minha origem foi simples. E, como toda simplicidade carrega seus pesos, minha infância também foi marcada por dores que ninguém vê nas fotos antigas. A maior delas não era financeira. Embora nossas condições fossem apertadas, nunca faltou um prato de comida. O que mais me machucava era emocional. As discussões frequentes entre meus pais, os gritos, os receios, as incertezas de um lar instável. Meu pai tinha seu jeito de viver, suas convicções, e isso causava insegurança à minha mãe e, por consequência, para mim.

A dor de ver minha mãe aflita, de não saber o que aconteceria ao final de uma discussão, deixava marcas silenciosas. Marcas que, em vez de me endurecer, me moldaram. Porque eu entendi cedo que não queria reproduzir esse ciclo. Queria ser base. Queria ser equilíbrio. Queria ser o alicerce de uma família diferente: protegida, respeitada e amada.

Talvez tenha sido essa dor emocional, esse sentimento de que precisava fazer diferente que me fez ser tão cuidadoso desde cedo. Cuidadoso com as pessoas, cuidadoso com os sonhos.

Minha vida começou a tomar novos rumos quando entrei na faculdade e, em paralelo, comecei a assumir responsabilidades maiores no trabalho. A faculdade abriu minha visão. Me colocou diante de novas realidades. E foi nesse ambiente que minha vida começou a mudar. Conheci minha esposa, minha parceira de vida, e com ela iniciei a construção da minha família.

Foi então que vieram os anos mais difíceis e, ao mesmo tempo, mais decisivos da minha vida.

Em 2011, recém-formado, fui trabalhar em uma fazenda, a WG Fruticultura. Minha esposa engravidou. E ao invés de comemorar, fui tomado por um colapso interno. A pressão, as mudanças, o medo de não dar conta... tudo isso me levou ao fundo do poço emocional. Uma espécie de depressão silenciosa tomou conta de mim. Eu não dormia direito. Não me reconhecia. Não conseguia sorrir como antes. E mesmo assim, não podia parar.

Trabalhava sábados, domingos, feriados. Chorava calado. Mas seguia. Eu sabia que não tinha outra opção. Era isso ou desistir. E desistir, para mim, nunca foi uma escolha.

Esse período sombrio durou cerca de um ano. Mas dentro daquele buraco negro, algo em mim foi sendo reconstruído. Minha fé. Minha resiliência. Meu senso de missão. Eu me agarrava a Deus como quem se agarra a uma corda no fim do abismo. E essa fé me manteve. Foi o que me salvou.

A cada dor enfrentada, algo dentro de mim se fortalecia. A cada madrugada de angústia, eu compreendia mais sobre mim. E quando o nascimento da minha filha se aproximou, tudo ganhou sentido.

Em 2014, nasceu Maria Valentina, minha primogênita. E com ela, nasceu também uma nova etapa da minha vida. Eu sempre mentalizei que o nascimento de um filho meu traria bênçãos, e assim foi. Em vez de tudo desandar, como o medo tentava me convencer, tudo começou a dar certo.

Me lembro de uma história simples, mas que diz muito sobre aquele tempo. Eu havia comprado uma TV de 51 polegadas, parcelada em dez vezes. Quando descobri a gravidez, entrei em desespero. Achei que teria que devolver a televisão, pois não teria como pagar. Mas o que aconteceu foi exatamente o contrário. Não apenas consegui pagar, como comecei a prosperar.

Em 2017, chegou meu segundo milagre: Luca Gabriel. E com ele, as bençãos só aumentaram. A vida passou a sorrir. Mas não porque ficou fácil. E sim porque eu estava mais forte.

Passei a entender que sucesso não é estar à frente. É saber apanhar e continuar. É resistir com humildade. Aguentar calado quando é preciso. Ser o bobo em algumas situações para depois ser reconhecido como sábio.

Eu me lembro de momentos em que eu sabia mais que algumas lideranças com quem convivi. Mesmo assim, abaixava a cabeça, respeitava a hierarquia e seguia. Porque quem quer construir algo grande precisa primeiro aprender a respeitar.

Transitei por diversos ambientes empresariais. Cresci. Errei. Acertei. Mas uma coisa nunca mudou: minha essência de servir.

Tudo que conquistei veio com suor, lágrimas, fé e trabalho. E é isso que eu tento passar para todos que estão ao meu redor. Especialmente para minha família. Cada decisão que tomo é pensando neles. Cada estratégia, cada movimento, cada desafio enfrentado: tudo é para proteger e honrar o que eu mais amo.

Hoje, lidero múltiplas empresas em diversos segmentos. Atuo como mentor empresarial. Moro em Mossoró, mas tenho uma segunda residência em Alphaville, em São Paulo, e uma casa de férias em Orlando, na Flórida. Tudo isso é fruto de uma semente plantada com dor, regada com fé e colhida com gratidão.

Mas meu maior orgulho não é meu patrimônio, e sim ver a transformação na vida daqueles que caminham comigo. Quando alguém ao meu lado vence, eu sinto que cumpri meu propósito.

E é isso que eu desejo deixar como mensagem. Para você que está lendo esta história e talvez esteja passando por dores parecidas, por perdas, por inseguranças ou por escuridões internas, eu digo: nunca perca sua fé.

Tudo que Deus faz tem um propósito. Nunca procure desculpas para o que dá errado. Responsabilize-se. Busque evoluir.

Você não precisa caminhar com todo mundo. Caminhe com quem vibra na mesma frequência que você. Com quem compartilha dos mesmos princípios, valores e visão de futuro.

Aprenda com os melhores. Controle seu ego. Desenvolva inteligência emocional. Tenha coragem de sofrer em silêncio, se preciso. Mas nunca desista.

Quando pensar nos outros, pense em como pode servi-los. O maior exemplo que temos disso está no Evangelho de João: quando Jesus, o próprio Filho de Deus, lavou os pés de seus discípulos. Servir não te diminui. Servir te engrandece.

Ouça a voz de Deus. Se a mensagem que você escutar for boa, é Ele. Se for algo que te diminui ou te desvia, descarte. Simples assim.

Eu sei o que é estar no fundo do poço. E também sei o que é sair de lá mais forte, mais sábio, mais consciente.

Por isso, não importa o tamanho da sua dor. Se você tiver fé, disciplina e propósito, você vai vencer. E quando vencer, você entenderá o que eu entendi: que cada lágrima, cada decepção, cada buraco no caminho... nada foi em vão.

OS TRAUMAS E ABUSOS ENRIQUECEDORES!

"Você é um super-herói. Mas antes de ser um herói, você é humano."

THIAGO PANDA é empresário, investidor-anjo e autor de dezesseis livros. Consultor do segmento fitness há dez anos, é especialista em marketing para negócios fitness.

Instagram **@PANDAPERSONAL**

Todos me conhecem como Panda, mas eu me chamo Thiago Lima. Sou profissional de educação física e vou relatar uma história que jamais contei a ninguém...

Você é um super-herói. Mas antes de ser um herói, você é humano. Um humano que passou por diversas circunstâncias antes de chegar a este mundo e que, devido a um choque elétrico acidental ainda na barriga da minha mãe, talvez nem tivesse chegado.

Um humano que, desde bebê, tem a resiliência como doutrina. Abusado na infância por preconceito, por rejeição familiar, afetiva e escolar. Rejeitado no ensino médio, mesmo depois de ser aprovado em uma peneira esportiva. Descartado em um processo admissional em uma grande rede de fitness por conta da especificidade dos seus olhos. Cancelado na internet por entregar soluções de crescimento para uma classe. Vítima de diversas manipulações durante anos.

Sou negro, nordestino, nasci em uma família humilde, tenho deficiência visual e poderia ser uma vítima da sociedade. Por causa do abuso na infância, fui superprotegido por minha mãe, tia e avó. E isso fez com que a energia feminina aflorasse em mim.

Meu pai foi ausente. Não aprendi a ser homem na idade "certa". Na escola, era zombado por conta dos meus olhos. Eu precisava me sentar na primeira fileira para conseguir enxergar o quadro. No recreio, ficava na sala, "fazendo o dever de casa", pois os meninos não me deixavam brincar e muitas vezes tomavam o meu lanche...

Na adolescência eu era motivo de chacota, porque não "pegava" ninguém. Chacota dos colegas de escola, dos meninos da rua, dos professores... Perdi a virgindade com dezoito anos.

Eu só era aceito porque tinha um video game. Ou então porque era o "dono da bola". Nesse contexto, minha autoestima nunca aflorou.

Eis que certo dia resolvi realizar um desejo pessoal: trazer uma banda de Santa Catarina para fazer um show em Recife. Deu certo. E foi assim que comecei a trabalhar com eventos. Ganhei dinheiro, prestígio, fama. E então passei a ser aceito.

Nesse período, minha autoestima começou a nascer. Mas em dado momento levei um tombo: depois de três anos consecutivos fazendo shows e guardando dinheiro dentro de uma caixa de sapatos, dei um salto maior que as pernas e levei um prejuízo em um grande evento. Depois eu comecei a fazer pequenos shows para pagar o prejuízo.

Sempre fui atleta. Joguei basquete e cheguei a competir na categoria profissional. Por isso resolvi estudar educação física: para tentar a vida com o basquete. Mas minha família não tinha dinheiro para pagar uma faculdade. E eu, por outro lado, já havia falhado três vezes consecutivas no vestibular de uma faculdade pública.

Incrivelmente, fui fazer jornalismo. A despesa da faculdade era de 150 reais por mês, e minha mãe conseguia pagar. Passado um ano estudando nessa área, vi que não era para mim, porque tinha que ler muito e os meus olhos não me permitiam esse dom de “meter a cara nos livros”. Por isso, desisti.

Minha mãe conseguiu um auxílio do governo e fui estudar educação física. Eu ainda sonhava com o basquete.

Ingressei em uma faculdade de renome internacional em Recife e lá deparei com dezenas de colegas de classe média e alta. Todos eles chegando de carro e com roupas de marca. Então eu, um jovem da periferia, me questionei: “O que eu estou fazendo aqui?”. Me senti rejeitado mais uma vez. Mas, mesmo com tantos traumas acumulados, jamais poderia imaginar que uma hora a panela de pressão iria explodir.

Eu não desisti do meu sonho. Cursei educação física (desta vez, conseguimos pagar com o trabalho de minha avó e mãe vendendo picolé), trabalhei com basquete e por ter boas notas fui chamado para um processo seletivo na maior rede de academias do estado. Provas, parte técnica... foi um processo árduo. Mas consegui chegar até a fase final do recrutamento.

Estava eu no banheiro da academia quando escuto dois rapazes (que hoje são meus amigos) falando: “O melhor é o moreno dos olhos tronchos. Mas não podemos empregar ele, porque pode afastar os clientes”.

Meu mundo desabou ali. Comecei a chorar e fiquei pensando: “Por que isso? Por que eles me tratam assim? Desde a escola, desde a adolescência...”. E saí daquela academia sem falar com ninguém, sentindo muita raiva e chorando. Naquele dia prometi a mim mesmo que ainda ficaria muito famoso e muito rico.

Depois de passar por abusos, rejeição e traumas, sei que a fama e a riqueza eram apenas fugas para que eu me sentisse aceito. Dito isso, continuei tentando e consegui meu primeiro emprego como professor de aulas coletivas.

Mas algo me consumia. Eu tinha vergonha dos meus olhos. Vivia de óculos escuros. Era a forma que eu tinha encontrado de "esconder" meus olhos, isso sem contar as dores que eu sentia pela claridade. Então juntava o útil ao agradável e me escondia.

Era horrível ser visto de forma diferente pelos coleguinhas da escola, pelos amigos da adolescência, pelos parceiros da faculdade. A dor da rejeição era tremenda, o medo de não ser aceito mais uma vez era devastador. Por isso adotei os óculos escuros como uma forma de "proteção".

Dei certo no meu primeiro emprego. Consegui alunos particulares. Na minha cabeça, eu imaginava que se tivesse 100 mil reais na conta estaria rico. Então, certo dia acordei pensando: "Quero fazer algo que ninguém fez. Vou procurar estudar algo diferente".

Ah, já ia me esquecendo de explicar por que me chamam de Panda. Um belo dia uma garota japonesa da faculdade que eu cursava me disse que eu parecia esse animal. Afinal, assim como eu, havia poucos desses bichinhos no mundo, com seus olhinhos puxados, fofos, meigos e carinhosos.

Já ganhando dinheiro como personal, consegui juntar 100 mil reais em um ano. Então fui estudar marketing e vendas. No meu primeiro dia de MBA, dois professores chamados Caio Peppe e João Paulo Gomes, os quais tenho orgulho de citar aqui, me questionaram: "Aqui só tem CEO, CMO, CFO. O que você, que é personal trainer, faz aqui?". Eu respondi: "Professor, eu não sei o que são essas siglas, mas eu vou transformar a educação física. Eles não sabem ganhar dinheiro e eu vou ensinar".

Ali eu não fui rejeitado. Ali eu não tive traumas. Ali eu fui ouvido, acolhido, e todos os caras com essas "siglas" acreditaram em mim.

Bom, vou encurtar a história. Eu me tornei professor universitário, fiz mestrado, escrevi dezesseis livros, viajei o Brasil todo, fiquei multimilionário e famoso. Sim, consegui fama e riqueza, e agora viajo o mundo. Mas ainda assim vivia diariamente de óculos escuros, com vergonha dos meus olhos, traumatizado, inseguro e com medo de ser abusado e rejeitado novamente.

Eis que certo dia eu decidi me libertar desses traumas, desses abusos e vencer o medo de não ser aceito. Esse momento finalmente chegou. Era hora de o mundo me ver sem lentes, porque eu tinha coragem de realmente mostrar meu rosto e revelar quem eu sou de verdade: minha essência, minha origem, minha autoestima.

Hoje tenho 35 anos. Tenho uma mãe magnífica, uma amiga que é "meu faixa", como dizem na minha cidade, um irmão que chamo de Negra Lee, uma parceira de vida que nasceu do zero até ser investidora, um amigo mentor que tem tranças, uma família maravilhosa e um novo legado.

Agora o Panda está sem lentes, pois não tem mais medo da rejeição e dos abusos. Escrevi tudo isso para lhe dizer que você é capaz. Esta é uma história baseada em fatos reais: a história de um homem sem lentes, movido por desejos de abundância, crescimento, riqueza, renovação e humildade.

Eu sou negro, nordestino, tenho apenas trinta por cento da visão, fui extremamente abusado e sou cheio de traumas. Mesmo assim, dei certo na vida. Então, qual é mesmo a sua desculpa para não dar certo também?

QUANDO A FELICIDADE ENCONTRA O PROPÓSITO

"O progresso é igual à felicidade. Se você não está crescendo, está morrendo."

TONY ROBBINS

THIAGO VOLPI é médico nutrólogo, CEO do Espaço Volpi, clínica com mais de dez médicos focada em fazer pessoas se sentirem jovens por mais tempo, e fundador e mentor do Medicina de Alto Desempenho, grupo de médicos empresários com mais de oitenta membros que se dedica a transformar a vida de seus pacientes e, com isso, ter clínicas de sucesso.

Instagram **@DRTHIAGOVOLPI** | **@MEDICINADEALTODESEMPENHO**

Minha história começa nas terras vermelhas de Angatuba, uma cidadezinha de menos de 40 mil habitantes, onde os livros eram meus melhores amigos e dois cachorros completavam minha infância. Aos três anos, quando minha mãe tinha apenas dezenove, fui morar com meus avós, professores rurais que transformaram nossa humilde casa na zona rural num verdadeiro templo do conhecimento.

Se não éramos ricos financeiramente, vivíamos na mais pura abundância cultural. Meus avós eram educadores apaixonados, e eu cresci mergulhado em livros, desenvolvendo uma curiosidade insaciável pela ciência. Com poucas crianças por perto, os estudos se tornaram minha companhia constante, moldando em mim um perfil contemplativo e investigativo.

Foi nesse cenário que aconteceu algo que mudaria para sempre o rumo da minha vida. Minha avó perdeu um parente querido, e eu, na inocência dos meus poucos anos, fiz uma promessa que ecoaria por décadas: jurei que nunca a deixaria morrer. Uma promessa infantil, mas que plantou em meu coração a semente de um propósito maior — ajudar as pessoas a viverem mais e melhor.

Aos dez anos, mudei para São Paulo para morar com meus pais, que finalmente haviam conseguido se estabelecer na capital. A transição foi desafiadora. Conquistei bolsas de estudo em colégios tradicionais, onde convivia diariamente com jovens de realidades completamente diferentes da minha. Eu era o garoto do interior, que morava longe, que não tinha amigos no prédio, que dependia de bolsa para estudar onde outros pagavam mensalidades altíssimas.

Essa diferença social poderia ter me diminuído, mas fez o oposto. Despertou em mim uma determinação férrea, uma sede de provar que eu poderia chegar aonde quisesse. Aos quinze anos, descobri o jiu-jítsu, esporte que se tornou minha escola de vida. Durante nove anos de treinos intensos, até conquistar a faixa preta, aprendi lições que levaria para sempre: disciplina inabalável, persistência diante da adversidade e a compreensão de que relaxar significa perder.

No jiu-jítsu compreendi que toda vida é uma competição constante. Não necessariamente contra outros, mas contra nossas próprias limitações. Cada treino era uma oportunidade de crescer, cada derrota uma lição valiosa. A disciplina que desenvolvi nos tatames se refletia nos estudos, e logo ingressei direto do ensino médio na faculdade de medicina da USP.

Meus pais foram exemplos extraordinários de trabalho e dedicação. Minha mãe saía todos os dias de ônibus para trabalhar, enfrentando longas jornadas e até acidentes — como aquela vez em que caiu do ônibus porque o motorista arrancou antes de ela descer completamente. Chegou em casa toda machucada, mas no dia seguinte estava de volta ao trabalho, porque não podia se dar ao luxo de faltar. Meu pai chegou a morar numa pensão, dormindo em beliche para economizar dinheiro, trabalhando durante o dia e dando aulas de história à noite.

Eles me transmitiram valores sólidos sobre trabalho duro e responsabilidade familiar. Desde cedo entendi que teria que cuidar deles no futuro, retribuindo todo o sacrifício que fizeram por minha educação. Essa responsabilidade nunca foi um fardo, mas sim um combustível poderoso para minha ambição.

Formei-me médico e especializei-me em nutrologia, área que me permitiria cumprir aquela antiga promessa à minha avó. Queria ajudar pessoas a se sentirem jovens por mais tempo, a viverem com mais qualidade e longevidade. O sucesso profissional veio rapidamente. Montei minha clínica, que se tornou uma das maiores do Brasil. Criei um grupo de quinze clínicas que vendi numa transação que me garantiu independência financeira para toda a vida.

Mas aqui começou o meu maior desafio, um obstáculo que não estava nos livros de medicina nem nos manuais de negócios: eu mesmo.

Aos quarenta anos, tinha conquistado tudo o que imaginava querer. Dinheiro sobrando, acesso aos melhores lugares de São Paulo, relacionamentos com mulheres bonitas, reconhecimento profissional. No papel, era um homem realizado. Na prática, me sentia completamente perdido.

O problema era interno. Durante toda a minha trajetória de crescimento, convivendo com pessoas que tinham muito mais recursos do que eu, desenvolveu-se em mim uma sede voraz por experimentar tudo o que a vida podia oferecer. Queria me afastar da imagem do "nerd" que ficava estudando o dia inteiro. Queria aproveitar a vida "loucamente", como se isso fosse uma obrigação social.

Começou então minha fase de negação. Mesmo sabendo lá no fundo que Deus havia me dado um propósito específico, eu fugia dessa responsabilidade. Queria uma vida sem compromissos profundos, focada em prazeres imediatos. Durante anos, busquei a felicidade em comportamentos hedônicos, em experiências superficiais, em tudo menos no que realmente importava.

O mais frustrante era que, quanto mais eu buscava prazer e diversão, menos feliz me sentia. Era como se estivesse traindo minha própria essência. Mesmo sendo reconhecido como um dos maiores nutrólogos do Brasil, eu não me via como alguém especial. Atribuía meu sucesso à sorte, minimizava meu impacto na vida dos pacientes, tratava meu trabalho apenas como fonte de renda.

Essa negação do meu propósito se tornou meu maior inimigo. Eu sabia que minha missão envolvia estudar profundamente, ensinar outras pessoas, dedicar-me intensamente ao que faço. Mas a responsabilidade me assustava. O tamanho do desafio que eu mesmo havia criado parecia maior do que minha capacidade de sustentá-lo.

No réveillon de 2020, passei três dias completamente sozinho, refletindo sobre os rumos da minha vida. Escrevi sobre que tipo de pessoa eu admiraria, que companheira eu queria para envelhecer comigo, para construir uma família. Sentia que precisava de algo diferente, mas ainda não sabia exatamente o quê.

A resposta chegou em 16 de agosto de 2020. Nessa data, reencontrei Andréia Lindenberg, uma médica que havia trabalhado na minha clínica. O que começou como um encontro casual se transformou no momento mais decisivo da minha vida. Em 18 de outubro começamos a namorar, e ela iniciou em mim um processo de transformação que duraria três anos.

Pela primeira vez, me senti verdadeiramente amado por alguém que me conhecia profundamente. Andréia começou a me mostrar coisas que eu me recusava a enxergar: o impacto que eu causava na vida de outros médicos, as transformações que promovia nos meus pacientes, o potencial gigantesco que eu possuía para realizar coisas ainda maiores.

Ela me reconectou com meus sonhos de infância, com aquele garoto que havia prometido à avó inventar a fórmula da vida eterna, que sonhava em ter a maior rede de clínicas do mundo. Gradualmente, me aproximou de Deus, me incentivou a ouvir pessoas inspiradoras que me levariam ao crescimento.

Foi assim que descobri o pastor André Fernandes e o ecossistema do ClaxClub. Numa noite qualquer, assistindo a um vídeo no YouTube — algo que jamais faria antes —, ouvi André falar sobre ministérios concedidos por Deus. Segundo ele, quando Deus nos dá uma missão e nós a negamos, Ele tem paciência, mas chega um momento em que essa missão pode ser passada para outra pessoa.

Aquelas palavras ressoaram em mim como um recado direto do céu. Entendi que era chegada a hora de assumir meu ministério ou vê-lo ir para outras mãos. A mensagem foi clara e transformadora: era agora ou nunca.

A transformação não foi simples. Como toda mudança profunda de padrões comportamentais, foi dolorosa. Precisei de terapia, autoconhecimento e, principalmente, de Andréia ao meu lado em cada momento difícil. Mas eu tinha ferramentas poderosas que haviam sido forjadas ao longo dos anos.

Meus valores familiares me ensinaram que cuidar dos pais era uma responsabilidade sagrada. O jiu-jítsu me mostrou que relaxar significa perder, que é preciso se sentir confortável no desconforto. Mesmo nos momentos mais difíceis da minha negação, eu nunca parei de trabalhar duro, nunca desisti de evoluir.

Sempre acreditei que crescemos quando ajudamos outros a crescer, que a vida é um jogo onde todos podem ganhar. Tenho um compromisso inquebrantável com a verdade, às vezes até constrangedor, mas que me mantém íntegro. E nunca perdi completamente de vista meus sonhos infantis — eles ficavam distantes no horizonte, mas permaneciam na minha visão.

O maior aprendizado foi descobrir que ninguém conquista algo grande sozinho. Quando tive uma verdadeira parceira ao meu lado, alguém que me amava e construía a vida junto comigo, tudo se acelerou de forma extraordinária. Aprendi a me aproximar de pessoas que têm mais a ver com meu futuro do que com meu passado, conforme o ditado de que somos a média das cinco pessoas com quem mais convivemos.

Decidi aceitar os desígnios de Deus, trazer a espiritualidade para perto, frequentar ambientes prósperos e voltados ao propósito. Busquei ajuda terapêutica e investi pesadamente em autoconhecimento. E finalmente compreendi que a felicidade chegaria apenas quando eu aceitasse minha missão.

A mudança foi espetacular. De repente, tudo estava no lugar certo. Se antes eu me sentia perdido, agora sabia exatamente onde estava e para onde ia. Minha vida pessoal se encheu de sentido: encontrei a felicidade genuína, alguém com quem dividir sonhos, uma família para construir. Para ser feliz, bastava acordar.

Voltei a ter mais contato com minha família, passei a me relacionar com menos pessoas, mas com relacionamentos de muito mais qualidade. Comecei a amar meu trabalho de forma diferente, assumindo com orgulho a responsabilidade pelos meus funcionários e pelos médicos que mentoro.

Profissionalmente, foi como se tivesse engatado a quinta marcha. Ainda que já tivesse muito sucesso, de 2023 para cá as coisas aceleraram de maneira incrível. Dobrei o tamanho da minha empresa e multipliquei por dez minha felicidade pessoal.

Entendi que, assim como precisava de pessoas especiais na vida pessoal para me levar a outro patamar, também precisava disso na vida profissional. Criei então a mentoria "Medicina de Alto Desempenho", na qual treino e ensino médicos a praticarem a medicina que pratico e a terem clínicas de sucesso.

Hoje são mais de oitenta mentorados, todos prosperando, todos transformando vidas dos seus pacientes. Minha clínica cresceu para mais de dez médicos, o clima organizacional é excelente, e eu finalmente me tornei o símbolo de medicina de longevidade que sempre quis ser.

Espiritualmente, reconectei-me com Deus, peço orientação constantemente, durmo melhor, meu coração está mais tranquilo. É como se tivesse retornado à minha jornada verdadeira após uma longa pausa para aprendizado.

Em dois meses, Andréia e eu receberemos nossa filha. Construímos algo muito mais importante que qualquer negócio ou empresa: nossa família. Hoje sou um educador de médicos, um pai de família, uma pessoa completa e genuinamente feliz.

Para quem vive um dilema parecido com o meu, deixo algumas reflexões. Talvez ficar perdido faça parte do processo para que um dia encontremos nosso caminho verdadeiro. Se você tem sucesso, mas ainda não descobriu seu propósito, mantenha o coração em paz — às vezes são experiências pelas quais Deus nos faz passar para nos ensinar o que precisamos saber.

Aproxime-se de pessoas que podem levá-lo mais perto de onde quer chegar. Escolha cuidadosamente os ambientes que frequenta. Nunca perca o contato com Deus ou com algo maior em que acredite. Lembre-se de suas origens, valorize sua família e aceite os dons que lhe foram concedidos.

A felicidade chegará no exato momento em que você aceitar sua missão, seu ministério. A busca desenfreada por prazeres efêmeros só resulta em mais dor — a neurociência comprova que a dopamina barata nos deixa mais infelizes no final.

Descubra no fundo do seu coração qual é sua grande missão, qual legado deseja entregar ao mundo. Nós, seres humanos, evoluímos porque nossa estrutura é de crescimento constante. A felicidade está em buscar seu legado, em deixar uma transformação genuína no mundo.

Olho para trás e percebo que cada desafio, cada momento de dor, cada fase de negação, foi necessário para me transformar no homem que sou hoje. O garoto que prometeu à avó que nunca a deixaria morrer se tornou um médico que dedica a vida a fazer pessoas se sentirem jovens por mais tempo. O jovem tímido que fugia de relacionamentos encontrou uma companheira extraordinária para construir uma família linda.

Todas as lutas internas, todos os anos de busca equivocada, todas as noites de solidão mesmo cercado de pessoas — tudo serviu para me preparar para este momento de clareza e propósito. Nada foi perdido, nada foi desperdiçado, nada foi em vão.

COMO OUVIR A VOZ DE DEUS E CONSTRUIR UM LEGADO PODEROSO

"Você só tem o direito de esperar o impossível depois que fizer tudo que for possível."

VINÍCIUS PACHECO PEREIRA é empresário, mentor e palestrante. Especialista em escala de negócios através de times comerciais de alta performance e inteligência artificial estratégica personalizada.

Instagram **@VINICIUSPACHECOP**

A jornada de um improvável que deu certo. Nasci em Ubá, Minas Gerais, numa família de pais servidores públicos. Minha casa era um lugar de aconchego, estudo e afeto. Havia ali também um valor profundo pela educação e pela segurança que a carreira pública entregava. Eu era o caçula de três irmãos, e havia uma diferença grande de idade entre nós: vinte anos entre mim e o mais velho, catorze entre mim e o irmão do meio, também um grande apoiador. Essa distância me deu um privilégio raro: pude aprender muito observando a vida deles.

Minha infância foi definida pelas brincadeiras de rua — carrinho de rolimã, bicicleta, bolas e risos até o pôr do sol. Era o fim dos anos 1980, começo dos 1990: não havia internet, havia presença. E havia pessoas que marcaram minha formação de forma definitiva. Uma delas foi minha tia, irmã da minha mãe. Ela trouxe para mim uma intimidade com Deus sem formalismos: orar, buscar, ouvir. Não era um ensino meramente teórico; era vivência.

Aprendi cedo a reconhecer uma voz no meio do ruído, a distinguir direção e consolo. Essa intimidade se tornou a lente que, anos depois, me daria clareza para tomar decisões complexas.

Também vivi, ainda menino, uma experiência que moldou meu entendimento sobre fragilidade e milagre. Fiquei internado por mais de vinte dias. Perdi o movimento das pernas, emagreci muito, nada parava no estômago. Os médicos vasculharam as possibilidades, chegaram a suspeitar de meningite, fizeram todos os exames em um hospital de referência e, no fim, não encontraram uma causa clara. Me mandaram para casa. Vi minha mãe em desespero, com medo real de que eu estivesse para morrer. Aquela imagem ficou comigo como prova de como a vida pode ser frágil. É na fraqueza que Deus nos faz fortes. Em casa, debilitado, pedi uma maçã. Acreditei que não ficaria no estômago, que novamente colocaria para fora. Mas a maçã ficou. A partir dali começou a recuperação. Voltei às aulas depois de mais de um mês, e a comemoração dos amigos foi um salmo de gratidão. Aquele episódio plantou em mim uma convicção: quando a fé se encontra com a ação, as portas se movem. Não importam as circunstâncias.

Na vida acadêmica, fiz escolhas baseadas nos referenciais que tinha naquele momento. Estudei administração, fiz direito, e em sequência vieram seis pós-graduações, MBAs e mestrado em direito público concluído com nota máxima em direito constitucional. Passei em mais de uma dezena de concursos públicos. Conquistei isso criando meu próprio método de estudos baseado na forma como meu cérebro assimilava melhor os conteúdos. Foi um método criativo, dinâmico, que me permitiu aprender sem cair em memorização vazia, volátil. A repetição virou técnica, mas com propósito. Fiz carreira no Tribunal de Justiça de Santa Catarina, ocupei cargo de chefia e aprendi a operar dentro de estruturas complexas. Ao mesmo tempo, uma inquietação maior me deixava inconformado: eu queria que meu trabalho transbordasse vida e impacto, aproximasse pessoas de Deus e gerasse prosperidade para incontáveis famílias.

Esse combustível da inconformidade sempre esteve comigo: não era uma reclamação vazia, era força para não aceitar o "já conhecido" como limite, apesar da gratidão. Empreendi dentro do Tribunal e, paralelamente, abri minhas primeiras empresas. A primeira delas foi no ramo de moda de alto padrão para eventos — formaturas, casamentos, ocasiões que pediam experiência de alto nível. Não entrei no mercado para ser mais um; entrei para ser referência. Estudei gaps, observei os pontos fracos das referências e desenhei uma experiência que priorizava excelência, atendimento e memória afetiva. Em um ano éramos referência regional. Depois expandimos para outras cidades de Santa Catarina. Cada operação nova exigiu disciplina, processos e formação de pessoas, lideranças.

O crescimento até 2020 foi grande. Até que a pandemia testou tudo. Eventos foram os primeiros a fechar e os últimos a reabrir. Foram noites sem dormir, decisões duras e adaptações rápidas. Em meio a palpites de todo tipo, optei por modelar uma referência em que eu acreditava: planejar para o pior e agir com estratégia no médio prazo. Li, estudei e apliquei o que entendi ser sustentável. Diversificamos receitas, ajustamos serviços e criamos soluções que pudessem sobreviver ao fechamento dos espaços. A inspiração prática que busquei naquela época, e que me ajudou a manter o curso, veio de quem já havia mostrado resultado encarando a realidade em crises. Segui esse norte, implementei planos de contingência e abrimos novas frentes de receita. Quando o mercado reabriu, vivemos um boom de eventos por causa da demanda represada — e colhemos resultados que revalidaram nossas escolhas.

A essa altura, a pergunta que mais me pressionava era simples e direta: eu ficaria na segurança da carreira pública ou daria o all-in no meu propósito? All-in, para mim, não era um gesto impulsivo; era postura e construção. Era me comportar diariamente como se já estivesse no lugar onde queria chegar — pensar, agir e assumir responsabilidades com maturidade. Decidi sair do Tribunal de Justiça e me dedicar integralmente aos meus negócios, às mentorias e à construção de legado. Não foi uma escolha feita apenas por mim; envolveu fé, atitude e coragem. Mas foi, sem dúvida, a melhor decisão que tomei.

E dentro dessa jornada, houve uma transformação íntima que guardo com muita gratidão: a mudança do olhar do meu pai. Quando anunciei que iria empreender, ele duvidou. Era compreensível. Ele vinha de um tempo e de uma lógica em que estabilidade significava segurança. Em vez de confrontá-lo, mantive minha lealdade ao sonho e à execução diária.

Aos poucos, os resultados falaram. Meu pai deixou de ver apenas risco e começou a ver visão. Tornou-se não só um apoiador, mas um amigo próximo, um incentivador.

Celebramos vitórias juntos, trocamos aprendizados e fortalecemos uma amizade que eu não imaginava poder viver com ele. Quando ele partiu, em 2018, senti a dor profunda de perder um pai e, também, a de perder um grande amigo de vida. Essa transformação no nosso relacionamento é, para mim, uma das provas mais claras de que perseverar tem sentido.

A superação exigiu três pilares que cultivarei até o último suspiro: intimidade com Deus, execução implacável e valores inegociáveis. Intimidade com Deus me dá paz para decidir; execução transforma fé em resultado; valores mantêm coerência nas vitórias. Nunca me permiti ser vítima das circunstâncias. Encarei problemas como ingredientes do crescimento. A cada desafio, fazia a pergunta prática: o que posso aprender hoje? E voltava para a execução. Mantive práticas espirituais concretas: consagrar decisões e projetos, buscar direção, orar por sabedoria. Me envolvi na caminhada cristã através da Lagoinha Alphaville, fui batizado nas águas e me aprofundei nos estudos da Palavra em um seminário teológico. Evoluí não apenas em performance; nasci de novo.

Formar pessoas e servir são outros pilares fundamentais na minha caminhada. Criei métodos de treinamento para vendedores baseados em empatia e excelência, não em scripts mecânicos. Ensinamos a ouvir, a contar histórias e a construir confiança. Vi vendedores tímidos se tornarem líderes; vi equipes que trabalhavam no piloto automático acordarem para a responsabilidade de servir com qualidade. Testemunhei relatos que não cabem em planilhas: uma funcionária que saiu de um relacionamento abusivo e reconstruiu a vida através da independência financeira conquistada trabalhando conosco; colaboradores que compraram a primeira casa; empresários que recuperaram negócios e restauraram casamentos após mudanças de mentalidade através da minha mentoria. Esses resultados humanos me mostram que o impacto é a métrica que realmente importa. Viver é ecoar.

Outra dimensão que entrou na minha atuação foi a tecnologia aplicada com estratégia. Participo ativamente do ClaxClub, mais forte grupo de empresários do Brasil, no qual convivo com líderes e mentores que ampliaram minha perspectiva. A troca com pessoas como Flávio, Caio e Joel acelerou minha maturidade. O grupo, que reúne empresas com faturamentos relevantes, da ordem de 40 bilhões/ano, tem sinergia e gera aprendizados que potencializam a todos. Como resultado, incorporei inteligência artificial estratégica personalizada para escalar times comerciais: usamos dados para antecipar demandas, automatizar o que é viável e liberar tempo para o que exige mais humanidade — ouvir clientes, formar líderes e cuidar de pessoas.

A vida de mentor e empresário me trouxe consciência de algo essencial: a habilidade de resolver problemas é a competência mais rentável. Toda organização que prospera resolve problemas para outras pessoas, para um mercado. Quando você aprende a enfrentar e solucionar questões, cria valor real. E quando isso é feito com integridade, o resultado impacta muito mais.

Se eu fosse deixar um conselho direto para você, que leu até aqui, seria claro e prático. Primeiro, treine sua intimidade com Deus; torne a voz d'Ele familiar no meio do barulho do mundo. Segundo, execute. Estude, planeje e volte a agir todos os dias. Terceiro, mantenha coragem e humildade: coragem para assumir riscos alinhados ao propósito, humildade para aprender e corrigir a rota. Quarto, honre quem caminha ao seu lado (minha mãe representa isso para mim). A validação que importa não vem do mundo; vem de Deus e do cumprimento dos acordos que você faz consigo mesmo.

Relembre sempre o Dia 1 — aquele dia em que seu coração acendeu e você decidiu começar. Volte a ele nos momentos de fraqueza. Descanse quando for preciso, mas não abandone a execução. Lembre que, quanto mais difícil estiver a subida, mais perto você estará do topo. A escalada é dura, mas a visão lá de cima muda tudo.

Hoje, vivo uma mistura de paz e fome. Paz porque sinto a direção de Deus, fome porque sei que ainda há muito a construir. Tenho empresas com modelos escaláveis, times formados, processos que buscam impacto e formação de caráter. Tenho o privilégio de ver vidas mudarem por meio do trabalho que faço. Guardo, sobretudo, a lembrança do meu pai, do menino que eu era e do homem que ele se tornou comigo: um incentivador e amigo até o fim.

Ao olhar para a minha trajetória inteira — as ruas de Ubá, a maçã que ficou, os livros, os concursos, o Tribunal, os dias de pandemia, o all-in, o olhar transformado do meu pai, as empresas que prosperaram, os testemunhos, o batismo, a caminhada cristã, os resultados da aplicação da inteligência artificial nos negócios e o trabalho diário com equipes — sinto uma paz profunda. Há ainda muito para aprender e realizar, mas sei que cada queda foi combustível para crescer. Cada "não" foi um ensaio para o próximo "sim".

Se você estiver diante de uma escolha difícil agora, faça a sua parte com coragem e humildade. Busque intimidade com Deus, estude, execute e sirva. Honre os que te apoiam e não deixe que o medo decida por você. O caminho é árduo, mas se você fizer o possível todo dia, o impossível terá espaço para acontecer.

De Gênesis a Apocalipse não há ninguém que confiou em Deus e foi esquecido. Certamente você não será o primeiro(a). Nada foi em vão.

LIDERAR É SERVIR

"Viva a vida mais leve."

WALDO SOUZA é apaixonado por empreender, fundador do Legacy Business e presidente do Grupo Packtus. Começou a empreender muito cedo e hoje mentora pessoas para que empreendam com leveza, inovação e impacto.

Instagram **@WALDOSOUZA_** | **@PORTALBRAZUCA_OFICIAL** | **@LEGACYBUSINESS.BR**
LinkedIn **LINKEDIN.COM/IN/WALDOSOUZA/**

Nasci onde as estatísticas diziam que eu não teria chances. Sou filho da favela, nascido na periferia da capital do estado mais negro do Brasil: Salvador, Bahia. Meu pai era cobrador de ônibus, minha mãe, costureira. Era uma casa humilde, barulhenta e cheia de costuras, linhas e sacolas. Não havia luxo, mas havia amor, havia luta. Havia urgência.

Quando eu tinha cerca de dez anos, já vendia roupas num carrinho de mão na feira livre de Camaçari, junto com meu irmão mais novo, Walter, de apenas oito anos. Eram peças que minha mãe costurava em casa, e que nós oferecíamos de porta em porta, de banca em banca, para tentar ganhar algum dinheiro. Aquela era a nossa forma de contribuir, de evitar que a fome batesse à porta. Ainda criança, aprendi que o tempo livre não era para brincar, mas para buscar meios de gerar renda, vendendo picolé, cortando grama, carregando sacolas de vizinhos.

A infância, para mim, foi feita de semanas corridas e finais de semana em que, às vezes, dava para jogar bola ou rir com amigos. Mas havia sempre o contraste entre o carinho dos meus pais e a realidade dura: roupas doadas, chinelos gastos, ausência de recursos. Meus pais viviam um relacionamento conflituoso, e, mais tarde, acabariam se separando. Naquele momento, eu não tinha consciência de conceitos como "trabalho infantil". Para nós, era sobrevivência.

Quando eu tinha doze anos, a separação dos meus pais marcou uma nova fase. Um ano depois, minha mãe decidiu me enviar para morar com meu irmão mais velho, em Joinville, Santa Catarina. A ideia era me afastar de influências negativas e me dar uma chance de ter novas experiências. No Sul, senti de forma ainda mais intensa as diferenças culturais e sociais. Vindo do Nordeste, de Salvador, carregava no sotaque, na cor da pele e no jeito de ser marcas que me diferenciavam. Em um ambiente de colonização alemã e italiana, aprendi cedo que estereótipos e preconceitos podem machucar profundamente.

As brincadeiras maldosas no colégio deixavam claro o quanto eu era visto como "o baiano diferente", aquele que, segundo eles, não "fazia baianada", "não era negro" e parecia "mais inteligente que o normal para um baiano". Aquilo doía. Mas também acendia em mim um desejo ainda maior de me destacar de forma positiva, fosse nos estudos, no futebol ou na forma de liderar.

Aos dezenove anos, enquanto servia no quartel, vivi outro marco: tornei-me pai. A mãe da minha filha era minha professora de biologia, nove anos mais velha. O desafio de ser pai tão jovem, somado às responsabilidades do quartel, foi um divisor de águas. Ali, descobri que a disciplina militar me dava um espaço para me sentir respeitado e útil. Ao deixar o serviço militar, entrei no mundo da tecnologia e rapidamente me encantei pelo setor de vendas. Minha comunicação e minha capacidade de criar conexões me abriram portas, e, em pouco tempo, eu havia crescido na carreira, comprado uma franquia e recebido um convite para trabalhar fora do Brasil.

Aos 27 anos, eu já era country manager de uma operação internacional, morando no México e gerindo equipes também em Porto Rico e nos Estados Unidos. Era um sonho realizado para aquele menino que tinha começado vendendo roupas num carrinho de mão. Mas esse sonho tinha um preço.

Em 2011, minha esposa me chamou para uma conversa séria. Ela disse que, do jeito que estava, eu não via meus filhos crescerem. O ritmo de doze a dezesseis horas de trabalho diárias, o brilho da carreira corporativa e a busca por reconhecimento tinham me afastado da minha maior missão: a família. Ela cogitou que voltássemos ao Brasil e talvez até nos separássemos. Aquilo me sacudiu. Decidi sair do mundo corporativo e voltar à Bahia, não mais como executivo, mas como empreendedor, com a missão de gerar oportunidades na minha terra e transformar vidas como a minha.

No ano seguinte, comecei a me reconectar profundamente com meus filhos. E foi essa proximidade que me permitiu viver um dos momentos mais especiais da minha vida. Em 2015, perdi um primo muito querido em um acidente de carro. Havíamos prometido trilhar juntos o Caminho de Santiago de Compostela. No luto, contei essa promessa ao meu filho mais novo, que me surpreendeu dizendo que poderíamos fazer a caminhada nós dois.

Dois meses depois, estávamos lá, lado a lado, vivendo cada etapa daquela jornada de fé, silêncio, reflexão e conexão. Ao longo dos quilômetros, descobri um filho que me admirava e via em mim um exemplo.

Descobri que, apesar das ausências do passado, eu havia sido um pai presente. Mais do que isso: percebi que ele carregava valores que sempre cultivei, como bom caráter, humanidade e respeito às pessoas.

Esse foi o meu ponto de virada definitivo. Entendi que meu papel como empreendedor não podia ser apenas gerar lucro, tinha que ser devolver ao mundo as oportunidades que recebi. Comecei a enxergar que o sucesso mais importante era o impacto que eu poderia criar.

Em 2016, ao lado do meu filho, descobri um novo universo: os games. Ele era um "gamer" e me mostrou que aquele mundo, muitas vezes visto como mero entretenimento, poderia ser usado para educar, desenvolver e transformar vidas. Criamos uma academia gamer com foco em capacitação para as mais de cinquenta profissões ligadas ao setor. Ali, jovens aprendiam a se comunicar melhor, a empreender, a organizar torneios, a criar podcasts e a se afastar da violência que tantas vezes assombra a periferia.

Com o tempo, unimos essa experiência ao futebol de base, criando o Portal Brazuca, hoje a maior comunidade do Brasil nesse segmento. Nossa missão: oferecer aos jovens não apenas a chance de buscar o sonho do futebol profissional, mas também alternativas concretas de carreira e cidadania, para que se tornem líderes, empreendedores e bons cidadãos, mesmo que nunca cheguem a vestir a camisa de um grande clube.

Ao longo dessa jornada, vi jovens saírem do tráfico e se tornarem donos de seus próprios negócios. Vi famílias inteiras mudarem de rota. Vi que o impacto se multiplica quando damos o exemplo, e não apenas um discurso. E essa é a essência do meu trabalho: estar presente, ouvir, respeitar e caminhar junto.

Hoje, vivo o resultado de décadas de recomeços. Tenho uma família sólida e unida, sou avô de três meninos que sabem o valor da palavra "família" e lidero projetos que transformam realidades. Aprendi que liderança é servir. Que empreender é criar pontes, e não muros. E que viver uma vida mais leve não significa viver sem responsabilidades, mas sim viver com propósito, equilíbrio e gratidão.

Para quem enfrenta desafios semelhantes aos meus, deixo alguns ensinamentos.

- Resiliência é fundamental, mas não a confunda com teimosia.
- Saiba o momento de recuar, refletir e ajustar a rota.
- Viva o percurso, e não apenas o destino. Como no Caminho de Santiago de Compostela, é no trajeto que estão as maiores lições.
- Ouça mais, julgue menos, e não se prenda a pessoas que não compartilham do seu propósito.

Lembre-se da metáfora da Árvore Grande e Forte: quando cortada, a dor não vem apenas do machado, mas de perceber que o cabo também é feito de madeira. Esteja atento. Nem todos ao seu lado estão na mesma missão que você. Olhe para a floresta, não apenas para a árvore.

O Brasil é um país de dimensões continentais, cheio de desafios, mas também de oportunidades. Transformar vidas não é apenas possível, é necessário. E o legado mais valioso é aquele que deixamos nas pessoas, e não apenas para as pessoas. Fazer o básico bem-feito, todos os dias, é o que cria as grandes obras.

Se minha história tem um fio condutor, é este: liderar é servir. Cada dificuldade, cada mudança, cada recomeço me trouxe até aqui e me lembra, todos os dias, de viver a vida mais leve e de continuar no caminho, ajudando outros a encontrarem o seu. E, acima de tudo... nada foi em vão.

DO PÓDIO AO PROPÓSITO

"O pódio me ensinou sobre aplausos; o propósito, sobre silêncio. E foi no silêncio que eu aprendi a vencer de verdade."

WALTON POUSA NETO é CEO do Grupo Olhar Público, pesquisador, pai e estrategista. Criou sua própria metodologia para transformar caos em clareza — e hoje ajuda líderes a tomarem decisões com alma, escuta e propósito.

Instagram **@WALTONPOUSA**
TikTok **@WALTON.POUSA**
LinkedIn **LINKEDIN.COM/IN/WALTONPOUSA**

O cheiro de asfalto quente e gasolina misturado ao som de motores acelerando é uma das primeiras memórias que trago comigo. Nasci em Piracicaba, em julho de 1980, no cruzamento de dois mundos muito distintos. Do lado paterno, uma família tradicional em que o sobrenome tinha peso e legado. Meu bisavô fundou o time de futebol XV de Piracicaba. Meu pai, empresário e piloto profissional de automobilismo, era símbolo de velocidade, coragem e prestígio. Do lado materno, raízes humildes. Minha mãe, professora de primário, alfabetizou gerações e me ensinou que o afeto também é uma forma poderosa de educar e transformar. Quando eu tinha apenas dois anos, meus pais se separaram, e isso mudou tudo. Cresci entre a rigidez do mundo do meu pai e o calor humano do mundo da minha mãe. Era como aprender duas línguas ao mesmo tempo: a do pragmatismo competitivo e a do acolhimento emocional. Entre uma e outra, aprendi a ler silêncios, que por muito tempo traduziram para mim a sensação de não pertencer totalmente a lugar nenhum.

Durante anos, carreguei um vazio sem nome. Mais tarde, entendi que não era falta de amor dos outros, mas ausência de escuta e amor de mim para comigo mesmo. Ainda menino, tentei seguir os passos do meu pai. Entrei para o kart e, entre o cheiro de combustível e o rugido dos motores, fui bicampeão. A cada vitória, os aplausos ecoavam, mas dentro de mim havia um silêncio que não combinava com o pódio. Aquilo não era meu. Talvez fosse apenas uma tentativa de ser visto, aceito, reconhecido. Uma forma silenciosa de gritar que eu existia. Logo depois, abandonei o kart, sem alarde, sem explicação clara. Anos mais tarde, entendi que era mais fácil me sabotar do que me parecer com meu pai.

Ainda jovem, descobri a potência de liderar. Entrei para o movimento estudantil e venci todas as eleições de centro acadêmico, diretório e federação nacional. Ganhei votos, mas percebi cedo que o verdadeiro poder não estava no palanque, e sim nos bastidores. Foi ali que me aproximei do mundo da pesquisa de opinião e percebi que ela era muito mais do que medir tendências: era uma ferramenta para revelar verdades ocultas, iluminar o que não se diz, mas se sente. Trabalhar com pesquisa de mercado e opinião pública me deu minha primeira sensação real de propósito. Comecei nos bastidores do jogo político e vi prefeitos serem eleitos com base nas informações que eu ajudava a levantar. Assisti a marcas mudarem de rumo quando decidiram ouvir de verdade seus clientes. Participei de decisões estratégicas que transformaram o destino de cidades.

Quando feita com método e verdade, a pesquisa é um instrumento legítimo de poder — uma ponte entre o desejo do povo e a ação de quem decide. Mas também testemunhei o uso raso e manipulador dessa ferramenta. E percebi que minha missão era elevar esse ofício, tornando-o sagrado, científico, emocional e estratégico. Não se tratava de números frios, mas de enxergar pessoas onde outros viam apenas estatísticas.

A vida, porém, me levou por rotas inesperadas. O susto de um diagnóstico de câncer foi uma dessas curvas bruscas. Um melanoma. Uma pausa forçada. O tipo de silêncio que ensina sem palavras. Diante do espelho, a pergunta que me atravessou foi simples e brutal: se acabar aqui, eu fui quem deveria ter sido?

Pouco depois, passei por uma separação e pela saída da empresa de pesquisa que havia fundado anos antes. Momentos assim nos despem de certezas e nos colocam diante do essencial: quem somos e o que realmente queremos construir.

Foi nesse estado de reconstrução que retomei a minha visão original: (re)fundar uma empresa de pesquisa que honrasse a verdade, a ciência e o impacto social. Assim nasceu, ou melhor, renasceu o Olhar Público: Inteligência e Pesquisa Estratégica. O que me moveu foi perceber que muitos políticos e empresários ainda conduziam pesquisas de forma amadora, rasa e irresponsável. Eu não queria apenas coletar dados, queria decifrar mentes. Mostrar que uma boa pesquisa exige técnica, método científico, escuta qualificada e entrevistadores preparados. Já vi perguntas certas abrirem portas que nenhum algoritmo abriria. Já vi entrevistadores bem treinados revelarem verdades que a tecnologia sozinha não detectaria. A pesquisa, para mim, é o fio invisível que conecta intenção à realidade. É o poder silencioso de quem realmente quer entender.

Hoje, a missão do Olhar Público é clara: levar inteligência, certeza e tranquilidade para dentro dos processos decisórios, revelar as emoções que movem votos, compras e experiências e transformar pesquisas em instrumentos de consciência, marcas em coerência e líderes em lucidez. Para isso, precisei me transformar. Reestruturei hábitos, rotina e prioridades. Trabalhei meus quatro corpos — físico, mental, emocional e espiritual. Aprendi que liderança não é fala, é escuta. E escutar de verdade é um ato revolucionário.

Hoje, sou pai, CEO e eterno aprendiz. Vivo um relacionamento leve, respeitoso e de amor tranquilo. Com ela, aprendi que a paz também pode ser intensa. Tudo o que faço, no fundo, é para que ela e meu filho vivam em um mundo mais justo, consciente e verdadeiro. Estou em paz com o que fui, mas comprometido com o que posso ser. Meu legado não será apenas uma empresa, mas uma forma diferente de perguntar, ouvir e agir.

Nada foi em vão. Nem o silêncio, nem o câncer, nem as rupturas. Cada experiência me devolveu uma parte de mim e fortaleceu o homem que caminho para ser. Hoje, transformo o invisível em estratégia, com escuta, com verdade e com alma. E levo comigo a certeza de que a família e o amor que tenho agora são minha maior vitória.

DA BOLHA AO LEGADO

"Onde tem problema, tem oportunidade."

WILLIAM SILVA DE ALMEIDA é contador, advogado e especialista tributário, reconhecido por sua trajetória de superação e empreendedorismo. Nascido em Ceilândia (DF), filho de um pedreiro e de uma servente de limpeza, iniciou a vida profissional ainda na adolescência, conciliando estudos e trabalho. Após experiências em instituições financeiras públicas e privadas, decidiu empreender, fundando, em 2007, seu primeiro escritório de contabilidade. Anos depois, ao lado de Eduardo Dias, consolidou a Alldax Contabilidade e, com a expansão dos negócios, cofundou também a Tax All Consultoria Tributária, a Concimed Concierge Médico e a fintech Credaxx. Essas empresas formam o Grupo 3SA — Solidez, Solução e Sinergia, que reflete os valores que norteiam sua atuação empresarial. Casado com Amanda e pai de Laura, ele acredita que constância, resiliência e aprendizado contínuo são os pilares para construir um legado empresarial e pessoal duradouro.

Instagram **@SOUWILL_AMEIDA**
LinkedIn **LINKEDIN.COM/IN/WILLIAM-ALMEIDA-86A238207/**

Nasci no coração do Brasil, mas meu sangue carrega o calor e a força do Nordeste. Meu pai, Leonardo de Almeida, era de Alagoas; minha mãe, Maria Silva de Almeida, veio de Sergipe. E eu sou o mais novo de três irmãos — o caçula que cresceu sob o olhar protetor, mas exigente, de uma família simples e trabalhadora. Meus pais chegaram a Brasília na década de 1970. Meu irmão Wellington, ainda bebê, veio no colo. Eliane, minha irmã, nasceu pouco depois. Eu cheguei por último, e já vim ao mundo em uma cidade que crescia tanto quanto os sonhos de quem a habitava.

Fui criado na Ceilândia, no Setor Ó, em uma casa de tijolos expostos e telhado simples, onde nem todo cômodo era rebocado, mas o essencial estava lá: calor humano, esforço coletivo e o barulho dos passos apressados de quem corria para vencer. Durante a semana, a casa era pura correria — minha mãe servente de limpeza, meu pai pedreiro, meus irmãos estudando e trabalhando.

Nos finais de semana, nos reencontrávamos, como se o tempo voltasse a respirar em família. Minha mãe trabalhava no Sesc e, graças a isso, consegui estudar lá na pré-escola. Desde cedo, fomos forjados na independência. Eu e minha irmã voltávamos sozinhos da escola, crianças pequenas que já sabiam o caminho de casa como quem entende que o mundo não espera. Depois, com a ajuda do meu irmão mais velho, que trabalhava no banco Bradesco, conseguimos estudar na Fundação Bradesco — onde fiquei da primeira série ao segundo grau. Uma escola que não era pública nem particular, mas que carregava em si uma excelência silenciosa. Tive bons professores, bons colegas e uma educação que plantou em mim as sementes da inquietação.

Desde pequeno, eu queria mais. Queria trabalhar, ganhar meu próprio dinheiro, ajudar em casa. Mas tudo mudou numa manhã de abril de 1993, quando eu tinha apenas nove anos. Era uma Quinta-feira Santa. Meu pai foi trabalhar em uma obra, como fazia todos os dias. Mas naquela manhã, ao atravessar a pista, sofreu um acidente. O carro nem estava rápido, mas o impacto o jogou contra o meio-fio. Bateu a cabeça. E não voltou mais.

Ali, minha infância mudou de rumo. A ausência dele foi um vazio pesado demais para a minha idade. Mas naquele luto nasceu também o meu primeiro milagre. O patrão do meu pai, sensibilizado, organizou uma indenização para minha mãe, pagou os pedreiros da sua obra para terminarem a nossa casa. Pela primeira vez, eu vi o poder da generosidade. E nunca mais esqueci.

Minha mãe nos criou com o que tinha e com o que era. Meu irmão ajudava como podia. E eu comecei a fazer o que estava ao meu alcance. Meu primeiro "negócio" foi dar aulas de reforço de matemática para crianças da rua. Depois, fui atendente no açougue do meu irmão. Fiz curso de datilografia e de informática. Aos catorze anos, consegui meu primeiro trabalho como office boy. Trabalhava oito horas por dia e estudava à noite. Era exaustivo. Mas era também a minha primeira liberdade. Lembro-me de escolher empregos que exigiam mais, mas que poderiam me render uma contratação futura. E assim fui aprendendo a enxergar além do agora.

Quando prestei vestibular para a Universidade Católica de Brasília, uma nova surpresa me aguardava. Passei. E, ao saber disso, meu chefe da época — um homem simples, nordestino como eu — me chamou à sua sala e perguntou o valor da mensalidade. Ao ouvir a quantia, ele preencheu um cheque e me entregou. Simples assim. Foi ali que me senti reconhecido pela primeira vez. Um office boy recebendo um gesto de confiança de um gerente. Eu não esqueci. E nunca mais vou esquecer.

O tempo passou, os estudos avançaram, e com o tempo me tornei empreendedor. Montei um negócio com meu sócio, Eduardo. Durante muitos anos, construímos com suor e coragem. Mas nem tudo são vitórias. Após mais de uma década de empresa, tomamos decisões erradas. Tivemos que cobrir rombos. E sem hesitar, abrimos mão de nossos bens pessoais. Eu vendi minha casa. Eduardo entregou o carro. Pegamos o que tínhamos e colocamos no negócio.

Lembro como se fosse ontem da conversa com Amanda, minha esposa. Foi difícil. Foi duro. A casa era fruto de muito esforço, construída tijolo por tijolo. Amanda chorou. E eu, firme, disse: "Da mesma forma que o empreendedorismo trouxe essa casa, ele vai nos trazer outras". Não tínhamos filhos ainda, mas já tínhamos fé. Fomos para outro bairro. E, com o tempo, tudo mudou — inclusive para melhor.

Tínhamos perdido crédito, liquidez, conforto. Mas ainda guardávamos algo mais valioso: a crença de que podíamos virar o jogo. Em vez de pedir dinheiro emprestado a amigos, me perguntei: se nem eu estou disposto a investir em mim, por que alguém estaria? Foi ali que começou a virada de chave.

Um amigo indicou um cliente em Paracatu, Minas Gerais. Fui até lá achando que ele estava pagando menos impostos do que deveria. Mas, ao analisar os números, percebi que a situação era ainda pior: ele estava pagando errado e para cima. Descobri ali que a burocracia podia ser a maior dor — mas também a maior oportunidade. E se eu, que entendia do assunto, deixei passar... quantos outros empresários estariam perdendo dinheiro sem saber?

A partir dali, abrimos nossa empresa de consultoria tributária. Um novo capítulo começou. E com ele, horizontes se alargaram.

Anos depois, aquele gerente que me deu o cheque para a faculdade me procurou. Ele queria que o filho aprendesse o que era empreender de verdade. Pediu que o aceitássemos como estagiário. E aceitamos, com uma condição: ele teria que ser igual a qualquer outro. Nada de privilégios. Nada de moleza. Resultado? O melhor estagiário que já tivemos. Hoje ele é empreendedor, já vendeu uma empresa e se tornou milionário. A vida tem dessas voltas bonitas.

Mas nada disso aconteceria se eu não tivesse me mantido firme nos meus valores. E isso eu devo a muita gente. À Amanda, que me cobrava, sim, mas me fazia crescer. Ao Eduardo, meu sócio, que confiou no projeto e não soltou minha mão nem nos piores momentos. E a Deus, acima de tudo, porque Ele nunca prometeu ausência de lutas, mas sim chão firme para quem decide dar o passo.

Aprendi que fé não é ficar esperando. É agir com confiança. É fazer a nossa parte e deixar que o invisível opere no que foge ao nosso controle.

Hoje, tenho duas graduações, várias pós-graduações, e sigo estudando — porque acredito que parar é retroceder. Sou sócio fundador do Grupo 3SA, que integra empresas que ajudam empreendedores a vencer no mundo complexo da contabilidade e dos tributos. Mas, mais do que isso, sou marido da Amanda e pai da Laurinha, que com seus sete anos me ensina diariamente o que é amor, parceria e futuro.

Minha espiritualidade também cresceu. Leio a Bíblia todos os dias, compartilho reflexões com amigos e busco ser alguém melhor, não para o palco, mas para o bastidor da vida. Minha casa hoje é maior, meu negócio também. Mas o mais importante é que meu coração também é.

Se eu pudesse deixar uma única mensagem para quem está enfrentando dor, fracasso, dúvida ou desânimo, seria: acredite em você. Sim, em você. Porque quem não acredita em si não consegue nem mesmo acreditar verdadeiramente em Deus. Ele age, mas através da sua ação. Ele envia desafios, não presentes prontos. E é nesses desafios que você cresce. É nas crises que se encontram os saltos mais altos.

Você não precisa ter todas as respostas agora. Mas precisa continuar andando. Porque problemas sempre existirão — mas problema sem solução já está solucionado. Ou ele se resolve, ou você cria algo novo a partir dele. A dor pode até parecer um fim. Mas ela é, na verdade, o prenúncio de um novo começo.

Hoje, olho para trás e vejo que a bolha da zona de conforto estourou muitas vezes. Mas foi assim que meu legado começou a se formar. Em cada renúncia, em cada lágrima, em cada perda... havia uma lição escondida. E com o tempo, tudo isso se transformou em força, sabedoria e caminho.

Nada foi em vão.

NÃO PARE NUNCA: DO ZERO AO IMPROVÁVEL

"Parar nunca foi uma opção."

WILSON SÁ é fundador do Grupo PWR, CEO, consultor de empresas, palestrante, empresário e investidor.

Instagram **@WILSONSAJR**

Nasci em Fortaleza, em 1986, filho de um corretor de imóveis do Rio de Janeiro e de uma gestora comercial de Sergipe. Quando meus pais se separaram, minha mãe, com uma coragem silenciosa que eu só entenderia anos depois, fez as malas e partiu sozinha para o Rio. Não era apenas uma mudança de endereço, mas uma aposta no futuro: ela queria me dar a melhor educação para mudar o rumo da minha vida.

Eu não fazia ideia do que aquela decisão significava. Era só uma criança, mas minha mãe já enxergava longe. Sabia que a escola certa poderia abrir portas que, para mim, nem existiam ainda. E ela estava pronta para pagar o preço, trocando almoços por um pão com mortadela, enfrentando a saudade dos filhos e suportando a distância, tudo para garantir que eu tivesse uma chance de mudar de vida.

A escola que minha mãe escolheu acabou moldando muito mais do que meu aprendizado. Foi lá que conheci Paulo Vitor e Raduán. Entre trabalhos em grupo, provas difíceis e conversas no intervalo, nasceu uma amizade sólida, construída na troca de ideias e na vontade de fazer mais. Nenhum de nós imaginava que, vinte anos depois, estaríamos lado a lado em um projeto capaz de transformar a vida de milhares de pessoas.

Depois da formatura, cada um seguiu seu caminho profissional. Anos mais tarde, em 2009, comecei a trabalhar com consultoria empresarial e convidei Raduán para integrar a equipe. Até então nunca tínhamos trabalhado juntos. Meu contato maior era com o irmão dele, Radamés. Mesmo assim, algo me dizia que aquela escolha fazia sentido. Algum tempo depois, foi a vez de Paulo e eu cruzarmos os caminhos um do outro novamente. Trabalhamos juntos na EY, na área de auditoria.

Anos depois, começamos a trabalhar juntos. Já existia confiança, construída ao longo de anos de convivência. Conhecíamos o jeito de pensar e de agir um do outro. Essa base sólida deu fôlego para iniciar um projeto ambicioso que acabaria mudando o rumo das nossas vidas.

Em 2013, Paulo e eu batemos à porta de Raduán com uma ideia clara: criar uma consultoria que entregasse mais do que diagnósticos. Queríamos estar ao lado das empresas na execução. Ele ocupava um cargo de direção comercial e, naquela mesma semana, um ex-cliente havia procurado seus serviços. Esse cliente, Daniel Markan, acabaria se tornando o primeiro nome da nossa carteira e, depois, um amigo próximo. Conversamos naquela manhã e saímos com a sensação de que algo tinha sido disparado. Dois dias depois, o telefone tocou. Raduán tinha deixado o emprego e estava pronto para começar. Nascia ali a PWR Gestão. Éramos três, com pouco mais que um sonho grande e disposição para colocá-lo em prática. O alvo estava definido: levar gestão de alto nível e execução prática a empresas do middle market, um espaço que as consultorias tradicionais ignoravam.

O primeiro cliente foi o ponto de partida. Ele nos apresentou a outra empresa, onde entregamos um trabalho decisivo para o negócio. A partir daí, as indicações começaram a surgir em sequência, cada projeto abrindo caminho para o próximo. O que tinha nascido numa operação pequena em Fortaleza ganhou velocidade e ultrapassou fronteiras. Em pouco tempo, estávamos em São Paulo. Logo depois, nossa atuação alcançou outras regiões do Brasil e chegou até o exterior. Hoje, o Grupo PWR reúne mais de 140 profissionais, soma mais de 1.200 projetos e já atendeu mais de 850 clientes. O percurso foi de avanço constante, mas chegar até aqui exigiu muito mais do que parece.

Desde o começo, sabíamos que não entraríamos no jogo para ser apenas mais uma consultoria. Enquanto o mercado se limitava a apontar problemas, nós ficávamos para resolvê-los. Isso nos colocava diante de decisões que muitos evitavam. Já nos sentamos à mesa para tirar do cargo líderes que travavam resultados, mesmo quando os donos hesitavam. Já fomos a ponte em conversas quase impossíveis entre sócios em conflito. Nesses momentos, o que nos guiava eram os mesmos valores que carregamos até hoje: sinceridade e confiança. Estar pronto para dizer o que precisa ser dito e sustentar a verdade com ações.

Essa forma de atuação transformou empresas, e um exemplo marcante vem do interior do Maranhão. Atendemos um empresário do varejo que mais tarde se tornaria um grande amigo. Ele nos recebeu com um pedido simples. Não sabia o próprio resultado e sonhava em ter uma Demonstração do Resultado do Exercício (DRE) para cada loja. Criamos um plano e mergulhamos no trabalho. Relatórios, extratos, números soltos. Nossa equipe organizou tudo e entregou as DREs que ele tanto queria. Ao mesmo tempo, redesenhamos a estratégia comercial e ajustamos o modelo de atendimento. Em 2018 eram sete lojas. Hoje são trinta, o faturamento cresceu 350% e os lucros atingiram níveis históricos.

Outro exemplo vem de uma empresa do segmento de alimentação que atravessava uma fase crítica. Os resultados eram ruins, as dívidas acumulavam, o clima interno estava pesado e os sócios quase não se entendiam. Entramos para conduzir um turn-around completo. Reestruturamos processos, redesenhamos estratégias e acompanhamos cada etapa da execução. Pouco tempo depois, a empresa deixou o vermelho e iniciou uma fase de expansão acelerada, alcançando os melhores números de sua história.

Um caso igualmente marcante foi o de um cliente que possuía apenas uma casa de eventos. Começamos um trabalho intenso e estratégico, redesenhando o modelo de negócio e abrindo novas frentes de atuação. O que antes era um único endereço se transformou em um grupo de entretenimento em plena expansão, com seis unidades de negócio e posição de destaque como referência absoluta em sua cidade e no mercado.

Entre todas as conquistas, nada se compara ao que vimos acontecer na nossa equipe. Pessoas que chegaram para ocupar um cargo e encontraram um lugar para crescer. Prosperaram, formaram famílias, mudaram de vida. Isso mostra que cultura não se escreve em um quadro na parede, ela se vive todos os dias. Quando a empresa investe em gente, o resultado aparece em números e, mais importante, em histórias. O ponto alto foi convidar quatro desses profissionais para se tornarem sócios, reforçando o nosso maior propósito: gerar riqueza e liberdade para quem constrói essa jornada conosco.

O maior teste chegou em 2020, quando a pandemia avançou como uma onda que arrastou empresas, empregos e certezas. Por sermos um serviço terceirizado, sabíamos que estaríamos entre os primeiros cortes, mas recuar nunca fez parte do nosso DNA. Sempre acreditamos que, diante da incerteza, a melhor estratégia é avançar. Reunimos a equipe e elaboramos um plano de guerra para intensificar entregas, gerar valor inquestionável e estar na linha de frente com cada cliente.

Fizemos reuniões semanais de fluxo de caixa em quase cem projetos ativos, renegociamos contratos, readequamos estratégias e, acima de tudo, permanecemos presentes como consultores, mentores e amigos.

Foi nessa fase que entendemos que uma gestão bem-feita é capaz de fortalecer por dentro e fazer crescer por fora, mesmo em tempos de crise.

Um cliente me disse algo que carrego até hoje. Ele contou que o que fizemos durante a pandemia foi algo fora do comum, que parecia que estávamos mais preocupados com o negócio dele do que ele mesmo. Foram meses de exaustão física e mental, cuidando dos clientes, da equipe, dos nossos próprios negócios e das nossas famílias. Não havia espaço para parar. No final, não só resistimos como avançamos, e o que éramos antes da pandemia tornou-se cinco vezes maior nos anos seguintes.

Por mais que tenha vivido grandes momentos em minha jornada, se eu tivesse que escolher um ponto de virada, não seria um único dia, mas um ano inteiro: 2013. O ano em que me casei com Laís, minha esposa e maior parceira de vida, e o ano em que fundamos a PWR. O casamento me deu a base emocional e familiar para enfrentar qualquer tempestade. Deixou ainda mais claro o meu "por quem". Realizei o sonho de construir minha própria família, com nossos filhos Luísa, de seis anos, e Pedro, de dois, atualmente. Muitos pensam que filhos atrapalham ou atrasam a vida profissional, mas eu sempre os vi como grandes propulsores de responsabilidade e propósito. Querer entregar uma vida melhor do que a que recebi passou a ser uma obsessão constante, não por meus pais terem feito um mau trabalho, longe disso. Mas porque acredito que esse é o dever de todos os pais e assim será dos meus filhos com os deles. Já o negócio tornou possível a realização de diversos sonhos pessoais e profissionais. É nele que posso viver a garra, a ambição e a visão de longo prazo, construindo algo significativo ao impactar negócios e vidas de maneira clara dia após dia. Tenho a alegria de olhar para os meus filhos e falar que "o papai vai trabalhar" como algo verdadeiramente bom, e não um fardo a ser carregado.

Dessa maneira, pouco a pouco, projeto a projeto, pessoa a pessoa, acredito que podemos mudar o Brasil. Quando reflito sobre o nosso crescimento, vejo claramente que foi sustentado por três pilares: garra, visão e lealdade.

Garra é paixão com disciplina, energia que não depende de motivação. É acordar todos os dias pronto para entregar mais do que ontem, mesmo quando ninguém está olhando. Sob o lema "NUNCA PARAR", aprendemos que plantar o futuro exige intensidade total no presente. Por isso nossos dias nunca tiveram oito horas. Doze era o mínimo necessário para fazer a engrenagem girar.

A visão de longo prazo nos fez trocar prazeres imediatos por conquistas duradouras. Nos primeiros anos, por mais lucrativa que fosse a empresa, não distribuímos um centavo. Tudo era reinvestido em pessoas, estrutura e capacidade de entrega. Muitos empresários se deixam seduzir pelo "pequeno sucesso" e acabam matando o "grande sucesso" antes que ele amadureça. Um bom ano vira imóvel novo, carro novo, mas o negócio perde fôlego. Nós recusamos esse caminho desde o início.

E nada disso teria se mantido sem lealdade. Entre nós, sócios, sempre houve o compromisso de agir como família, falar a verdade sem rodeios e priorizar o coletivo acima do individual. Em 2016, recebemos Miguel como sócio e, em 2018, Eduardo, pelo nosso modelo de partnership. A regra não mudou com o aumento do quadro: "É melhor perder junto do que ganhar sozinho". De lá para cá, crescemos como grupo, fundamos a Capital Upgrade com Lásaro do Carmo Jr., entramos em outros oito negócios com participação relevante e consolidamos nossa posição como grupo empresarial.

O que construímos vai muito além dos números. Para o menino de dez anos que cresceu na Cidade 2000, chegar até aqui parecia impossível. Hoje vejo sonhos pessoais realizados, minha família conquistando objetivos antes do previsto e o privilégio de ter sido agente de transformação na vida de milhares de pessoas, entre colaboradores, clientes e parceiros. Ainda assim, a sensação é de que estamos apenas no começo.

Se tivesse que deixar um conselho, seria direto: não pare. O imbatível não é o que vence sempre, é o que continua mesmo depois de cair. Problemas não são obstáculos, são matéria-prima. Como escreveu Nassim Taleb em *Antifrágil: Coisas que se beneficiam com o caos*, o vento extingue uma vela, mas alimenta um incêndio. Seja o incêndio. Levante-se mais forte a cada queda, trabalhe quando a maioria já desistiu, recuse a preguiça e a vergonha de tentar. Mantenha a fé firme e avance todos os dias. Hoje, olhando para trás, entendo que cada passo, cada risco e cada noite sem dormir foram parte de algo maior. Nada foi fácil, mas nada foi em vão.

PARI UM FILHO E UM LEGADO

"Primeiro você escolhe a vida que deseja. Depois, o modelo de negócio que cabe nela."

ZORA VIANA é fundadora e CEO da FEX Educação, psicóloga e neuropsicóloga. Impulsionou mais de mil empresas a reconhecerem seus produtos de educação oficialmente no Brasil, nos Estados Unidos, na Suíça e no Canadá. Líder do maior movimento de universidades corporativas com chancelas oficiais no Brasil e no mundo.

Instagram, LinkedIn, TikTok, YouTube e X **ZORA VIANA**
Site **ZORAVIANA.COM**

Nasci no norte do Brasil, em Araguaína, no estado do Tocantins. Meus pais já estavam casados havia cinco anos quando cheguei. A nossa família era como o vento: mudança constante de cidade, em média a cada ano e meio. Ao todo, passamos por doze cidades em dez estados diferentes entre 1988 e 2001, quando fincamos os pés em São Paulo.

A vida era intensa, colorida, e apesar das constantes mudanças, minha infância foi repleta de alegria. Eu e meu irmão crescemos entre malas, viagens e muitas risadas. Ele sempre foi meu parceiro de aventuras, meu companheiro de brincadeiras. E, acima de tudo, crescemos próximos do trabalho dos nossos pais. Eles sempre nos incluíram na rotina profissional: estávamos juntos no escritório, em reuniões, em visitas. Aquilo nunca me pareceu ausência. Pelo contrário, era pertencimento.

Eles fizeram de tudo para nos dar o melhor. Estudávamos em boas escolas e tínhamos o essencial — casa, comida, estrutura. Mas eu sonhava em ser atleta. E, embora meus pais não valorizassem tanto o esporte nem tivessem condições de investir em atividades extracurriculares, minha vocação para ensinar, comunicar e liderar foi se moldando silenciosamente.

Com doze anos, tudo começou a mudar. Tornei-me voluntária numa instituição filantrópica com uma rede de televisão. Ali, entre roteiros e câmeras, aprendi a comunicar. Fiquei por três anos, depois fui trabalhar com eventos, ainda na mesma instituição. Organizei eventos para cem e até para 10 mil pessoas. Foi ali que conheci Eliane Maria, minha segunda chefe e uma das pessoas mais marcantes da minha trajetória. Com paciência e carinho, ela me ensinou o valor da excelência, do capricho. Até como eu deveria escrever um e-mail ela me ensinou. Eliane já partiu, mas sua ética e sua postura profissional vivem em mim até hoje.

Foi nesse ambiente que decidi cursar psicologia. A decisão não foi fácil. Meu pai queria que eu estudasse direito, engenharia ou arquitetura. Mas algo em mim já estava claro: meu coração se acendia diante da relação entre mentor e mentorado. Li o livro *O mundo de Sofia*, de Jostein Gaarder, e compreendi: meu caminho era ensinar a pensar, a sentir, a transformar.

Entrei na faculdade e logo participei de um processo seletivo para trabalhar com treinamentos de integração em uma central de atendimento. Passei. Comecei a atuar em educação corporativa logo no início da faculdade. Desde então, nunca mais saí da educação.

Mas foi em meio a essa trajetória tão planejada que a vida resolveu me testar de verdade.

Eu nunca me imaginei sendo mãe. Nunca foi um plano. Sempre fui meticulosa com meus caminhos. Mas um dia, inesperadamente, descobri que estava grávida. E foi como se o chão se abrisse. Lembro-me do momento exato em que li o exame: beta HCG superior a 3 mil. Estava saindo para correr na Sumaré, uma das avenidas mais famosas de São Paulo, e travei. Uma avalanche de pensamentos me atingiu. E se eu for assaltada? E se acontecer algo comigo? Agora tenho uma vida dentro de mim.

Foi avassalador. Ao mesmo tempo, foi emocionante. Eu estava gerando uma vida. E isso mudou tudo.

Naquele momento, eu estava prestes a fazer um intercâmbio para estudar educação para adultos em sete países. Tinha tudo planejado. Tive que recuar. Replanejar. Eu e meu marido decidimos mudar para a Itália. Ele foi tirar a cidadania e eu, transformar meu negócio — que já era parcialmente digital — em cem por cento on-line.

Foi na Itália que o Ícaro nasceu. E junto com ele, nasceu algo maior: o meu método.

Sim, pari dois filhos. O primeiro, de carne e osso. O segundo, de missão e legado.

A gravidez foi o momento mais decisivo da minha vida. Me fez entender que eu não queria ser apenas uma autônoma de luxo. Eu queria ser uma empresária. Queria algo que fosse maior do que eu, que não dependesse da minha hora de trabalho, que pudesse ser multiplicado. Eu queria criar uma metodologia, um sistema, um mecanismo que deveria impulsionar outras pessoas, educadores, consultores e empresários.

E eu sabia que podia. Já tinha mais de oito anos de experiência em desenvolvimento humano, já tinha treinado milhares de pessoas. Faltava consolidar, nomear, sistematizar.

A primeira atitude foi criar meu próprio método. Organizar o conhecimento que eu espalhava intuitivamente. Torná-lo replicável. A segunda foi desenhar produtos que não dependessem só de mim. E a terceira — talvez a mais desafiadora — foi ter coragem de vender essa ideia. De lançar algo que eu não iria necessariamente entregar pessoalmente. Para uma mulher que foi educada para ser CLT ou, no máximo, uma prestadora de serviço, isso era revolucionário.

Os valores que me guiaram? Lealdade ao meu plano. Compromisso com a qualidade. E uma fé inabalável no poder da ação. Sou uma mulher do 1.0. Acredito que o feito é melhor que o perfeito e que o aprimoramento vem no caminho.

Aprendi que ninguém constrói nada sozinho. Que o nosso óbvio pode ser o milagre de alguém. E que primeiro se escolhe a vida, depois o negócio que cabe nela.

E minha vida mudou radicalmente.

Minha mentalidade se expandiu. Minha visão de mundo se transformou. E com isso, vieram os resultados.

Adquiri a minha própria faculdade — a FEX Educação — e me tornei a fundadora da primeira instituição brasileira cem por cento especializada em produtos de educação para empresas com chancelas oficiais. Criei um negócio que não depende da minha imagem. Saí do "sou eu" para o "somos nós".

Passei de uma pessoa que liderava ajudantes para uma líder que desenvolve outros líderes. Tive que fortalecer minha autoestima, minha autoconfiança. Me tornei âncora de um time. Um time que espelha minha energia.

Na vida pessoal, me tornei uma mãe presente. Mesmo sendo apaixonada pelo trabalho, consegui estar com o Ícaro todos os dias. Fechei meio período de agenda pelos primeiros dois anos de vida dele. Resisti a transformar meu negócio em uma empresa de eventos (já que a maioria dos meus colegas começou usar essa estratégia de vendas) porque sabia que isso exigiria uma vida de artista. E se fosse para ser artista, eu preferiria realizar meu antigo sonho de ser dançarina.

Hoje, tiro quatro férias ao ano, viajo com minha família, temos nossa casa de praia, uma vida que me permite viver o que eu escolhi, e não o que sobra de tempo.

Profissionalmente, fiz uma transição grande de autônoma para empresária. Desenvolvi musculatura em gestão, finanças, vendas, comunicação e liderança. Aprendi a estabelecer limites saudáveis para tudo e todos: sim para o que fortalece a visão de vida e de negócios. Não para o que me afasta dela.

Financeiramente, alcancei minha liberdade. Tenho uma operação que gera lucro com consistência. Conquistei independência real. Sei gerar demanda, fechar vendas, escalar produtos. E isso me dá uma segurança indescritível.

Outro dia, ao gravar uma entrevista no meu escritório — que fica no andar de cima do meu apartamento duplex —, percebi algo. Eu falava para jovens da geração alfa com a mesma idade que eu tinha quando tudo começou. Vi o reflexo de um escritório lindo, elegante e num apartamento de quem realmente conquistou algum sucesso na vida. E, naquele momento, me dei conta: já realizei mais do que sonhei. Já estou no lucro da vida. E sigo lucrando — emocional, espiritual e financeiramente.

Se eu pudesse deixar uma mensagem final para você, que talvez esteja lendo isso em meio a dúvidas, dores ou travas, seria esta: escolha primeiro a vida que você quer viver. Depois, construa o negócio que cabe nela.

Pense com coragem. Respeite suas preferências. Alinhe seus sonhos com quem você ama. Não tente forçar um modelo de sucesso que prejudique a sua essência. E se você tiver um modelo de negócio que te permita viver a vida que deseja, não se sabote. Honre-se. Viva o seu legado.

Porque, no fim, tudo faz sentido. Até o caos. Até a curva. Até o medo do novo.

Afinal, nada foi em vão.

Fontes **DRUK, SUISSE e TIEMPOS**
Papel **CHAMBRIL BOOK 90 G/M²**
Impressão **INDÚSTRIA GRÁFICA SANTA MARTA**